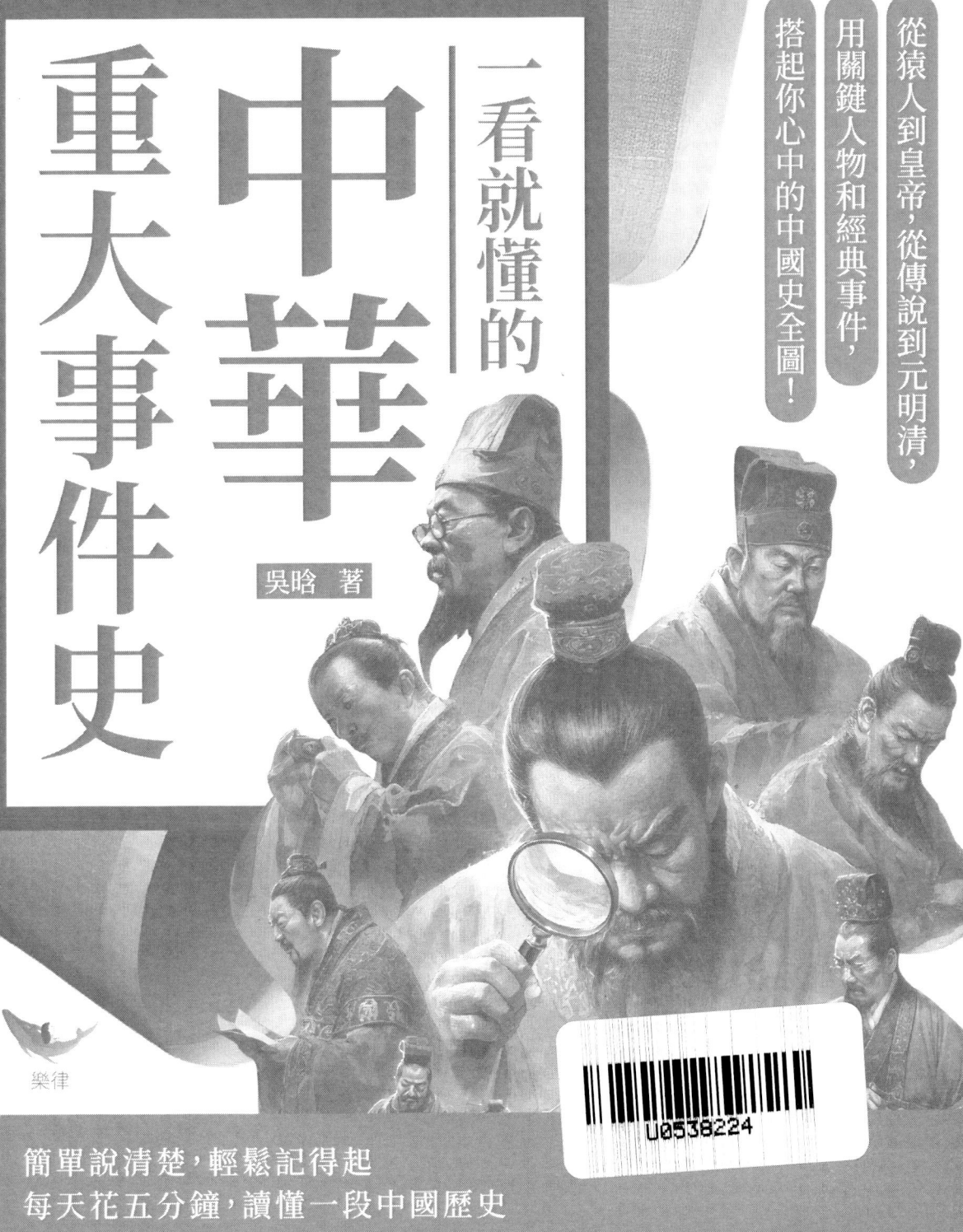

一看就懂的中華重大事件史

吳晗 著

從猿人到皇帝,從傳說到元明清,用關鍵人物和經典事件,搭起你心中的中國史全圖!

簡單說清楚,輕鬆記得起
每天花五分鐘,讀懂一段中國歷史

歷史是由無數個小故事拼起來的
看懂關鍵人物與事件,就能串起整部中國史

目錄

自序 …………………………………………………… 005

第一編　文明初啟：從遠古到戰國 ………………… 009

第二編　帝國奠基：秦漢與南北朝 ………………… 077

第三編　盛世興替：隋唐到兩宋 …………………… 165

第四編　王朝更迭：元明清興起 …………………… 249

# 目錄

自序

　　中國歷史時期這麼長、歷史文獻這麼多，要人人都學點歷史、有點歷史常識，真是像前人所說，一部二十四史，從何下手呢？何況歷史文獻都是在不同歷史時期，用當時通行的古文編寫的，今天的絕大多數青年還不能熟練掌握、運用古文，這個關過不了，要學，又從何學起呢？

　　當然，這些年，我們也編出了幾套篇幅不等的通史，但是，一般地說，字數都比較多，而且對象都是在學的學生，對青年來說不太適合。

　　青年都有強烈的學習歷史的需求，但是缺乏可讀的書，這個問題必須解決。

　　我們在各有關方面的支持下，編了這部書，就是為了適應這個強烈的要求，幫助青年學習中國歷史知識。

　　在編輯這本書的過程中，我們注意到以下一些特點：

　　第一是形式活潑。針對讀者對象，為讀者設想，這部書不能像歷史教科書那樣寫，不然，已經有了那麼多套教科書了，何必重複？

　　也不能寫成歷史故事，故事必然會有虛構、誇張成分，而這部書的目的是給讀者以必要的歷史常識，這個區別是必須弄清楚的。當然，更不能寫成歷史論文，因為只有少數人才能讀懂。經過研究，採用類目形式，而且要求簡短精練，每個類目一般只有一千多字，具體說明一、兩個問題。每個類目都有獨立性，各個類目之間又有連貫性。讀者隨便抽出一點時間，就可以閱讀一、兩個類目，從而獲得知識。既可以隨時看，也可以隨

自序

時放下。把讀過的東西連貫起來,則又可以比較系統地了解中國歷史發展的基本面貌。

第二是取材廣泛。由於形式比較活潑,不拘泥於一定格式,在一般教科書中所不可能接觸到的題材,在這部書裡就有了用武之地。除了比較系統地和全面地反映了中國歷史發展的概況以外,本書還寫了歷史上的階級衝突和生產進步,也寫了某些重要的文化生活和歷史人物;既闡明了歷史上的光明面,也敘述了歷史上的黑暗面。此外,如臥薪嘗膽、完璧歸趙、負荊請罪、毛遂自薦、班門弄斧、約法三章、破釜沉舟、四面楚歌、扁鵲復生、三顧茅廬、聞雞起舞、風聲鶴唳等成語,都透過具體史實,加以詳盡的說明,這種敘述比一般辭書要詳細一些、豐富一些,也更生動一些,使讀者不但便於記憶,也可以從中吸取經驗、教訓,獲得啟發。

第三是文字通俗。為了使讀者都能夠讀懂這部書,所有作者都在寫作中力求通俗,盡量避免用生僻的字和詞句,寫法也力求流暢、明白易曉。有些專名如人名、地名、官名等,其中有些較生僻的字難以避免的,也用注音、漢字注釋,使讀者省去翻查字典的麻煩。在講述中還穿插了一些有關的故事情節,力求做到生動活潑,容易閱讀。

此外,由於內容涉及方面多,篇幅也不免較多。本書第一到第五編是古代史部分:第一編是先秦,第二編是秦漢到南北朝,第三編是隋到宋,第四編是元、明、清。

最後應該特別提出的是,這部書的編寫是團體合作的成果,是歷史學界和其他有關方面廣泛支持的成果。就單位來說,參加寫作的有二十多

位；就寫作成員來說，一共有八十多人擔任分題撰寫。從最初商定選題到最後定稿，經過反覆修改、審訂，都是透過廣泛的合作進行的。參加的人有青年人、中年人，也有老一輩的長者，充分體現了互助的團隊精神，同時也發揮了學術工作者獨立鑽研的積極性。其中，參加制定選題計畫、討論編寫要求的有（以姓氏筆畫為序，下同）：丁名楠、白壽彝、何茲全、鄭天挺、胡厚宣、謝承仁、戴逸等同仁，其他大多數作者也提供了很多寶貴的意見。參加審改稿件的，第一編有何茲全、胡厚宣同仁；第二編有何茲全同仁；第三編有鄧廣銘、汪籛、陳樂素同仁；第四編有鄭天挺、翁獨健同仁；第五編有何茲全同仁；審閱近代史的是戴逸同仁。此外，謝承仁同仁擔負的任務最為繁重，他參加了古代史全部書稿的編輯工作，逐篇逐段地協同進行了審閱、修改和統一加工的工作。在此，我們一併向他們表示感謝。

　　附帶宣告兩點。第一，這部書是通俗讀物，為了避免在讀者中引起對事物理解的混亂，所論述的只限於學術界已經論定的、有了一致意見的。至於學術界尚在爭論、說法不一的問題，則盡量不涉及。有些必須涉及的問題，如春秋、戰國的起訖年代，則把各家說法同時提出。第二，在編寫中，我們主觀上的要求是立論正確，要富有教育意義，但是因為時間匆促和能力的限制，在這方面還做得很不夠，可能還是會有若干錯誤。同樣，在文字表達方面，雖然力求通俗，但是也沒有完全做到，離生動活潑、淺顯明白的要求，還有一定距離。我們熱忱要求讀者和各方面專家，隨時提出批評，以便在再版時更正，使之不斷提高，成為比較可讀、易讀的通俗讀物。

自序

第一編

文明初啟：從遠古到戰國

　　本編從石器時代講到戰國末年。包括中國猿人、上古傳說、諸侯爭雄、百家爭鳴等，這一時期揭開了中國階級衝突的序幕，成為中華文明的濫觴。

第一編　文明初啟：從遠古到戰國

中國猿人

　　從人的形體上講，兒子總是像父親的，不過又不完全像父親；父親總是像祖父的，不過又不完全像祖父。照此往上推，我們的遠祖，以至人類的祖先，一定有些地方是和我們現代人相像的，也一定有很多地方是和我們現代人不相同的。人類的祖先究竟是個什麼樣子呢？

　　1927 年，中國考古工作者在北京西南五十公里的周口店龍骨山進行考古發掘，發現了大量的古代脊椎動物化石，其中有一種牙齒和下牙床化石，既像人的，也像猿的，到底是什麼動物的呢？這不禁引起了科學家們的極大注意。後來經過研究才知道，原來這是一種「猿人」的化石。

　　「猿人」是介於人和古猿之間的一種原始人類。考古學家們把在周口店發現的這種猿人稱作「中國猿人北京種」，或者簡稱為「中國猿人」，俗名叫做「北京人」。1929 年，中國考古工作者又在同一地區再次發掘，發現了一塊比較完整的「北京人」頭蓋骨化石和一些牙齒、下顎骨、軀幹骨化石，另外還有許多猿人製造和使用過的石器。再之後，繼續發掘，新的發現也很多。這樣，就為我們進一步研究「北京人」提供了不少寶貴的資料。

　　「北京人」生活的年代，離我們現在大約有五十萬年（也有人推定為四十萬年）。現在讓我們看看，「北京人」和我們今天的人，在外貌上究竟有哪些地方相像，哪些地方不相像。

　　根據科學家們的研究，我們知道：「中國猿人」的上肢骨和現代人的極其相似，下肢骨雖然也具備了現代人的某些特徵，可是還保留了明顯的原始性質。至於其頭部留存的原始性質，則更為顯著，像低平的前額、隆起

的眉脊骨、高高的顴骨、上下齒喙向前突出、沒有下頦（ㄎㄜ）、腦殼比現代人厚一倍、腦髓的重量只有現代人的 80% 等等。但是，從肢骨發達的情況來看，可以肯定，「中國猿人」已經能夠直立行走；同時，根據發現的石器還可以肯定，它們能夠製造工具。

直立行走，這是從猿轉變到人的有決定意義的一步；能製造工具，這是人和一般動物的一個很重要的區別。

使人從普通動物中區分出來的原因是什麼？是勞動。猿人進化到脫離動物的範疇，進入人類的領域，首先就是從雙手得到解放，成為勞動的器官，能夠勞動、創造工具這一點開始的。「北京人」的上肢骨和現代人的上肢骨極為相像，就是勞動的結果；下肢骨的進化比上肢骨落後，頭部的進化相對比較緩慢，這正是說明下肢和腦部的發展是隨著手足的分工而進化的。

四、五十萬年前，中國華北的氣候要比今天溫暖得多，那時周口店附近，林深草密、莽莽榛榛，到處是各種飛禽野獸出沒的場所，也是「北京人」生活的地方。在這片原始的土地上，誰是真正的主人呢？毫無疑問，是「北京人」。

「北京人」成群地居住在龍骨山邊的洞穴裡，過著比野獸稍強的、極其簡單的原始人群的生活。他們從離自己住處不遠的河灘上，撿來各種大小不同的鵝卵石，打砸成各式各樣的砍斫器、刮削器和尖狀器，用它們來作為圍捕野獸、採集植物果實和根莖的工具，或者作為防禦猛獸襲擊的武器。這種工具，只是經過初步加工，還相當粗糙，科學家們把它們叫做「舊石器」。所謂「舊石器」，是和以後人類進步了的石器——「新石器」比較，相對而言的。

第一編　文明初啟：從遠古到戰國

「北京人」不但能製造石器，而且還能利用吃剩下的獸骨，製成各種使用的骨器。考古學家們在他們居住過的洞穴裡，還發現有用火燒過的石塊、骨骼，還有木炭和深淺不同的灰燼堆積。由這些可以斷定，「北京人」已經能夠使用火，知道了用火燒熟食物，並且具備了一定的管制火的能力。火的使用，在人類生活上有著極重大的意義。由於用火，肉類可以熟食，這樣便大大縮短了胃腸的消化過程，促進了人類身體機能的發展。由於用火，人類便增加了防禦猛獸和征服自然的能力。

（桂瓊英）

有巢氏、燧人氏、伏羲氏、神農氏

這幾個傳說中的遠古「帝王」，是古代人們根據對原始社會情景的推測而提出的一些假想人物。原始社會的情景沒有文字記載。相傳「有巢氏」教民「構木為巢」。所謂「構木為巢」，是指原始人用樹枝架著像鳥巢般的住所，在樹上居住。早在五、六十萬年前，人類最早的祖先──「猿人」，剛從樹上降落到地面來生活，初步學會直立行走，他們拿著自己製造的粗糙石器，在那遮天蔽日的森林裡和鳥獸逼人的原野上，用集體的力量獵取虎、羊、熊、鹿等野獸，掘取、採集植物的根莖和果實，來維持自己簡樸、艱苦的生活。最初，他們還保持著在樹上居住的習慣──「構木為巢」；後來，由於地面的活動日益成為經常性的，在長期的生活實踐中，他們又漸漸學會了利用野獸的洞穴，或者親自在山岩邊挖掘洞穴來作為防禦野獸侵襲的藏身處所。北京西南周口店的「中國猿人」遺址，就是一個洞穴住址。

有巢氏、燧人氏、伏羲氏、神農氏

相傳「燧（ㄙㄨㄟˋ）人氏」教民「鑽木取火」。原始人不知道熟食，獵取到野獸後就連毛帶血地生吃。經過長期觀察，他們才慢慢發覺由於雷電或火山噴發所引起的森林大火不但可以取暖，而且可以嚇跑野獸；同時還發覺被火烤焦的獸肉，吃起來比生肉更香、更有味，也更容易消化。於是，他們逐漸地學會了如何保存天然火種不讓它熄滅，用火來燒熟食物、驅逐寒冷、圍獵猛獸。由於有了火，過去許多不能生吃的東西可以熟食了，可食之物的範圍擴大了；由於熟食，「猿人」的軀體有了新的發展，腦量有了增加，因而在形體上逐漸進化到了「古人階段」——猿人和現代人之間的過渡階段。此後又不知經歷了多少年，透過長期的實踐觀察、觀察實踐，原始人發現進行燧石加工或久鑽一塊堅硬的木頭時，往往由生熱而迸出火光，根據這個道理，他們慢慢地學會了「鑽木取火」。從此，用火便得到了保障。

在中國「舊石器時代」遺址中，曾發現用火的痕跡，這說明遠在四、五十萬年以前，居住在這裡的人類，就已經知道熟食了。

相傳「伏羲氏」（又稱「庖犧氏」）教人結網捕獸、捕魚，「養犧牲以供庖廚」，又說他「教民嫁娶」。這個傳說所反映的時間，大致在人類社會進入「中石器時代」以後。這時，石器的製作比以前進步，石器的種類比以前增多，因而獵獲野獸的效率也比以前提高了。特別是像弓箭、矛、魚叉等一類狩獵工具出現後，連空中的飛鳥、水中的游魚，也都成了獵取的對象。獵獲物多了，一時吃不完，飼養起來讓它們繁殖，要吃時再宰掉，以後如果再遇到颱風下雨的日子無法出外圍獵，或者圍獵一無所獲時，就不會再像以前那樣鬧饑荒了。牧畜的發明，使人類的生活相對安定下來。

人類社會的發展，慢慢地由原始群居階段進入了有組織的氏族社會階段。氏族社會一開始是以婦女為中心的母系社會，婦女在生產上占有重要

的地位。這時候,在婚姻方式上,已經擺脫了同族間「亂婚」的現象,而採取了氏族與氏族間兄弟姊妹對偶婚姻的形式,出現了「嫁娶」。由於氏族社會是以母系為中心,因此這時出嫁的不是女子,而是男子。

相傳「神農氏」嘗百草,發明醫藥,設立集市,又說他製造耒(ㄌㄟˇ)、耜(ㄙˋ)等農具,教人們種植五穀。這個傳說所反映的人類社會發展階段,大致相當於「新石器時代」。在這個時代,人類透過長期的勞動,逐漸累積了豐富的辨認和培植可食植物的經驗;石器的製作又比以前更進了一步。石刀、石鐮和木製耒、耜等農具的出現,說明農業已經開始。當然,這時候的農業還是極為原始的,人們只知道在砍倒燒光的林地上播種穀物,等待收穫,還不知道施肥和進行田間管理。這種農業,後世稱之為「鋤耕農業」。這時飼養牲畜有了進一步發展,畜牧業與農業需要分別進行,因而開始了第一次社會大分工。

社會的分工,促進了原始交換的萌芽;開始時,這種交換當然還只是偶然的,不過到後來便成為經常性的了。中國典型的「新石器時代」的「仰韶文化」遺址所發掘的器物,正好展示了古史傳說中「神農氏」時代這一發展著的「鋤耕農業」經濟的某些社會圖景。

(王貴民)

仰韶文化、龍山文化

考古學根據人類製造工具和武器所用的原料,將人類文化的進化過程,劃分為「石器時代」、「青銅器時代」和「鐵器時代」。「石器時代」又分「舊石器時代」、「新石器時代」等多個階段。「仰韶文化」和「龍山文化」

仰韶文化、龍山文化

就是居住在黃河中下游的先人所創造的兩支「新石器時代」晚期的重要文化。

「仰韶文化」是由於它最早發現在河南省澠（ㄇㄧㄣˇ）池縣仰韶村而得名，距現在有四、五千年。它的分布地區很廣，在河南西部、北部以及山西、陝西、甘肅、青海等省發現的遺址，就不下一千處。遺址中發現的器物有石器、骨器、陶器等。由於這些陶器以表面是紅色而又帶有彩色花紋的為最多，而這種彩陶又具有很明顯的特徵，所以「仰韶文化」又稱作「彩陶文化」。

根據對「仰韶文化」遺址和大量遺物的研究，我們知道當時的經濟是以原始的「鋤耕農業」為主，主要的農作物是粟；農具有石斧、石鏟、石刀和穀物加工用的石磨盤、磨棒等。這時的畜牧和漁獵雖然已漸成為一種副業，但是在整個經濟生活中還是占有一定地位的。家畜方面，已有豬、狗的飼養。手工業方面，製石、製骨、製陶、紡織、縫紉已很普遍。人們這時已經過著較為穩定的定居生活，因為在遺址中發現了許多方形或圓形的小屋子連線成的「村落」模樣。（在這種「村落」當中往往還有一所大房子，大概是這個氏族成員活動的公共場所。）另外，從對當時的墓葬和日用品的研究中可以看出，當時婦女在農業生產和日常生活中所占的地位遠遠高於男子，因此許多學者認為，「仰韶文化」正處於母系氏族公社的繁榮時期。

「龍山文化」是比「仰韶文化」更晚、更進步的一種「新石器時代」晚期的文化，距現在有三、四千年。它的得名，是由於它的遺址最早被發現在山東濟南附近的龍山鎮。「龍山文化」的陶器，具有表面漆黑光亮、陶壁薄而堅硬等特點，考古學家把這種文化叫做「黑陶文化」。「黑陶文化」

的分布地區也很廣，大體是在山東、河南、安徽、河北、山西、陝西、遼東半島和浙江杭州附近。

在「龍山文化」遺址中發現的生產工具除了石斧、石刀之外，還有半月形的石刀、石鐮、蚌鐮和木耒等農具。這一時期飼養的家畜除了豬、狗之外，又出現了馬、牛、羊、雞。手工業製造品也更精緻美觀。根據對「龍山文化」遺址和遺物研究的結果，我們知道，「龍山文化」時期的經濟，是以發達的「鋤耕農業」為主，狩獵和捕魚只是一種副業。手工業開始占重要地位。男子在生產中，已有主要作用，氏族中貧富的差別，愈來愈明顯。考古學家和歷史學家認為，「龍山文化」是以男子為中心的父系氏族公社時期的文化。

（王占山）

黃帝、炎帝、蚩尤

黃帝、炎帝和蚩尤是中國遠古時代的三個部族首領。

以黃帝為首的部族，最早生活在中國的西北方，過著遷徙不定的游牧生活，後來遷移到涿鹿地方（今河北涿鹿、懷來一帶），才開始知道馴養家畜，種植植物。黃帝姓姬，號軒轅氏，也稱有熊氏。炎帝姓姜，是另外一個部族的首領。炎帝族最早也是生活在中國西北方的一個游牧部族，他們遷徙的路線是由西部向中部推進。他們向中部推進時，和最先進入中原地區的九黎族發生了衝突。長期鬥爭的結果是，九黎族勝利了，炎帝族被迫逃亡到了涿鹿地方。

後來，炎帝族聯合黃帝族共同對抗九黎族，雙方進行了一場激烈的

黃帝、炎帝、蚩尤

大械鬥。在這場械鬥中，九黎族的首領蚩尤被殺。這就是古書上所說的「涿鹿之戰」。九黎族和炎、黃兩族的鬥爭持續了很久，後來九黎族因敵不過炎、黃兩族的聯合勢力，一部分被迫退到南方，一部分仍然留在北方，還有一些則滲入炎、黃族內，成為其中的一部分。自此以後，中原地區──主要是黃河中游兩岸的地方，便成了炎、黃兩族的活動場所。

在共同擊敗九黎族後不久，炎族、黃族之間又發生了大衝突，雙方在阪泉（今河北省懷來縣）接連發生三次惡鬥。最後，炎帝被打敗了。這就是古書上所說的「阪泉之戰」。但是，此後炎、黃兩族逐漸進一步結合，並且在中原地區定居下來。

「涿鹿之戰」和「阪泉之戰」說明了定居中原地區的遠古居民，是由黃帝族、炎帝族和部分九黎族組成的。他們互相融合的過程，當然絕不會這樣簡單，融合的途徑必然是多方面的，後世之所以只提這兩次衝突，那是因為年深月久，古書中只留給我們這樣兩個重大突出事件的痕跡。

炎、黃兩族和部分九黎族結成一體定居中原後，與東方的夷族以及部分南方的黎族和苗族，在經濟、文化上互相影響，關係日益密切。他們共同開發了黃河中下游的兩岸，使這個地區成了中國古代文化的搖籃。

傳說，進入階級社會後的夏、商、周三代的祖先，都是黃帝的後裔。這些生活在中原一帶的古老居民，春秋時自稱「諸夏」或「華夏」，有時也單稱「華」或「夏」，以區別於居住在長江、粵江（珠江）等流域的其他各族。華夏族就是漢族的前身，所以後世漢族人把黃帝奉為始祖，自稱「炎黃世胄（後代）」、「黃帝子孫」。

中原地區因是華族文化的發祥地，古時人們認為中原居四方之中，故又把這個地區稱為「中華」。後來，由於華族和其他各族不斷地融合，華

第一編　文明初啟：從遠古到戰國

族活動的範圍日益擴大，中原文化逐漸發展到全中國各地，「中華」二字便成了代表整個中國的名稱。

（梁群）

堯、舜、禹

西元前兩千多年，是中國原始社會徹底瓦解、奴隸社會完全確立的時代，也就是「禪讓」制度被「傳子」制度代替（部落聯盟大首領推選制被王位世襲制所代替）的時代。

傳說中的堯、舜「禪讓」，是中國古代歷史上最後一次，也是最有名的一次推選部落聯盟大首領。在這以後，「禪讓」制度就被從夏禹開始的「傳子」制度所取代。

在遠古時代，中國黃河流域中下游地區，曾經存在過以黃帝族為主體的黃、炎、黎三族的部落聯盟。這一部落聯盟所處的社會發展階段，是原始社會的末期。部落聯盟的大首領，在三族首領中推選。大首領有權祭天、各處視察、處罰有罪的首領、率眾攻擊敵對的部落。三族聯盟的大首領——堯，年歲漸大的時候，要尋找繼承人，炎帝族的「四嶽」（管理四方事務的官名）推舉舜為繼位人。舜受到了各種嚴格的考驗，協助堯工作了二十八年。堯死後，舜讓位給堯的兒子丹朱，部落成員表示歡迎舜的領導，有糾紛的雙方都願意找舜做仲裁人而不願意去找丹朱，歌手們也不願歌頌丹朱而願歌頌舜，於是舜最後才接替了堯的職位。

後來當舜的年歲漸大的時候，部落成員推舉禹出來兼管政務。十七年後，舜死，人們都不擁戴舜的兒子商均，卻願擁戴禹為部落聯盟的大首

領。及至禹死，情況便和過去有了不同。禹的兒子啟直接繼承禹位，並稱王號，建立了夏朝。這時候，與啟同姓的部落有扈氏不承認啟的統治者地位，起兵反對他，說他破壞了禪讓制度。啟打敗有扈氏，罰他做畜牧奴隸。經過這場鬥爭後，禪讓制就被廢除，王位世襲制便開始正式登上了歷史舞臺。

相傳古代洪水氾濫，堯命鯀（ㄍㄨㄣˇ）治理洪水，鯀治水失敗，堯便改命鯀的兒子禹繼續治理。禹在外治水八年，為公忘私，三次經過自家門口都沒有進去。後來禹治水收到了良好效果，建立起了變水患為水利的排灌系統──溝洫制度，大大有益於農業的發展，因之禹便為後世所歌頌並被誇大為戰勝洪水的神人。同時相傳禹的時代，用銅來做兵器和生產工具。根據這些傳說，可以想見禹在位時，生產力一定有了迅速的增長。

另外，根據記載，禹時曾同苗族進行過戰爭，獲得大勝，苗族被迫退回南方。由於生產力的發展，生產有了剩餘，戰爭中的俘虜不再像過去那樣隨便被殺掉，而是被當作奴隸來從事生產，生產出的產品絕大部分歸奴隸占有者所有。

（應永深）

夏、商、周

夏代是中國歷史上第一個朝代，也是中國奴隸社會的開端。它大概建立在西元前 21 世紀，或者稍前一些，共經歷了十七個王，十四代，四百多年。

夏代最後的一個王──桀，是一個有名的暴君。夏桀無視民力，把

第一編 文明初啟：從遠古到戰國

自己比作太陽，以為可以長久統治下去，可是人民卻指著太陽咒罵他，說：「你幾時滅亡，我們寧願跟你同歸於盡！」桀的統治已到了矛盾重重、難以維持的地步。

商原來是夏朝東部的一個侯國，逐漸向西發展，到達河南商丘。商侯國的君主成湯，發展了自己的力量，利用夏朝內部的矛盾，滅掉夏在東方的韋、顧兩個屬國，然後乘勢攻夏。桀到鳴條（今山西夏縣之西）迎戰，士兵敗散，不敢回都城，逃到南巢（今安徽巢湖市），後來就死在那裡。夏朝滅亡，商朝建立，奴隸制得到進一步發展。

商代（商王盤庚以後因為遷都於殷地又稱殷，或稱殷商，本名仍稱為商）從成湯到紂王共經歷了十七代，三十一個王，六百多年。商代奴隸主貴族，為對被壓迫階級進行暴力統治，除擁有軍隊、監獄和一套官僚機構外，還迷信鬼神並利用它們來作為鞏固其統治的工具。受盡剝削和壓迫的奴隸，經常成批地逃亡或不斷地暴動，嚴重地動搖了商朝的政權。

商代從祖甲以後，幾乎所有的君主都很荒暴。最後的一個國君——紂王，雖然在歷史上對中國東南最初的開發有一定貢獻，但是他是一個有名的暴君。他荒淫好色，喜歡飲酒作樂、打獵遊玩，使耕地荒廢成為狩獵場。為了滿足自己的腐化生活，他不顧一切加重人民負擔。他對東南的人方和孟方（族名）長期進行掠奪戰爭，儘管最後取得了勝利，可是卻耗費了不少的人力、物力和財力。長期的戰爭，引起了平民和奴隸的強烈反抗，社會動盪不安。另外，他又引誘他人的奴隸且不任用自己的族人，使得商和其他小國之間以及本國統治集團內部之間矛盾重重。

周本是商朝西部的一個侯國，經過太王、季歷、文王三代的苦心經營，國力已經很強大。文王時候，殷商北面和西面幾個主要的屬國都被周滅掉，周已經取得了當時所謂天下的三分之二，為滅商準備了良好條件。

文王死後不久，他的兒子武王，率領兵車三百乘、士卒四萬五千人、勇敢的衝鋒兵三千人，大舉伐紂。同他一起出征的還有許多友邦和南方的庸、蜀、羌、髳（ㄇㄠˊ）、微、盧、彭、濮（ㄆㄨˊ）八個小國。紂率領十七萬（一說七十萬）大軍迎戰。在商的朝歌（今河南鶴壁市淇縣，在那裡有紂的離宮別館）附近牧野（今河南衛輝一帶）地方，兩軍相遇，紂兵陣前起義，倒戈向紂。紂王戰敗自殺，商被滅，周朝建立，這就是中國歷史上第三個重要的朝代。

（雙聲）

殷墟、甲骨文

「殷墟」是指現在河南省安陽市西北五里小屯村北面洹（ㄏㄨㄢˊ）河兩岸以及附近一些地方。這裡是三千多年前，商代後半期從商王盤庚遷都以後直到紂王滅亡二百七十三年間的國都所在地。商代滅亡後，這裡就成為廢墟，後來人們就稱它為「殷墟」。

「甲骨」是指烏龜的背甲和腹甲、牛的肩胛骨和肋骨。商王和貴族奴隸主是最迷信鬼神的，不論有什麼疑難的事都要用甲或骨來占卜，占卜後就在上面刻寫下占卜情況的文字。這種文字就是當時通用的文字，也是目前發現的中國最早的一種文字 —— 研究這種文字的學者稱它為「甲骨文」。甲骨文是西元1899年（清朝光緒二十五年）在殷墟開始發現的。

根據殷墟的發掘和甲骨文的發現，再結合古書中有關商代歷史的記載一併研究，我們更清楚地知道：商代是中國歷史上的一個奴隸制文明大國，共有六百多年的歷史，當中又以盤庚遷殷（小屯村）為分界，分為前

後兩期。這時的社會經濟，是以農業生產為主，使用的農具大部分為木、石、蚌類製成，同時也開始使用青銅製成的工具；種植的農作物有黍、麥、稷、稻、粟等。畜牧業也很發達，豬、馬、牛、羊、雞、狗已成為馴養的家畜，並且還能夠馴養大象。捕魚、打獵的技術也有了進步，用鏃、彈丸、網打魚，用車攻、火焚、箭射、陷阱等方法捕捉野獸。

青銅的冶煉、鑄造，陶、石、玉器的製作等手工業已脫離農業，成為獨立的生產部門，有了規模較大的作坊進行生產。尤其是青銅器，種類非常多，有日常生活用器、祭祀用的祭器、生產工具和兵器，器物形制很精巧，花紋清晰美觀，達到了中國古代青銅工藝品製造的高峰。有名的司母戊大方鼎（祭器），重八百三十二公斤，就是這段時期的代表作，也是目前中國和世界上發現的最古、最大的青銅器之一。

中國古代早期城市的規模在商代後期也比較完整。在殷墟也發現了具有民族形式特色的宮殿建築遺址。

商王和貴族奴隸主是商代的統治階級。他們有一套完整的統治機構，有維護奴隸主政權的軍隊組織。他們過著剝削奴隸的寄生生活，吃的是酒肉，穿的是華麗的衣服，住的是宮殿和漂亮的房屋，整天歌舞淫樂；而奴隸的生活是很悲慘的，吃的是豬狗吃的食物，住的是茅屋土炕，成天不停地在田裡和作坊中勞動，有的在勞動時還要戴著鎖鏈，連生命也得不到保障。

從甲骨文中就可以明白地看出：商王和貴族奴隸主還把奴隸當作牲口屠殺來祭祀天帝和祖先。從發掘殷墟許多墓葬的結果可以看出，殺殉奴隸是經常的事。有一次，在一個大奴隸主的墓葬裡發現，被殺殉的奴隸就有一百多個。

（孟世凱）

周文王、姜子牙

很早的時候，至少從夏代末年開始，周族部落就住在現在陝西、甘肅一帶。商朝後期，周族的首領古公亶（ㄉㄢˇ）父（太王），因為遭到戎族和狄族的侵擾，率領周族從岐山之北遷到岐山之南的一片叫做「周」的平原上居住。古公亶父改革風俗，建築城郭室屋，開墾荒地，設立官吏。這樣，就逐漸形成了一個初具規模的國家；周族的勢力得到了迅速的發展。到了古公亶父的兒子季歷在位的時候，周族的力量漸強。商王文丁感到周國的威脅，竟將季歷殺害了。

季歷死後，他的兒子姬昌繼位，就是周文王。周文王是個政治家。他徵收貢賦有節制，周國的百姓都很擁戴他。

商紂王看見周的勢力日漸強盛，感到恐懼，曾下令將文王囚禁在羑（一ㄡˇ）里（在今河南湯陰北）。後來周國向紂王奉獻美女、名馬和其他珍寶，並且買通商的大臣，向紂王求情，文王才被釋放。文王見到紂王暴虐無道，下定決心把自己的國家治理好，一有時機，便興起問罪之師，推翻商朝。

文王的臣僚中，雖然有不少人才，但是缺少一個極有才幹、能文會武的大賢作為他的輔佐。他常常留心尋訪這樣的大賢，甚至在睡夢中也夢見大賢在向他微笑招手。

有一次，文王帶著大隊侍衛出去打獵，在渭水的支流——磻（ㄆㄢˊ）溪，遇見一個老人正安安靜靜地坐在那裡釣魚。文王同這老人談話，向他請教了很多問題。從那老人滔滔不絕、見解卓越的回答中可以看出，他是一個才能出眾、學識淵博的人。於是，文王很高興地向他說：「我的父親

第一編　文明初啟：從遠古到戰國

從前常向我說：『將來一定會有賢能的人到我們這裡來，幫助我們治理國家，我們周族將會因此昌盛起來。』您是一個很賢能的人，我們想望您已經很久了。」說完，就請老人一同上車，回到京城。回去後，就立老人為「師」（武官名）。因為老人是太公（指文王的父親）想望的大賢，當時人們都稱他為「太公望」。（文王得到「太公望」的輔佐這是史實，但是否有訪賢這一情節，歷史記載中說法不一。）

太公望本來姓姜，名尚，字牙，他的祖先助禹治水有功，封在呂地（在今河南省南陽市西），故歷史上又稱他為呂尚。後人則稱他為姜子牙或姜太公。「子」是古代對男子的敬稱，稱他為姜子牙，是表示尊敬的意思。

周文王自從得了姜子牙這樣的好助手，便更加勵精圖治。周國一天比一天富強。文王開疆拓土西到密（今甘肅靈臺縣），東北到黎（今山西黎城縣），東到邘（ㄩˊ，在今河南省沁陽市附近），對紂都朝歌採取進逼的形勢。隨後文王又進一步擴充勢力到長江、漢水、汝水流域一帶。文王晚年，周的土地，三分天下有其二，力量大大超過殷。但是，文王沒有實現滅殷的大志，便死去了。他的兒子姬發繼位，就是周武王。

武王經過積極準備後，興兵伐紂，完成了他父親的遺志，推翻了殷商，建立了統治全國的周朝。周把鎬京（「鎬」音ㄏㄠˋ，在今陝西省長安區）作為國都，歷史上叫做「西周」。姜尚因輔助武王滅商有功，後來被封於齊（在今山東省的中部和東部），為齊國始祖。

（王業猷）

周公

周公是西周初年的大政治家，姓姬名旦，是周武王的弟弟。由於他的封地在周（今陝西省鳳翔縣），故歷史上稱他為周公。他輔助武王滅商，立有大功。武王滅商後二年病死，武王的兒子成王年幼，由周公代行國政。管叔、蔡叔、霍叔等貴族想爭奪王位，散布謠言，攻擊周公，並聯繫紂的兒子武庚等殷商的殘餘勢力，發動叛亂，反對周朝的統治。周公親率大軍東征，用了兩年的時間，平定了反叛。為了鞏固周朝的統治，除去使用武力外，周公還在政治上採取了如下的措施：

1. 加強分封諸侯的政策。周武王滅紂以後，就已開始分封諸侯。周公並不因武庚和三叔的叛周而改變原來的分封政策，相反更加大力貫徹。他把新征服的東方的土地和人民，分封給同姓子弟和異姓功臣，建立屬國，來拱衛周朝王室。據說周朝初年，武王、周公、成王時代，先後一共封了七十一國。滅掉多數小國，建立較大的侯國，結束商朝以來原始小邦林立的現象，這在歷史上是一個進步。

2. 營建雒邑。為了防止殷族的反抗和加強對東方的控制，周朝感到都城鎬京的位置有點太偏西了，因此便由周公主持營建雒邑（在今河南洛陽市），叫做東都。東都建成後，周公把殷的一部分遺民遷到雒邑，加以監管，並且派重兵駐守，以便鎮壓。周公自己也常駐在這裡。這樣，雒邑便成了當時周朝經營中原的一個重要據點。

3. 制定典章制度。周公依據周國原有制度，參酌殷法，定出了一套設官分職用人的辦法和區分君臣、父子、兄弟、夫婦、上下、親疏、尊卑、貴賤的各種禮儀。這就是後世所說的周公制禮作樂。周公對商朝的文化，

採取虛心學習的態度,他要周族貴族子弟學習商的文化和藝術,從而產生商周兩族混合的文化,這對以後中國文化的發展,是有很大影響的。

周公攝政七年,還政成王。據歷史所記,西周初年,經過武王、周公這一時期,到了成王和他的兒子康王時代,幾十年間,天下太平,政治、經濟、文化不斷發展,西周的國力,這時最為強盛。

(王業猷)

春秋、戰國

西元前771年,中國西部的一個部族——戎族,攻占了周的國都鎬京,把周幽王殺死在驪(ㄌㄧˊ)山之下。周幽王的兒子——宜臼,依靠各國諸侯的援助,做了天子,就是周平王。周平王害怕戎族的進攻,不敢住在鎬京,於是在西元前770年,把國都東遷到雒邑。歷史上把遷都雒邑的周朝叫做「東周」。

從西元前770年到西元前403年這一時期,歷史學家稱它為「春秋時期」(另外也有些歷史學家把春秋時期的範圍定為西元前770年到西元前476年)。

這段時期,包括了中國最早的一部編年體史書——《春秋》(自古相傳《春秋》為孔子所作,但也有人認為並非孔子所作)的起訖年代(西元前722年至前481年)在內,春秋時期的名稱就是這樣來的。春秋時期,中國的冶鐵技術已經逐漸進步,生產上也逐漸應用鐵製工具,如鋤頭、斧頭等。隨著生產力的提高,各地方經濟有了更大的發展。有些諸侯的力量逐漸強大,超過了周王室。從這時起,周王只不過是名義上的最高領袖,實

際上已沒有力量控制諸侯了。

春秋後期，由於各大諸侯國之間彼此吞併，到西元前403年，主要只剩下了七個大的強國：秦、齊、楚、燕、韓、趙、魏。

在這七個大國中，齊、楚、燕、秦四國是從西周以來就存在的老國家，韓、趙、魏則是由晉國分裂而成的三個新國家。為奪取更多的土地和人口，七國之間的兼併戰爭，比以前更加劇烈而頻繁，直到西元前221年秦始皇攻滅東方六國統一全國以前，各國相互攻伐一直沒有停止。後世人因此把這個時期（西元前403年至前221年）稱作「戰國時期」（有的歷史學家計算戰國時期是從西元前475年開始，到西元前221年終止）。

戰國時期，冶鐵事業有了進一步的發展，各國都出現了冶鐵業中心。鐵製工具的廣泛應用，又推動了各國水利事業和農業的發展。

（王業猷）

五霸、七雄

春秋時期，周天子的勢力衰落，大國諸侯互相爭奪霸權。歷史上把先後稱霸的五個諸侯叫做「五霸」。五霸一般是指齊桓公、宋襄公、晉文公、秦穆公、楚莊王。也有的說五霸應該是指齊桓公、晉文公、楚莊王、吳王闔閭（ㄏㄜˊㄌㄩˊ）及越王勾踐。

齊桓公在位期間，在有名的大政治家管仲的輔佐下，齊國在經濟、政治和軍事上實行了一系列的改革，國家日益走向富強。這時周王已經衰弱到不能維持其天下「共主」威權的程度，齊桓公為了擴大自己的政治權力，爭做霸主，就拿「尊王攘夷」作為號召，企圖來達到自己的目的。所

謂「尊王」，意思是尊重周朝王室，承認周天子的共同領袖地位；所謂「攘夷」，意思是聯合各諸侯共同抵禦戎、蠻等部族對中原的侵襲。

齊國是第一個建立霸業的國家，它曾經援助燕國打退山戎的入侵、聯合諸侯國出兵衛國擊退了侵入衛國的狄人，還曾經聯合中原諸侯討伐楚國。齊桓公屢次大會諸侯，和各國結成同盟，相互約定：如某國遭遇外患，各國共同出兵援救；在盟各國，互不侵犯，如有爭端，由盟主公斷。齊桓公稱霸，阻止了戎狄的侵擾，保衛了華夏族的先進文化，在歷史上有著正向作用。

齊桓公死後，齊國的霸業衰落。宋國（在今河南省東部）的襄公想趁機爭做霸主。正好這時鄭國（在今河南省中部）依附楚國，宋襄公就領軍討伐鄭國。楚國出兵救鄭，攻打宋國。宋軍被打得大敗，宋襄公也受了重傷，第二年即病傷而死。實際上宋國稱霸沒有成功。

真正繼齊桓公稱霸的是晉文公。晉國在今山西省，和周是同姓國家。西元前632年，晉文公率晉、宋、齊、秦四國聯軍大敗楚軍於城濮（今河南濮陽市南）。戰後，晉國把在戰場上俘虜的楚國戰車和步卒，獻給周天子。周天子賜給晉文公一百赤色弓箭、一千黑色弓箭，另外還有香酒、玉石等物。周天子賞賜弓矢，是表示允許其有權自由征伐的意思。從此以後，晉國便成了各諸侯的霸主。

在晉國稱霸時，西鄰的秦國也開始強大起來。秦穆公任命百里奚、蹇（ㄐㄧㄢˇ）叔為謀臣，曾打敗晉國，俘獲晉惠公。但是後來卻在崤（ㄧㄠˊ，山名，在今河南省洛寧縣北）地，遭受晉軍襲擊，被打得大敗。秦沒法向東發展，只好轉而向西，攻滅十幾國，在函谷關以西一帶稱霸。

楚在春秋時，陸續吞併了長江、漢水流域許多小國，勢力逐漸伸展到

淮水流域一帶。到楚莊王時，楚出兵進攻陸渾戎（游牧部落，居住在今河南嵩縣），並在東周雒邑的城郊耀武揚威，打聽象徵周朝天子權勢的九鼎輕重，大有代周而取天下的意圖。後來又在邲（ㄅㄧˋ，今河南鄭州）與晉大戰，打敗晉軍，終於成為霸主。

春秋末年，吳、越兩國相繼強大。吳王夫差曾在夫椒（在今江蘇太湖）打敗越兵，迫使越國屈服。之後又打敗齊軍。繼而率領大軍北上，在黃池（今河南省封丘縣西南）同諸侯會盟，與晉國爭奪霸權。

越王勾踐自被吳國打敗後，臥薪嘗膽、發憤圖強，下定決心洗雪前恥。經過十年生聚、十年教訓，終於轉弱為強，滅了吳國。勾踐北進徐州（今山東滕州南），大會齊、晉等諸侯共尊周天子，成為春秋時期最後一個霸主。

「七雄」指的是戰國時期的魏、韓、趙、秦、齊、楚、燕七國。秦在函谷關（河南靈寶市）以西；其他六國在函谷關東，稱為「山東六國」。

魏國大致包括今陝西北部、山西南部和河南北部一帶。魏文侯時，任用西門豹、李悝（ㄎㄨㄟ）、樂羊等人才，改革惡俗，整頓財政，發展生產，獎勵攻戰，逐漸成為戰國初期最富強的國家。

韓國主要在今河南省中部、南部和山西省東南部一帶。韓昭侯任用申不害為相，實行嚴政，加強國君的專制統治，國治兵強。申不害死後，韓國又常遭各國侵伐。韓國是當時七國中最弱小的一國。趙國的疆域主要包括今河北省中部、南部和山西省北部一帶。

趙烈侯時，節財儉用，舉賢任能，國勢日強。

秦國是一個大國，大致占有今陝西南部、甘肅東部及四川中部和西部。秦本來是一個文化落後的國家，秦孝公時任用大政治家商鞅進行變

法，秦國才日益強盛起來，終至成為東方六國的勁敵。

齊國是春秋初期的強國。齊國的國君原本是姜尚的後裔，後來齊國的貴族田氏勢力漸大，姜姓國君終被田氏取而代之。齊威王時，任用鄒忌等革新政治，選拔人才，修訂法律，獎勵農耕，鼓勵群臣及吏民批評朝政，故戰國時期齊國仍然是強盛的大國。

楚國在春秋時已經是一個強國。楚悼王時，任用吳起變法。楚威王時，派兵攻取越國浙江以西的土地；又派將軍莊蹻（ㄑㄧㄠ）帶兵入滇，擴地數千里。楚國是當時七國中土地面積最大的一個國家。燕國占有今華北平原的北部直到遼東半島一帶，國都為薊（ㄐㄧˋ，即今北京）。燕國本很弱小，常受山戎攻掠。燕昭王時，重用名將樂毅，大破齊國兵，才成為北方的強國。

「五霸」、「七雄」所代表的春秋、戰國時期，是中國歷史上一個重要的轉變時期，這時，不論在經濟、政治和思想文化上，都出現了前所未有的大變革。大量未墾殖的荒野被開闢出來，人口增加了很多，華族與其他各族的交往和融合不斷地加強，這一切都為以後秦漢大一統局面的出現創造了有利條件。

（王業猷）

管仲

管仲（又叫管夷吾），潁上（今安徽潁上）人，是春秋初期傑出的政治家。西元前 689 年，齊桓公任用管仲為相，改革內政。管仲治理齊國，總的目標是富國強兵，尊王攘夷，以成霸業。

在經濟方面：主張依照土地的肥瘠，定賦稅的輕重。對內開源節流，以減輕農民和小生產者的負擔。興修水利，開墾荒地，發展農業。提倡漁鹽之利，鼓勵漁鹽輸出。設立鹽官、鐵官，管理鹽鐵的生產事業。重視通商和手工業。鑄造貨幣，調劑物價的貴賤。根據年歲的豐歉和人民的需求，決定貨物的集散。結果齊國國用充足、倉庫充實，國家越來越富庶，人民生活逐漸提高，奠定了齊國稱霸諸侯的經濟基礎。

在政治方面：分全國為士鄉（農鄉）與工商鄉，不許士（上古時代介於卿大夫和庶民之間的階層）農工商四民雜處。工商免服兵役，使成專業。優待甲士（帶甲的兵，甲是古時戰士的護身衣，用皮革或金屬製成），有田不自耕，專練武藝。戰爭時，農夫當兵，士當甲士和小軍官。這種促使社會加速分工的措施，對於當時生產的發展，有過一定作用。同時又提出「尊王攘夷」的口號，打著擁護周天子的旗號，領導各國諸侯合力抵抗戎狄部族的侵擾。這樣做，對於保衛中原地區先進的經濟和文化免受落後部族的掠奪與踐躪，有著很大的好處。

齊國是春秋初期最強盛的國家之一，管仲的功績是不可磨滅的。

（王業猷）

子產

子產是春秋時期鄭國著名的政治家。

鄭國是一個小國，北面是晉國，南面是楚國，它處於兩大霸國之間，從晉則楚要打它，從楚則晉要打它，若要避免滅亡，就不得不講求內政外交的善策。

第一編　文明初啟：從遠古到戰國

　　從西元前 543 年到西元前 522 年，首尾二十多年，正是子產在鄭國掌握國政的時期。在這期間，子產充分發揮了他的政治才能，依靠全國人民的力量，使弱小的鄭國，在晉、楚兩強之間，保持了應有的獨立地位。

　　子產治國，能任用賢才，並且能接受批評、改正錯誤，這是他的最大長處。這裡有個故事，可以看出他的政治家風度。他執政後不久，有人經常聚集在鄉校中，批評國家的政治，有個叫然明的人，看不慣這種現象，向他建議說：「把鄉校封閉吧，你看怎樣？」子產回答說：「為什麼要封閉鄉校呢？讓人們空閒的時候，常到這裡走走，評論評論執政的得失，有什麼不好？他們說這樣做對，我就這樣做；說那樣做不對，我就改正缺點。這正是我的老師啊！」

　　子產從政二十多年，為鄭國做了很多事情，其中最重要的有兩件：一是「作丘賦」，一是「鑄刑書」。

　　「丘賦」是怎麼回事，我們現在已弄不清楚，有人說，就是一「丘」出一定數量的軍賦。由「丘」中人各按所耕田數分攤。一「丘」的面積有多大，現在也弄不清了。據說「四邑為丘」，一邑四「井」，也就是說，「一丘，十六井」。既然「丘賦」係根據所耕田數分攤，那麼「丘」內新墾土地愈多，則分攤之軍賦必愈輕。這樣，不僅使得負擔平均合理，而且保證了國家軍賦的來源。丘賦制初行時，遭到了貴族們強烈的反對，但是子產很堅定地說：「不妨。只要對國家有利，我死也得做。」

　　鄭國是一個商業發達的國家，然而貴族們往往利用隨意輕重的刑罰來壓迫商人，這對鄭國來說很不利。子產把刑書（成文法）鑄在金屬鼎上公布，使老百姓知道國家法令的內容和要求，有所遵循。從此，司法有了準繩，誰也不能光憑自己的好惡來濫施刑罰，這樣做多少有些限制貴族權力的作用。刑書剛公布時，同樣也遭到了守舊派的強烈反對，但是子產還是

堅定地去做。

子產的新政，受到了鄭國人民廣泛的讚揚。

（王業猷）

臥薪嘗膽

西元前494年，正是春秋末期。當時的諸侯之一——吳王夫差，出兵侵伐越國，越國生產落後，國勢很弱，加上越王勾踐不聽賢臣范蠡的忠告，以致越國的軍隊在夫椒被吳軍打得慘敗。越王勾踐收拾殘兵敗將五千人退守會稽（今浙江紹興市），又被吳軍包圍，形勢很危急。勾踐採納了范蠡的建議，派大夫文種前去求和。夫差的謀臣伍子胥對夫差說：「越王是個有深謀、肯耐勞苦的人，現在不過暫時屈服，一有機會，準會再起，不如趁此時刻一口氣把越國滅掉！」夫差覺得伍子胥的話有道理，就沒有答應越國的求和。

勾踐聽說吳王不肯允和，就想同吳國決一死戰。文種對勾踐說：「吳國的大臣伯嚭（ㄆㄧˇ）是個貪財的人，我們可以設法拉攏他。」

於是勾踐派文種帶著美女和珍寶去賄賂伯嚭。伯嚭在夫差面前極力替越國說情。最後夫差終於答應了越國的求和，把軍隊撤回了吳國。吳國撤兵後，勾踐被迫帶著妻子和范蠡到吳國去，當吳王夫差的奴僕。但是他立志洗雪國恥，忍辱負重，絲毫不露聲色。三年後，勾踐被釋放回國。

越王勾踐回國後，怕安逸的生活會把自己報仇雪恥的雄心壯志消磨掉，因此特地為自己安排了一個艱苦的環境，以便隨時警惕。晚上他就睡在柴草堆上（臥薪）用戈（一種兵器）當枕頭，不敢睡舒適的床鋪；平時

屋裡吊著一只苦膽，起身以後，或睡覺吃飯之前，他都要嘗一嘗苦膽的滋味，表示不忘亡國的痛苦（史書最早的記載，只說越王嘗膽，並沒有說臥薪，臥薪之說是後來才有的）。他倚靠賢臣范蠡和文種，任用有才德的人，發展生產，獎勵生育，營造戰艦，練兵習武。

和越國相反，吳王夫差自戰勝越國後，驕傲狂妄，不顧民生困苦，連年東征西討，想成為凌駕各國之上的霸主，又聽信了奸臣伯嚭的讒言，殺害了伍子胥。本來是弱國的越國，轉化為強；本來是強國的吳國，表面上雖然還撐著一副空架子，實質上已經轉化為弱。

西元前482年，吳王夫差在黃池大會各國諸侯，打算跟晉國爭做霸主。越王勾踐趁吳國國內空虛的機會，帶領大軍攻打吳國，包圍了吳國的首都，殺死了吳國的太子，吳國人心大亂。夫差聽說，匆忙帶兵回國。吳國軍心渙散，無力作戰，派人向越國求和。此後，吳國一天天衰弱下去。

西元前473年，越王勾踐率領大軍再一次進攻吳國，把夫差圍困起來。夫差派人向勾踐哀哀求和，勾踐堅決不答應。夫差悔恨自己當年不聽伍子胥的忠告，自殺而死。吳國滅亡。越王勾踐滅吳以後，北進到徐州，大會各國諸侯，做了春秋時期最末一個霸主。

（王業猷）

商鞅變法

秦國在戰國初期，是一個比較落後的國家。西元前361年，秦孝公即位，下令求賢，希望對秦國的政治有所改革。

衛國人公孫鞅（後因有功於秦，被封於商，故號商鞅）應募到秦國，

得到秦孝公的信任。西元前 359 年，秦孝公任命商鞅為「左庶長」（秦國官名），在秦國實行第一次變法。

據說，在變法的命令尚未公布以前，商鞅為了在人民中樹立威信，派人把一根三丈長的木桿豎立在國都市區的南門，然後下令說：「有人能把這木桿搬到北門去的，賞給他十金。」當時老百姓來看熱鬧的很多，都覺得奇怪，認為做這樣簡單的工作，絕不可能得到如此重賞，誰知道商鞅是什麼意思，因此沒有一個人敢出來試試。商鞅看見人民不相信，又再次鄭重下令說：「有能把這木桿搬去的，賞賜五十金。」這次下的命令，更加使人感到奇怪。不久，真有這麼一個人鼓起勇氣，不管有賞無賞，把這根木桿從南門搬到了北門。商鞅毫不失信，立即給了這人如數的獎賞。這件事情傳揚開去，大家都知道商鞅是一個言出必行的人。從此，人們對於秦國的法令，誰也不敢隨便馬虎，將之當作兒戲。

商鞅第一次變法的主要內容，有以下幾點：

1. 組織民戶，實行「連坐法」。以五家為「伍」，十家為「什」，互相糾察；一家犯法，別家不告發，一同受重罰。

2. 加強對勞動力的控制。戶主如有兩個兒子，到一定年齡必須分家，各立門戶，不得過依賴生活；否則，加倍出賦稅。

3. 獎勵生產。凡努力耕織生產粟帛超過一般人產量的，可以免除徭役；凡棄農經商或因好吃懶做以致窮困的，連同妻子兒女一同罰做奴婢。

4. 獎勵軍功，禁止私鬥。凡為國家立下戰功，按功勞大小受賞。貴族沒有軍功，不得享受爵位；不論貴族平民，如有私鬥，按輕重受刑。

新法實行十年，取得了很大的效果，秦國開始日益走向富強。西元前 352 年，秦孝公升商鞅為「大良造」（秦國官名），給了他更大的權力。西

元前350年，商鞅又實行第二次變法。這次變法的主要內容是：在政治方面，普遍地推行縣制。歸併各鄉村、城鎮為大縣。全國一共設立三十一個縣（一說四十一個縣）。每個縣由中央政府派令和丞管理全縣的事。在經濟方面，開闢阡陌封疆（田間分疆界的土堆），擴大耕地面積；獎勵開荒，承認各人新開墾的土地所有權，准許土地的自由買賣。另外，還統一了全國的度量衡制度，加強了國內的經濟聯繫。

在第二次變法時，秦國把國都從雍（今陝西鳳翔縣）遷到了咸陽。

商鞅在實行新法時，秦國的舊貴族紛紛起來反抗。可是商鞅的態度很堅決，絲毫沒有妥協。西元前346年，太子帶頭反抗新法，商鞅下令把太子的兩個老師施以黥（ㄑㄧㄥˊ）刑（面上刺字塗墨），以示懲罰。老百姓看到太子犯法都要受到處罰，誰還敢違抗新法？因此，新法能夠在秦國雷厲風行地徹底貫徹。新法實行後，秦國很快由一個落後的國家發展成為當時最先進、最富強的國家。

商鞅變法，是中國歷史上的一次重大事件。商鞅，是中國古代一位傑出的政治家。西元前338年，秦孝公死後，太子繼位，就是秦惠文王。舊貴族乘機報復，秦惠文王聽信了他們的話，殺害了商鞅。商鞅雖然被害，但是他所推行的新法，仍長期為秦國所奉行。

（王業猷）

趙武靈王胡服騎射

趙武靈王是戰國時趙國的國君，也是一位軍事家，西元前325年至前299年在位。趙國的東鄰齊國，是一個強國；西方的秦國，經過變法圖強，

趙武靈王胡服騎射

國勢也蒸蒸日上；相形之下，趙國當時只算是個二、三等國家。趙國的東北方是中山國，雖然是個小國，卻也輕視趙國，常乘機侵犯它的邊境。趙武靈王即位以後，國勢仍然沒有變化，曾被齊國打敗過一次，又被秦國打敗過好幾次，好幾座城池都被秦國侵奪去了。

趙武靈王是一位很有志氣的君主，他很想進行一些改革，好使趙國變成強國。趙國的北部，大部分與胡人為鄰。那時，胡人都是些強悍善戰的游牧部族，他們穿著短裝，行動靈便，上陣騎馬，往來如飛，一邊跑一邊射箭，生龍活虎。趙武靈王認為採用胡服騎射，對於加強軍事戰鬥力量很有好處。他打算讓全國的人都改變裝束，一律穿短服，和胡人一個樣子，並且練習像胡人那樣騎馬射箭。

有一天，趙武靈王對大臣肥義說：「現在我想用胡人的衣服騎射，來教導老百姓，恐怕世俗的人必定要議論我。」

肥義說：「臣聽說過：『做事情若有疑惑，必沒有成功的希望。』大王如果要學習胡服騎射，就不必顧慮那些世俗議論。要改革就不妨學學。過去，舜的時候，有個落後的部族叫有苗，舞跳得很好，舜就向他們學跳舞。可見古人也有學習別的地方風俗的。只要對趙國有好處，胡服騎射又有什麼不可以學的呢？大王就照這樣去做吧！」

趙武靈王聽了肥義的話，下定了決心，在西元前 302 年，命令趙國人改穿胡服和學習騎射。他以身作則，帶頭先穿起胡人的服裝來。最初，趙武靈王的叔父──公子成反對改革。趙武靈王親自同公子成辯論，用種種理由把頑固的公子成說服。最後，公子成也穿起胡服。眾大臣及老百姓看見趙武靈王和公子成都穿上了胡服，便也都隨著改變了裝束。接著，趙武靈王親自訓練士兵，教他們如何像胡人那樣騎馬射箭。不到一年的工

夫,趙國大隊的新式騎兵就訓練成了,趙國在軍事上很快就由一個弱國一躍而成了當時北方的一個強國。

(王業猷)

蘇秦、張儀

　　蘇秦是戰國時東周洛陽人。他年輕時,曾到東方的齊國求學。求學告一階段後,他便到各國遊歷,想憑藉自己雄辯的口才,遊說各國諸侯,希望得到諸侯的重用;可是遭到失敗,狼狽不堪地回到故鄉。他重新發憤讀書,用心研究當時各國政治形勢和兼併鬥爭情況,一年以後,提出了「合縱」的主張。那時,西方的秦國是「戰國」七雄中的強國,經常出兵攻打東方各國,各國諸侯都很害怕,感到無法抵抗。「合縱」政策,就是聯合六國共同抗秦的一種具體辦法。南北稱為「縱」,從北往南,由燕國到齊、趙、魏、韓諸國,再到楚國,南北聯盟,合力禦秦,故稱為「合縱」。

　　蘇秦先到趙國,宣傳「合縱」的好處,趙相奉陽君不贊成,他只好轉往燕國。過了一年多,好不容易才見到燕文侯。燕文侯倒是很支持他,還替他預備了車馬盤纏,請他到各國去進行聯繫。蘇秦第二次又到了趙國,恰巧這時奉陽君已死,少了一個阻撓的人,所以他能直接見到趙國的國君——趙肅侯。蘇秦向趙肅侯說:「臣就天下形勢考察,覺得東方六國的土地比秦國要大五倍,各國的軍隊比秦國要多十倍,若六國能同心協力,西向攻秦,秦國必然會失敗,為什麼現在東方六國反而一個個都斷送自己的土地去奉承秦國呢?……臣希望大王對這問題加以慎重考慮……依臣的計謀,目前最好約請各國諸侯到趙國洹水聚會,共商大事,設誓訂盟。盟

蘇秦、張儀

約規定：以後秦國如果攻打六國中任何一國，其他各國相互援助。諸侯中有不遵守盟約者，其他五國共同出兵討伐。」

趙肅侯聽了蘇秦的建議，非常高興，即刻為他準備了一百輛華麗的車子和許多黃金、白璧、錦繡等貴重的禮物，要他去遊說各國諸侯。蘇秦先後到了各國，向各諸侯詳細說明了割地求和的害處同聯合抗秦的好處。韓、魏、齊、楚四國都被他說服，一致贊同合縱的主張。趙、齊、楚、魏、韓、燕六國，大會於洹水，在共同抗秦的名義下，結成了聯盟。蘇秦被舉為「縱約長」，掛六國相印。

但是，這種聯盟是極不牢固的，因為六國統治者各有各的打算，根本不能真誠合作。後來秦國乘機暗用計謀，挑撥齊、魏兩國攻趙，合縱的盟約很快便被破壞。

張儀是戰國時魏國人，同蘇秦是同學。他最初漫遊各國到處遊說，久不得志。有一次楚國相府舉行宴會，主人丟失了一塊美玉，府裡的人聽說他的名聲不好，都疑心是他偷的，便將他捆起來打了幾百板子，打得他渾身都是傷，結果他還是不承認，相府的人也只得放了他。他回到家裡，妻子知道這事後，悲嘆著說：「你要是不去到處遊說，哪會被人家打成這樣子！」張儀聽了忙張開口對妻子說：「妳瞧我的舌頭還在嗎？」妻子笑道：「舌頭當然還在。」張儀道：「那就好，只要舌頭還在，我將來就有辦法。」

果然，以後張儀到了秦國，仗著他的辯才，取得了秦王的信任，做了秦相，提出了「連橫」的主張。東西稱為「橫」，使用威嚇、利誘的手段，逼迫東方六國西向和秦結交，就叫做「連橫」。

為了破壞六國的團結，張儀主張先爭取與秦接壤而又畏秦最深的魏國。他向魏王宣傳「連橫」的道理，要魏和秦結交。魏王起初不答應，張

儀便慫恿秦國攻打魏國。魏與秦戰，魏國失敗。第二年，秦國進攻韓國，大敗韓國，斬首八萬，諸國震恐。張儀再次遊說魏王，魏王迫於秦威，答應和秦訂交。

進一步，秦國的目光轉向了齊、楚兩大強國。當時，齊楚訂盟，聲勢很大。秦國想瓦解齊楚聯盟，就派張儀到楚國，欺騙楚懷王說：「大王如果信臣的話，和齊國絕交，臣可以勸秦國獻出商、於（今河南省淅川、內鄉）地方六百里給大王，並且秦國願意和楚國結為姻親，永成兄弟之國。」楚懷王是個糊塗蟲，聽了張儀的話，信以為真，就派人到齊國去辱罵齊王，同齊國絕交。齊國氣極了，反而同秦國聯合，共同對付楚國。結果，張儀向楚國派來接受土地的使者說：「我說的是六里地，不是六百里地，大概楚王聽錯了吧！」楚國使臣回去報告懷王，懷王大怒，即刻興兵攻打秦國。這時秦國和齊國聯合起來，兩面夾攻楚國，楚軍一連敗了好幾仗，敗得很慘，反而被秦國奪去了大片土地。

就這樣，秦國利用連橫政策，對東方六國採取各個擊破的辦法，最後使合縱的盟約完全瓦解。

合縱連橫，反映了戰國時期縱橫捭闔（ㄅㄞˇㄏㄜˊ，分化或拉攏）的政治局勢，也代表著知識分子——「士」這一階層的興起，以及他們在政治上的活動與要求。

（王業猷）

火牛陣

　　田單是戰國時齊國的軍事家。齊湣（ㄇㄧㄣˇ）王的時候，他在國都臨淄（今山東臨淄）做過小官，並不甚有名。但他辦事很認真、很有條理，深受族人敬重。西元前284年，燕國派遣名將樂毅聯合趙、韓、魏等國的兵力，打敗了齊國；齊國的地方幾乎全被燕軍占領，只剩了莒和即墨兩城沒有被攻下。隨著逃難的人群，田單率領一家老少也輾轉逃入即墨城。他參加了即墨城的防守工作。即墨守城的長官同燕軍交戰，死在陣上，城裡的人推選田單出來主持戰事，因為大家都認為他有才幹、有智謀。

　　田單做了首領，和部下同甘共苦，不分日夜親自巡城，受到全城人民的熱誠擁戴。

　　他一方面加強城守，另一方面還派人到燕國去偵探敵人內部的動靜。他聽說燕昭王死了，昭王的兒子惠王繼位。惠王原和樂毅有矛盾，彼此很不和。於是他便趁機派間諜到燕國造謠說：「齊國現在只有兩個城未被燕攻下。樂毅之所以不趕快把這兩城攻下，結束戰事，是想以伐齊為名，慢慢收攬人心，企圖在齊國稱王。齊國人倒不怕樂毅，就怕燕國改派別的大將，這樣，即墨城馬上就要遭殃了。」燕惠王聽信了這話，也不深思，就另派大將騎劫去代替樂毅。燕軍將士聽說樂毅遭了讒害，都憤憤不平。騎劫是一個無能的將領，燕軍軍心動搖，他根本指揮不靈。

　　田單用反間計去掉樂毅後，便進一步做鼓舞士氣的工作。他在軍隊裡挑選了一個機靈的小兵，叫他假裝「神師」，以後每逢下令，總說是出於天神的教導。齊軍士兵看見有「天神」下凡幫助，都非常高興；相反燕軍聽到這個消息，都非常害怕。

第一編　文明初啟：從遠古到戰國

　　接著，田單放出一個消息，說：「我們別的不怕，就怕燕國人俘虜了我們的士兵割去他們的鼻子，把他們放在隊伍的前列，讓即墨城裡人看了害怕，這樣人心就會渙散，即墨就再也守不住了。」騎劫聽到後，不假思索，就完全按照田單說的話那樣做。即墨人一見被俘的人都被割去鼻子，十分激憤，更加決心抵抗，堅守不降。

　　後來，田單又放出一個消息，說：「我們別的不擔心，就擔心燕軍挖掘我們城外祖先的墳墓。要是他們真挖掉了我們的祖墳，即墨城裡的人一定會感到寒心，不願死守。」騎劫聽到後，仍然不假思索，又完全按照田單說的話那樣做。即墨人看見燕軍刨掉了自己的祖墳，燒毀了自己祖先的屍骨，都悲憤大哭，要求出城去和燕軍拚命。

　　田單見到士氣高漲，知道機會已到，就下令全城動員。他把自己的妻妾和親人都編入隊伍中，把自己的口糧也都拿出來分給部下。他命令精壯的士兵暫時隱伏，故意用老弱婦女在城頭防守。他派人出城去假意投降。騎劫深信不疑，毫無警惕。燕軍見齊軍要投降，都高呼「萬歲」，鬥志迅速下降。隨後田單又派人送貴重的禮物給燕軍將領，說：「即墨很快就要投降了，希望大軍進城以後，保全我們的家小。」燕軍將領個個歡喜，滿口答應。從此燕軍將士，絲毫不做戰鬥準備，整天飲酒作樂，專等田單出來投降。

　　而這時在即墨城裡，田單卻在積極做著戰鬥的準備。他徵集了一千多頭牛，牛身上都披著五彩龍文的紅綢子，兩隻犄角上都綁上鋒利的快刀，尾巴上都繫著浸透油脂的蘆葦；並且預先在城牆根挖開幾十個洞口，把牛藏在裡面，預備衝鋒。同時他又挑選了五千名勇敢的壯士，拿著武器跟在牛隊的後頭。一切都已準備妥當，到了這天夜晚，田單正式下令出戰。

　　牛尾巴上的蘆葦燒著了，一千多頭火牛怒吼著奔出洞口，直衝向燕軍

兵營。五千名壯士緊跟在牛後，奮勇擊殺。城中人拚命地敲打著各種銅器，鼓譟助威。城外一片火光，喊殺聲驚天動地。燕軍從夢中驚醒，不知發生了什麼大事，慌亂一團，紛紛奪路逃跑，自相踐踏，死傷遍地。燕軍大敗，主將騎劫在混戰中被殺死。田單乘勝反攻，齊國淪陷區的人民四處響應，配合田單攔擊燕軍。齊軍大勝，最後終於把敵人完全驅逐出國境。田單率領部隊，收復了七十多座城池。

（王業猷）

完璧歸趙

趙惠文王得到一塊世上稀有的美玉──楚國和氏璧。

秦昭王聽到這個消息後，派人送信給趙王，表示願意拿十五座城池來交換這件寶物。趙王同大臣們商量，感到很為難：若是答應，怕上秦國的當；若是不答應，又怕秦國逞強。大家商議了半天，還是想不出一個好辦法。

趙王心裡十分焦急。這時，身邊的一個宦官說：「我家裡有個客人，名叫藺相如，是個挺能幹的人。我看，叫他去秦國一定合適。」藺相如應召而來，向趙王建議說：「如果大王實在沒有人可派遣，我可以去走這一趟。如果秦國真願意拿城來換，我就把璧給秦；否則，我就完璧歸趙。」

趙王很高興，便派他去辦理這件事情。

藺相如到了秦國，秦王在王宮召見他。藺相如把璧捧上去，秦王接過來，左看右看，喜得得意忘形，順手把璧遞給左右的侍從和文武大臣傳觀。大家看了都稱讚不已，齊聲向秦王道賀，高呼「萬歲」。

藺相如站在一邊等了好久，看到秦王根本不提換城的事情，他想：秦王

果真存心霸占這塊玉，便走上前對秦王說：「這塊玉上面還有一點小毛病，不容易瞧出，讓我指給大王看。」秦王信以為真，把玉遞給了藺相如。

藺相如接過玉，退到柱子邊，向著秦王，義正詞嚴地說：「大王要用十五座城交換這塊和氏璧，趙王為了這件事，召集群臣商議，大家都主張不要答應。但是，趙王聽了我的話，不願意和秦國傷和氣，同意用這塊玉和秦國交換十五座城。趙王為了表示鄭重，恭恭敬敬齋戒了五天，才派我把玉送來。可是大王卻隨隨便便把玉遞給這個看，遞給那個看，未免太不鄭重了。我看大王並沒有真心拿城交換的意思，是以我不得不把玉收回。假如大王一定要存心威逼，那我就拚著頭顱和這塊玉一同碰碎在這根柱子上。」說完，真的舉起玉，就要朝著柱子猛砸。

這下可把秦王急壞了，這真是太出乎人的意料。他沒辦法，只好向藺相如道歉，並且命人把地圖拿來，指點給藺相如看，說：「從這裡到那兒，一共十五個城，全劃給趙國。」

藺相如心裡很清楚，知道秦王絕不會有誠意，他不動聲色地改換口氣，對秦王說：「和氏璧是天下聞名的寶物，價值連城。趙王為了送這塊玉，齋戒了五天；現在大王要受這塊玉，也應該鄭重其事齋戒五天。」秦王知道不能強奪，只好忍氣吞聲答應下來。

藺相如預料秦王終究會變卦，就在當天夜晚命他的隨員化裝成平民，抄小路把這件寶物偷偷地護送回趙國。

五天過後，秦國舉行十分隆重的儀式，來接受這件天下無雙的稀世之珍。一切都按照事先的安排進行，秦王坐在殿上，殿下文武林立，四周一片沉寂，氣氛十分嚴肅。不一會兒，藺相如空著手，不慌不忙地走上殿來。秦王一見，知道事情不妙，忙問道：「和氏璧呢？」藺相如回答說：「秦國

多年以來，一直不守信義，趙國吃的虧已經不少，我害怕這次又會上當，已經暗中派人把玉送歸趙國去了。我欺騙了大王，很對不起，請大王治我的罪吧！」

秦王氣得渾身發抖，大發雷霆地說：「我依了你的話齋戒了五天，你竟把玉送回趙國去，這明明是你無理！」

藺相如面不改色地辯白說：「秦強趙弱，只要秦國先把十五座城交給趙國，趙國豈敢開罪大王不把寶物獻出？」秦王聽了這話，一時無言以對，最後想了想，實在沒法，只好自認沒趣，放藺相如回去。後來，秦國並沒有把十五座城給趙國，趙國也始終沒有把璧給秦國。

「完璧歸趙」的故事，千百年來，一直被傳為美談。至今，人們比喻某件物品的高貴，常說「價值連城」；向人借物，保證原物歸還，常說「完璧歸趙」。這兩句成語，就都是從這個故事中引申出來的。

（王業猷）

將相和

藺相如完璧歸趙以後，又過了好幾年。在這幾年中，秦國攻打過趙國兩次，雖說得了些勝利，可是無法使趙國屈服。於是秦王派使者去見趙王，約趙王在澠池（今河南澠池縣）見面。明裡說是促進秦趙和好，實際上是打算對趙國進行要挾。趙王害怕被秦國暗算，很想拒絕不去。可是藺相如和大將廉頗認為，要是推辭，等於表示膽怯。與其示弱於人，倒不如去的好。趙王接受了這個意見，決定去澠池赴會。藺相如跟著一道同去，廉頗則在邊境上布置重兵，以防秦國侵襲。

第一編　文明初啟：從遠古到戰國

　　西元前 279 年，秦王和趙王相會於澠池。在筵席上，秦王假裝酒醉，故意戲弄趙王，說：「寡人聽說趙王喜歡彈瑟，請彈一曲聽聽。」趙王不敢不依，只得勉強彈了一曲。這時，秦國的史官趕緊上前把這件事記載下來，寫道：「某年某月某日，秦王與趙王會飲，令趙王鼓瑟。」藺相如認為這是對趙國的莫大侮辱，十分氣憤，立即上前對秦王說：「趙王聽說秦王擅長秦國鄉土音樂，盆缶敲得很出色，就請大王敲敲盆缶助興。」秦王大怒，厲色拒絕。藺相如不管這些，仍捧著盆缶上前，跪獻給秦王。秦王還是不肯敲。藺相如惱火地說：「大王如果一定不肯，在這五步之內，我願意把自己的頸血濺到大王身上！」秦王左右的侍衛都拔出刀來，要殺藺相如。藺相如瞪著眼大聲喝斥，嚇得那些侍衛直向後退。

　　秦王無可奈何，為了解除眼前的威脅，只得隨便在瓦缶上敲了一敲。藺相如也立刻叫趙國的史官把這事記下來，寫道：「某年某月某日，秦王為趙王擊缶。」秦國的大臣看到秦王沒有占到便宜，有些不服氣，有人便提議說：「請趙國拿出十五座城來作為對秦王的獻禮。」藺相如也接著說：「請秦國拿出國都咸陽來作為對趙王的獻禮。」

　　宴會間，雙方展開了激烈的外交爭鬥，然而秦國始終沒有占到上風。加上這時秦王得到密報，說趙國業已在邊境上集結了大量軍隊，所以更不敢冒失地對趙王無禮。

　　秦國原想借澠池之會給趙國以屈辱，誰知相反，受屈辱的不是趙國，而是秦國自己。

　　澠池會後，趙王回到趙國，為了酬報藺相如的功勞，就拜他為上卿，地位在廉頗之上。

　　廉頗因此很不高興，逢人就說：「我做趙國大將，攻城野戰，出生入

死，立了不少汗馬功勞；藺相如全仗著一張嘴，有什麼了不起，如今居然地位反在我之上。我可不願屈居他之下，哪天如果碰到了他，我一定要當面羞辱他一下。」

這些話傳進藺相如的耳朵以後，每次藺相如出門，處處躲開廉頗，盡量設法避讓他。有一次，藺相如出外有事，遠遠望見廉頗來了，便趕緊命人把車子拉到僻靜地方躲起來。這一下可把藺相如的門客氣壞了，大家都說：「我們遠離家鄉，投奔到您門下，是因為仰慕您的為人。如今您的地位比廉頗高，反倒這麼怕他，見了他，到處藏藏躲躲，連我們也感到屈辱。我們實在受不了，只好向您告辭了。」

藺相如聽了，說道：「你們不要走。我問你們，你們看，廉將軍和秦王比，哪個厲害呢？」

眾人同聲說：「那還用說，當然是秦王威風哪！」

藺相如道：「對呀！天下諸侯個個怕秦王，可是我就敢在秦國的朝廷上大聲責罵他。請想，我藺相如再不中用，難道還會害怕廉將軍嗎？」

「那您為什麼要處處躲避他呢？」

藺相如解釋說：「強暴的秦國之所以不敢出兵侵略我國，那是因為我們能夠同心協力、團結禦侮的緣故。要是我同廉將軍為了私人意氣爭鬥起來，就好比二虎相鬥，準是『兩敗俱傷』。秦國一定會乘機來侵犯趙國。我處處避讓廉將軍，不為別的，正是為了國家的前途著想。」

後來別人把藺相如的話告訴廉頗，廉頗受到極大的感動。他覺得自己眼光短淺，氣度狹窄，為了一時意氣，險些誤了國家大事。這位勞苦功高、為國忠誠的老將，心裡感到十分慚愧。他立即袒開自己的衣服，背著荊條，登門向藺相如請罪，說：「我是個沒見識的糊塗人，沒想到您竟寬

恕我到這樣的地步，請您責打我吧！」

從此以後，他們兩個互敬互讓，成了極好的朋友。趙國由於將相和睦，內部團結緊密，在很長一段時期內，秦國始終不敢出兵攻打趙國。

（王業猷）

毛遂自薦

「毛遂自薦」的典故，說的是戰國時期趙國的事情。趙國的平原君趙勝，是趙惠文王的弟弟。他喜歡招收能人勇士做門客，毛遂就是其中的一個。

西元前258年，秦國圍困了趙國的都城——邯鄲。趙國派平原君到楚國去請求援兵，打算同楚簽訂聯合抗秦的盟約。

平原君想帶二十個文武全才的人同他一起到楚國去。他雖有三千多門客，可是挑來挑去，只有十九個人合格，還差一個，就是很難足數。這時，忽然有個坐在末位的門客站起來，說：「既然少一個人，那麼請您帶我去湊個數吧。」

平原君驚疑地望著他，問道：「先生，你叫什麼？來我家有幾年了？」那人道：「我叫毛遂，來到您這裡已有三年了。」

平原君微笑著說：「有才能的人就好像放在口袋裡的錐子一樣，它的尖兒立刻就會顯露出來。可是先生在我這裡三年了，周圍的人從來沒有推薦過您，我連關於您的一言半語也沒有聽說過。先生，您還是留在家裡吧！」

毛遂也笑了笑，說：「直到今天我才請求您把我放進口袋裡去啊，您要是老早就把我放到口袋裡，那麼整個錐子早就戳出來了，不光只露出個

尖兒。」平原君聽了無話可答,只好讓他一同前去。

到了楚國,平原君同楚王商議訂結抗秦的盟約。從日出一直談判到日中,楚王始終猶豫,害怕秦國,不敢同趙國訂盟。雙方正在熱烈辯論,這時,只見毛遂手按劍把,大踏步走上臺階,大聲嚷道:「合縱抗秦有利,不聯合有害,只要一、兩句話就可以決定。怎麼從早晨直談到中午,還沒有談判出結果!」楚王感到十分駭異,問平原君:「他是做什麼的?」平原君回答說:「他是我的門客。」楚王皺了皺眉,大聲喝斥毛遂道:「我同你的主人商討國家大事,你來插嘴做什麼?」

毛遂聽了,圓睜著眼,緊把著劍,走到楚王面前,正色道:「大王仗著軍隊多,才敢這樣喝斥我。現在,我距離大王不過幾步,楚軍雖多,也救不了大王,大王的性命懸在我手。您當著我的主人,為什麼要這樣無禮地喝斥我?」毛遂說時神情激昂,楚王坐在座位上,嚇得一聲不吭。楚王的侍衛誰也不敢莽撞行動。稍停,毛遂又繼續說:「楚國有方圓五千多里的土地,一百萬的甲兵,本來是可以稱霸的。以楚之強,理應天下無敵,沒想到秦將白起,率數萬之眾,興師與楚戰,楚國竟被打得落花流水。頭一仗攻拔了楚國的鄢(一ㄢ,在今湖北省宜城市)、郢(一ㄥˇ,在今湖北省江陵),第二仗燒毀了楚國祖先的墳墓,第三仗又使大王的先人受到侮辱。這種仇恨,百世(三十年為一世)不能忘,連趙國都感到羞恥,而大王卻不想雪恥!依我看,合縱抗秦,為的是楚,並不是為了趙。」

毛遂的話,深深地擊中了楚王內心的痛處。的確,楚國以一個大國而一敗再敗於秦,確實是丟臉;敗後而不打算雪恥,更是丟臉。將來在其他小國眼裡,楚國還有什麼地位呢?當著平原君的面,要是拒絕援趙,豈不表明自己是個懦夫?秦圍邯鄲,趙國堅強抵抗,英勇不屈;楚與趙比,楚大趙小,趙有決心抗秦,楚無決心抗秦,楚國難道就不慚愧?再說,此次

秦趙之戰，楚不救趙，設若趙勝秦敗，楚國必將為諸侯恥笑；設若秦勝趙敗，秦必更強，楚國的後患，必將有加無已⋯⋯楚國應該怎麼辦呢？楚王想到這裡，不禁連忙說：「對對，先生說得對。」毛遂跟著又問了一句：「那麼大王決定簽訂盟約了嗎？」楚王說：「決定了。」毛遂一步不放鬆，當時就要楚王左右的人拿豬狗血來，準備盟誓。毛遂捧著盛血的銅盤，獻給楚王說：「請大王首先歃血定盟，其次是我的主人歃血，再次是我。」就這樣，楚王和趙國簽訂了合縱抗秦的盟約。

這是一個膾炙人口的故事。直到今天，如果有人自己推薦自己，主動願意擔當某一項工作時，人們還經常引用這個典故來作為比喻。

（王業猷）

信陵君救趙

信陵君魏無忌，是戰國時魏安釐（ㄒㄧ）王的異母弟。他為人謙虛，愛重人才，遠近的人都願來投奔他。他家裡經常有門客三千人。魏國的首都大梁（今河南開封市）有個隱者叫侯嬴，做大梁城夷門（城的東門）的門監，是一個很受人尊敬的七十歲的老人。信陵君聽人說後，便親自去拜訪他，為他舉行盛大的宴會，奉他為上客。侯嬴有個朋友名叫朱亥，在大梁市上做屠夫，也是一個賢者，信陵君也時常去拜望他。

西元前258年，秦兵圍攻趙國的國都邯鄲。信陵君的姐姐是趙惠文王弟弟平原君的夫人，趙國幾次送信給魏王和信陵君，請求派兵援救。魏王派將軍晉鄙統率十萬大軍去救趙國。秦國聽到這個消息，向魏國提出警告；魏王害怕，命令晉鄙暫時停兵不進，把軍隊駐紮在鄴城。

信陵君救趙

趙國盼望救兵不到,十分焦急,接連不斷派人到魏國催促。信陵君再三向魏王請求,魏王始終不肯答應進兵。信陵君為了援助趙國解救其圍困,就集合了一百多輛戰車,準備帶著自己的親信武士去同秦軍拚個死活。出發的這一天,他行經夷門會見了侯嬴,便把自己的打算告訴他,並且向他告別。不料侯嬴卻冷冷地說:「公子努力吧!我這個老頭兒可不能跟著一起去啊!」

信陵君走了幾里地,心裡越想越納悶,自忖道:「我平時對待侯生(侯生,是對侯嬴的尊稱)很好,現在我要去拚命了,他卻對我這樣冷淡,是什麼原因呢?莫不是我還有什麼錯處嗎?」想到這裡,他命人掉轉車子,要回去向侯生問個究竟。

侯生見信陵君轉來,笑著說:「我早料到公子是要回來的。」又接著說:「公子帶了這麼少的人去同秦軍打仗,正像拿肉餵餓虎,豈不是白白地去送死嗎?」信陵君聽了,誠懇地向他請教。侯生說:「我聽說調動晉鄙軍隊的兵符放在大王的臥室裡,只有大王最寵愛的如姬能夠把兵符偷出來。我又聽說從前如姬的父親被人殺害,她懷恨三年,到處設法尋找仇人不著,最後還是公子派人把她的仇人殺死,替她報了仇。她一直感激公子。假如公子肯開口求如姬把兵符偷出來,她一定會答應。公子得了兵符,把晉鄙的兵掌握到手裡,擊退秦軍,救了趙國,這正是了不起的功勞!」

信陵君依他的話去做,果然把兵符弄到了手。這天,正準備出發,侯生又說:「大將統兵在外,只要便於國家,有時就是君主的命令也可以不接受。朱亥是個大力士,望公子帶他同去。萬一晉鄙不肯交出兵權,就叫朱亥當場打死他。」

信陵君帶著朱亥跟許多門客到了鄴城,見了晉鄙,假傳魏王命令,要

接替晉鄙的兵權。晉鄙把兵符接過來，跟自己帶著的那一半兵符一合，合成了一個整體。兵符雖然不錯，可是晉鄙心中非常疑惑，說：「這是軍國大事，我還得奏明大王，才能照辦……」他的話還沒說完，朱亥抽出藏在袖中的一柄四十斤重的大鐵錘，猛不防一錘打去，晉鄙立即身死。

信陵君接管了晉鄙的軍隊以後，隨即進行了一番整頓的工作。

他下令軍中，說：「如果父子都在軍中的，父親回家；兄弟都在軍中的，兄長回家；是獨子的，回家養父母。」最後他挑選了精兵八萬人。

魏軍經過整編，士氣高漲，猛攻秦軍。秦軍久攻邯鄲不下，士氣已疲，現在又受到魏軍猛攻，結果大敗。

被圍了一年多的邯鄲，至此正式解圍。信陵君受到了趙國人民極大的尊敬。

（王業猷）

圖窮而匕首見

「圖窮而匕首見」的典故，說的是戰國末年荊軻刺秦王的事情。荊軻是衛國人，喜歡讀書、擊劍。他自從衛國亡後，就漫遊各地，最後到了燕國，和擅長擊築（古代樂器名）的高漸離做了好朋友。燕國的隱士田光，也常和他往來。

燕國太子丹曾被當作人質抵押在秦國，秦王嬴政待他很不好，他逃回燕國，總是想報仇。他因為恨秦，所以有意收留了秦國的逃亡將領樊於期。當時秦國大將王翦正率領數十萬大軍攻打趙國。秦兵已經快迫近燕國的邊界，燕國很危險。太子丹去請教田光，田光便把荊軻介紹給他。太子

圖窮而匕首見

　　丹把荊軻當作上賓，優禮接待。他希望荊軻出使秦國，乘機劫持秦王，令他歸還侵占的土地，否則就把秦王刺死。荊軻答應了太子丹的請求。

　　可是過了好久，荊軻還沒有動身的意思，而這時王翦已經破趙，秦兵業已打到燕國的南邊，太子丹十分恐懼，想催促荊軻趕快起程。荊軻說：「我此去若無憑信，恐怕不能接近秦王。聽說秦國懸重賞捉拿樊於期將軍，假使能取得樊將軍的頭，再加上一幅燕國督亢（今河北省涿州、定興、高碑店、固安之間）地方的地圖，一併獻給秦王，秦王必定樂意接見，這樣我才能有機會報答太子。」太子丹對於荊軻的計畫，很是贊同；只是不同意殺樊將軍，覺得這樣做不太合適。

　　荊軻見太子不忍，便私下去找樊於期，把自己打算如何刺秦王的辦法對他講明，同時用言語來激他，結果樊於期自刎而死。太子丹見事已如此，只得依照荊軻的計畫行事。他命人準備了一個匣子，把樊將軍的頭顱用藥保存起來封好。又以重價買到一柄鋒利的匕首，上面浸淬上毒藥，使之殺人能見血立死。匕首就裹在督亢地圖裡面。另外還找到燕國一個著名的少年勇士名叫秦舞陽的，作為荊軻的副使。諸事預備妥當後，太子丹就打發荊軻上路。

　　出發的這一天，太子和他的賓客都穿戴著白色衣冠前來送行，一直送到燕國南部的國境易水邊。荊軻喝過了餞行的酒，高聲歌唱起來。他的朋友高漸離為他擊筑。只聽荊軻歌道：

風蕭蕭兮易水寒，

壯士一去兮不復還！

　　歌聲慷慨悲壯，送行的人個個感動。唱完歌，荊軻便帶著秦舞陽跳上車子，揚鞭西去，連頭也不回。

第一編　文明初啟：從遠古到戰國

　　荊軻等到達了秦都咸陽（在今陝西省），秦王聽到燕國派人把樊於期的頭和燕國督亢的地圖送來，非常高興，特地用極隆重的儀式來接受燕國的獻禮。

　　荊軻捧著裝樊於期頭的匣子，秦舞陽捧著地圖匣子，二人依次上前。剛走到大殿臺階邊，秦舞陽感到害怕，不禁臉色大變，渾身發抖。秦王的左右和群臣都十分詫異。荊軻鎮靜地回頭朝秦舞陽笑了笑，然後向前替他謝罪，說：「北方的粗人，從未見過大王，不免震恐，還請大王恕罪！」

　　秦王未加深究，緊接著對荊軻說：「把秦舞陽手裡的地圖拿過來。」荊軻雙手獻上地圖。秦王慢慢地把圖展開，圖剛展完，突然現出一柄亮晶晶的匕首。這時，荊軻眼快，迅疾地左手一把抓住秦王的衣袖，右手抓起那把匕首，就朝秦王胸上猛扎。

　　秦王大驚，嚇得忙從寶座上跳起來，用力把衣袖扯斷，脫出手想拔劍抵抗，無奈劍身太長，心又慌，一時拔不出來。荊軻追過去，秦王圍著殿上的粗大柱子閃避，情況很危急，群臣都驚慌失措，不知怎麼辦好。按照秦國的法律：群臣在殿上，不準攜帶武器，手執兵器的衛士都在殿下，未奉命令不得隨便上殿。而秦王在慌亂中又偏偏忘了下令，衛士們都很著急。

　　秦王圍著柱子跑，荊軻圍著柱子追，眼看快追上，忽然有人提醒秦王：「大王把劍鞘推到背上，從背後拔！」秦王依言拔出劍，揮劍砍向荊軻，一劍就將他的右腿砍斷。荊軻倒在地上，將匕首對準秦王擲去，沒有擲中秦王，中在柱子上。秦王反身用劍亂砍荊軻。

　　荊軻受重傷，倚著柱子大罵：「事情之所以不成，是我想要活捉住你……」最後，秦王左右一湧上前，將荊軻殺死。

這個故事很著名，從古代一直流傳到現在。至今，當人們說到某一事件的陰謀終於暴露時，經常會引用這個典故 ──「圖窮匕見」。

（王業猷）

端午節

農曆五月初五，叫做「端午節」，也叫「端陽節」。這個節日的起源，有很悠久的歷史。

端午節相傳是用作紀念戰國時期的詩人屈原。屈原是楚國人，生於西元前 340 年。他不僅是一位詩人，同時也是一位思想家、政治家。他生活的時代，正當一度很強大的楚國開始走向沒落和敗亡的時期。他熱愛自己的祖國和人民。他在政治上有遠見，主張革新，希望楚國能夠重新強盛起來。然而他的進步的主張，始終得不到楚王和其他貴族的支持。西元前 278 年，楚國的郢都被秦國攻破，他感到無比痛苦，就在這年農曆五月五日投汨羅江（在今湖南省）而死。

自屈原死後兩千多年來，人民一直都同情他。每年端午節這天，各地都要划龍船來紀念他，是象徵當年楚國人民打撈他屍首時的情景。全國各地在這天都要吃粽子，也是對他表示懷念。據說古代楚國人民每年到這天，都要祭祀他，用竹筒裝米投到河裡，讓他享用。也有的說，把這些東西投進河裡是餵蛟龍，好讓蛟龍吃了不再去吃屈原的屍體。這就是後世吃粽子的來源。

端午節這天，人們還要喝雄黃酒，家家門口還要插上艾葉和菖蒲草。古代人認為艾葉和菖蒲草有闢邪的作用，屈原是被代表邪惡的奸臣所陷

害，插上這些東西，不但是一種懷念屈原的表現，而且是一種避邪降惡的象徵。

（王業猷）

諸子百家

我們現在所說的「諸子百家」，是指春秋戰國時期一切思想家及各種不同的學派。所謂「百家」，是表明家數很多的意思，並不是整整有一百家。

西漢初期，司馬談曾把春秋戰國以來的諸子，總括為「陰陽」、「儒」、「墨」、「名」、「法」、「道德」六家。西漢末年，劉歆則總括為「儒」、「墨」、「道」、「名」、「法」、「陰陽」、「農」、「縱橫」、「雜」及「小說」十家。十家中，除「小說」家外，其餘九家被後人稱為「九流」，其中比較重要的是「儒」、「墨」、「道」、「名」、「法」、「陰陽」六家。

儒家學派的創始人，是春秋末期的孔子；戰國時期儒家學派著名的代表人，是孟子和荀子。儒家學說的主要內容為禮樂與仁義。「禮」指的是為區別親疏尊卑、上下貴賤等級而制定的各種條文；「樂」指音樂，是禮的配合，提倡樂的目的，是為了從感情上緩和上下矛盾，好使禮的作用更加顯明；「仁」指的是做人的道理，也就是所謂愛和同情心；「義」的意思，就是適宜、合禮，也就是說，人人都要遵循和維護當時階級社會的一套區分尊卑貴賤的等級制度。在政治思想上，孔子強調禮樂的作用，認為「移風易俗，莫善於樂；安上治民，莫善於禮」。孟子則充分發揮孔子學說的仁義部分，主張國君行「仁政」。荀子講究禮義，不過荀子所講的禮義，

另外還包含法治的意味。

儒家的經典著作——「四書」、「五經」和儒家的各派學說，支配了中國古代文化的各個方面，對於中國整個封建時代的政治生活及精神生活都產生了極其巨大的影響。對中國封建制度的鞏固和延長，儒家學說是有過極其重要的作用的。

墨家學派是儒家的反對派，它的創始人是比孔子稍後的墨子。代表他的思想的有《墨子》一書。墨家自己雖不反對等級，但卻堅決反對儒家所主張的等級制度。墨子認為：儒家所強調的繁文縟禮和厚葬久喪制度，是一種奢侈浪費；孔子所說的「仁」，實際是對貴族的偏愛。針對儒家的觀點和當時實際存在的各國貴族的腐化現象，墨子提出了「節用」、「節葬」、「兼愛」、「非攻」等一些主張。

墨家有自己嚴密的組織，凡是墨家門徒，必須服從鉅子（墨家領袖稱「鉅子」）的命令，過艱苦的生活，嚴守家法，捨命行道，實行教義，分財互助。秦漢以後，由於歷代統治階級都把墨家學說看成一種危險的思想，對它採取壓制、排斥的態度，所以墨家學說後來便逐漸走向衰落。

道家是戰國時期和儒墨兩家並行的一個學派，重要的代表人物有老子和莊子。老子生卒年不詳，研究老子思想，今天主要還是根據《道德經》一書，這本書大概是戰國時人所編纂。莊子名周，宋國蒙（今河南商丘市東北）地人，約與孟子同時或稍後。研究莊子思想，主要應根據《莊子》一書中的「內篇」七篇。

老子是中國古代具有極大智慧的思想家。他根據自己對於自然界天地萬物變化情況的精密觀察，以及對於親身經歷的社會變革的深刻理解，發現了事物矛盾的某些重要法則。他指出，任何事物都含有對立的兩方面，

並且正反兩方面在一定條件下會互相轉化。這種承認矛盾變化的觀點，具有辯證法的因素，是老子學說中的精華。

然而老子在思想上帶有消極、保守的一面。他雖然發現了矛盾的某些法則，可是卻不想發展矛盾、解決矛盾，而是企圖把矛盾永遠拉回到原來的起點，使它始終停留在靜止的狀態。

莊子的學說比老子更保守、更消極。他以「物（人）不勝天」為中心思想，反對技術的進步和經濟的發展，主張人們都應「少私而寡欲」，自然做到「愚而樸」，像嬰兒一樣保持其所謂真性。秦漢以後的歷代君主，在治理天下時，常常利用道家學說來作為駕馭臣民的手段，因此道家和儒家一樣，對於中國封建社會的政治和文化，也產生了很大的影響。

名家的代表人物是惠施及公孫龍。惠施是莊子的好友，比莊子的年齡要大。公孫龍生於戰國末期，比惠施的年齡要小。他們專門玩弄名詞概念進行觀念遊戲，後世稱他們為「名家」。在惠施這一派人的眼裡，宇宙間的一切，只不過都是些相對的概念，萬事萬物都一樣，沒有什麼差別。犬和羊都是動物，所以犬可以為羊；黑和白都是顏色，所以黑也就是白。在公孫龍這一派人的眼裡，事物的概念和屬性似乎與事物本身是可以割裂開來的。堅白石本來是一件東西，但是他們卻認為是「堅」性、「白」色、「石」形三個獨立的概念，而不是一塊具體的堅白石。惠施一派詭辯論者把什麼都看成相對，甚而抹殺一切事物的差別；公孫龍一派詭辯論者，把脫離具體事物的抽象概念和各種物質屬性分割開來，其結果必然是否認客觀具體事物的存在。

法家有法、術、勢三派。「法」的一派，代表人物是春秋時期的子產和戰國時期的李悝及商鞅，他們著重於法律條文的制定以及法律的執行和貫徹；「術」的一派，以戰國初期的申不害為代表，這一派著重在研究君主

駕馭臣下的方法;「勢」的一派,以慎到為代表。慎到,有人說生於申不害之前,也有人說生於申不害之後。為了使「法」和「術」能行之有效,君主必須有權力,權力就是「勢」,這一派主要就是著重講究如何增強君主的權勢。法家學說,代表了新興的地主階級要求建立君主集權國家的願望,這種願望在當時是一種進步的思想。

陰陽家以鄒衍(一作騶衍)為代表。他與孟子同時。他認為土、木、金、火、水是構成宇宙實體的五種物質,他把它們稱為「五行」,或叫做「五德」。五行之間有一定的「相生相剋」關係 ── 矛盾對立與統一的關係。宇宙本身的運動,就是這五種物質的「相生相剋」在發揮作用。

古代人的看法,認為天道和人事是相互影響的。鄒衍把自然界五行相生相剋的道理,拿來說明人類歷史的進化。他認為,某一朝代的興盛,必然和五行中當今的某一「德」配合,下一朝代的興起必然是它所配之「德」勝過前一朝代所配之「德」。例如,舜得土德而旺,夏得木德而旺,商得金德而旺,周得火德而旺。根據五行相剋的道理,木克土,金克木,火克金;因此夏能代舜,商能代夏,周能代商。周以後,必為得水德的朝代代替;再後,必為得土德的朝代代替,然後又是木德、金德、火德、水德,如此循環不已。鄒衍把這種循環稱作「五德終始」。

陰陽學派能夠看出宇宙間事物矛盾對立與統一的關係,以及人類歷史的進化,這是很了不起的;但是,他們利用「五德終始」的學說來解釋人事,把人類歷史的發展說成是循環的,而不是不斷向前發展的,這是很有害的。

總之,春秋戰國時期「諸子紛起,百家爭鳴」局面的出現,在中國文化發展史上,是一個很重要的現象。

(謝承仁)

第一編　文明初啟：從遠古到戰國

「四書」、「五經」

「四書」的名稱，是從南宋淳熙年間（西元1174年至1189年）才開始有的。當時的理學家朱熹，特別從《禮記》一書中，提出《大學》、《中庸》兩篇獨立成書，與《論語》、《孟子》合稱為「四子書」，也叫做「四書」，是儒家的經典著作。

《大學》一書，闡述了儒家的社會政治觀點。書中提出了「三綱領」和「八條目」。「三綱領」指的是「明德」、「親民」、「止於至善」，「八條目」指的是「格物」、「致知」、「誠意」、「正心」、「修身」、「齊家」、「治國」、「平天下」。書中特別強調修身的重要性，認為修身是中心環節，是治國、平天下的第一步，也是格物（研究事物之理）、致知（求得知識）的基礎。而所強調的「修身」，實際上就是要人們的一切言行都符合鞏固封建統治秩序的需求。所提倡的格物、致知，並不是鼓勵人們去接觸外界事物、參加社會實踐，而只是教人專心注意內心的反省。

《中庸》是儒家宣傳封建道德的一部倫理教科書。書中提出了「中庸」這一概念，來作為指導人們行為的標準。什麼叫「中庸」呢？意思是說，在不同的時間和條件下，人們的行為既不要過分，也不要不及。「中庸」的人生觀，在中國的封建社會裡，產生了極大的影響。過去，這種折中主義的觀點，常被統治階級利用來作為反對任何根本改革的藉口，也常被那些具有保守思想的知識分子引用來作為逃避現實衝突的理論根據。

《論語》一書，是孔子的弟子和再傳弟子編纂的。孔子死後，弟子們把平日關於孔子言行的紀錄收集起來，整理成書，叫做《論語》。《孟子》書中常引《論語》的話，可知《論語》纂輯成書的時間，當在孟子生前。

「四書」、「五經」

漢朝時,《論語》原有《魯論》、《齊論》、《古論》三種,《齊論》、《古論》早已失傳,現存的只有《魯論》一種。《論語》的體裁很像後代的語錄,其中,有記孔子所言,有孔子答弟子所問,有弟子們的自相問答。全書共二十篇,是儒家思想所依據的經典,也是研究孔子思想的主要資料。《論語》的文字很簡樸,每敘述一事僅用數十字,意思便很圓滿,是很好的語錄體散文。

《孟子》七篇,是孟子的門人公孫丑、萬章等所追述。裡面記載著孟子的政治活動和對某些學術問題的見解,以及和其他學派的一些爭論。《孟子》的文章,詞鋒犀利,氣勢雄健,說理精闢流暢,輕鬆幽默。這不僅是一部儒家的經典著作,同時也是一部優秀的古代散文集。

「五經」是指《易》、《書》、《詩》、《春秋》、《禮》五種書。這幾部經典流傳到現在,已經兩千多年了。

《周易》就是《易經》,是中國古代卜卦用的書。相傳《易經》裡的《易傳》,也叫做《十翼》,是孔子所作。這種說法不見得可信。《易傳》有《繫辭》,主要說明「變化之道」,總論全部《易經》的道理。《繫辭》裡包含樸素的辯證法思想,認為天地間一切事物都是變化的;可是它又認為有一種本質不變的東西存在,那就是天一定在上,地一定在下,在上者必尊,在下者必卑。這種思想應用到人事方面,就是枝節問題可以變,而統治階級的根本制度不能變。這種哲學思想,形成了儒家政治思想的基礎。

《尚書》就是《書經》,是上古的政治論文集,分《虞夏書》、《商書》、《周書》等幾部分,包括古代許多重要的檔案和文告。這是一部具有很高史料價值的歷史典籍,也是儒家的一部重要經典文獻。

《詩經》是中國最古的詩歌總集。它留存了從西周初年到春秋中期的

三百零五篇詩歌。全集分三個部分：「風」，是民歌；「雅」，是貴族們的詩歌；「頌」，是貴族們祭神、祭祖先的舞曲。傳說《詩經》是經過孔子修訂和整理的。《詩經》的內容非常豐富，它反映了當時社會各個階層的生活。它的表現方法多種多樣，情感真摯，文辭優美樸實，感染力強烈，是中國文學寶庫中一顆燦爛的珍珠。

《春秋》是一部編年的歷史書，記載了西元前 722 年到西元前 481 年間，二百四十多年的歷史。東周時期各國都有史官記事。魯國的史官記事，就叫做《春秋》。孔子可能對魯《春秋》加以刪修整理過，所以一向就說《春秋》是孔子作的。

《禮》有《周禮》、《儀禮》及《禮記》三種（後世「五經」中的「禮」指《禮記》）。《周禮》是戰國時的學者記述周朝官制的書。

《儀禮》就是孔子所編訂的《禮經》，原書已經不全，現在所見的是漢朝儒家的傳本。《禮記》是孔子弟子以及後人傳習《禮經》的紀錄。《周禮》、《儀禮》、《禮記》合稱「三禮」。這是考察儒家思想和戰國以前制度器物的重要典籍。

（王業猷）

孔子、孟子

孔子是中國春秋末期的思想家、教育家。名丘，字仲尼，魯國昌平鄉陬（ㄗㄡ）邑（今山東曲阜）人。生於西元前 551 年，死於西元前 479 年。他的祖先是宋國的貴族，沒落後遷移到了魯國。宋是商朝的後代，魯國是周公的封地，這兩國保存商周的文化最為完備。春秋時期，各國大夫觀

禮、觀樂，都要到魯國。孔子在這樣的環境裡學習到了很多有關禮樂的知識。據說他幼年時做遊戲，就常愛做各種禮儀的演習。

孔子曾整理過古代的文獻書籍，相傳《詩經》、《尚書》、《易》、《禮》、《春秋》等書都經孔子整理過。孔子對於總結中國古代文化遺產，有著重大貢獻。孔子主張做學問的態度是「毋意、毋必、毋固、毋我」，意思就是不臆測、不武斷、不固執、不自以為是。

孔子是一位大教育家，做了幾十年的教育工作。對學生，他主張因材施教。他教過三千名學生，據說精通禮、樂、射、御、書、數六藝的有七十二人。他的學生有貴族也有平民，各國人都有。

在哲學思想上，孔子學說的核心是「仁」。他曾說過「仁者愛人」的話。他強調「己所不欲，勿施於人」，認為損害別人的利益，就是不仁。他希望志士仁人要不惜犧牲性命來達到仁，不要苟且偷生來損害仁。

在政治上，孔子對於當時社會的動盪表示不安，要求透過制禮作樂的手段做到君惠、臣忠、父慈、子孝，從而鞏固統治階級的內部團結。這種主張，為後來的封建統治者提倡利用，影響中國的社會極為深遠。

歷史上稱孔子為「至聖」，由來甚久。自從漢武帝罷黜百家，尊崇儒術以後，孔子的地位便一天一天抬高。唐朝玄宗開元二十七年（西元739年），唐政府下令追尊孔子為「文宣王」。宋朝真宗大中祥符五年（西元1012年），改稱孔子為「至聖文宣王」。元朝成宗大德十一年（西元1307年），為孔子加號為「大成至聖文宣王」。明世宗嘉靖二十七年（西元1548年），改稱孔子為「至聖先師」。清朝最初定孔子稱號為「大成至聖文宣先師孔子」，到順治十四年（西元1657年）改稱為「至聖先師孔子」。

總之，歷朝統治者對孔子都是極尊崇的。這是因為孔子的哲學思想和

政治主張，正是維護他們統治秩序的工具。當然，今天我們也很尊敬孔子，不過今天的尊敬和過去的「聖化」，本質上是不相同的。孔子是中國古代文化的代表人物。他的學說，我們需要整理總結，吸取其精華，去除其糟粕。把他神化、聖化是不對的。當然，完全否定他在先秦文化中有過一定的正向作用，也是不對的。

孟子名軻，魯國鄒（今山東省鄒城）人，大約生於西元前390年，死於西元前305年。他是魯國貴族孟孫氏的後代，沒落為士，是孔子的第三傳學生（孔子－曾子－子思－孟子）。他為了實現自己的政治理想和抱負，曾遊說齊、魯、宋、滕、梁等國諸侯。他曾在齊國做了幾年卿，在梁國也很受優待。不過齊宣王、梁惠王都認為他的學說不合時宜，並未加以採納。後來他見自己的主張行不通，於是退而授徒講學。

孟子不僅是儒家曾子、子思學派的繼承人，而且還發展了這一學派，故後世把他當作儒家的嫡傳大師，地位僅次於孔子，與孔子合稱孔孟。

孟子的哲學思想是「性善論」。他認為人的本性都是善良的，仁、義、禮、智等品質都是自然地先天具備的。至於人為什麼會有不善的行動，他認為那是由於外界事物的引誘。根據這種認知，他承認教育的作用，主張透過教育的手段，教人去其不善以存其善。可是他又過分強調個人的主觀精神作用，提倡存心養性，培養其所謂「浩然之氣」，以達到「富貴不能淫，貧賤不能移，威武不能屈」。孟子的思想，形成了儒家哲學中唯心主義的理論體系，對於後來宋代儒家有著很大的負面影響。

在政治思想上，孟子最突出的主張，是行「仁政」。這種主張是針對當時各國諸侯的兼併戰爭而發的。他從穩定君主的統治地位出發，強調君主應當與民同憂、同樂、同好、同惡，應當讓人民過安定的生活。要使老年人能衣帛、食肉，鰥、寡、孤、獨的人生活能有所依靠；他反對那種強

欺弱、眾暴寡的兼併戰爭和對人民的無辜屠殺；他主張講公義，反對講私利；他憎恨暴君，承認國人有權殺暴君，殺暴君是誅獨夫，不是弒君；他提出了「民為貴，社稷次之，君為輕」的「民貴君輕」思想，並且加以發揮，成為封建時代帶有民主思想色彩的、寶貴的政治理論；他同時還提出了「勞心者治人，勞力者治於人」的看法。

歷史上稱孟子為「亞聖」，由來也是很久的。宋、明的道學家們都極力推崇他，認為他是獨承儒家正統的傳人。元朝文宗時曾封孟子為「亞聖鄒國公」，明朝世宗嘉靖年間免去孟子的封爵，只稱「亞聖」。

（王業猷）

老子、墨子、韓非

相傳老子姓李，名耳，楚國苦縣（今河南鹿邑縣）人。他是道家學派的創始者。他的生卒年代不詳：有人說他生於孔子之前，有人說他與孔子同時，另外還有人說他生於孔子之後。他的學說被廣泛傳播，是在戰國的後半期。

老子的哲學思想，具有樸素的唯物辯證法因素。他看到了宇宙萬物矛盾的對立統一與相互轉化的法則。在政治思想上，他提出了「無為而治」、「小國寡民」的主張。他認為，為了治理國家和應付自然，最好是掌握節制的原則。治理一個大國，要像煎一盤小魚一樣，不要常常去攪動它。天下禁令越多，人民就越陷於貧困，人們的技術越巧，奇奇怪怪的東西就越會增多。他說：「我無為而民自化，我好靜而民自正，我無事而民自富，我無欲而民自樸。」

老子反對暴政，指出：人民之所以有饑荒，是因為執政當局收取的捐稅太重。如果宮廷是豪華的，那麼田裡就會長滿野草，倉庫就會十分空虛。他希望人們恢復到孤立生活的遠古時代去，很小的國家，很少的人民，鄰國相望，雞聲、狗聲相聞，而彼此不相往來。在他看來，人民之所以難治，是由於人民有智慧，因此他主張「絕聖棄智」，「常使民無知無欲」。歷朝的統治者，對老子學說中的落後部分，是十分歡迎的，他們都大力鼓吹老子的這種愚民思想。

墨子名翟，魯國人（一說宋國人），是春秋末期的思想家、政治家。大約生於西元前480年，死於西元前420年。他出身於下層社會的家庭，懂得一些手工業生產技術。

他替手工業者、小私有者說話，無情地揭發了王公貴族的奢侈浪費，提出了「節用」、「節葬」的主張；他代表手工業者、小私有者爭取政治地位，反對貴族世代專權，主張選拔賢人出來管理政治。並且認為人民也應該參加政治，還指出奴隸也是人。

在墨子學說中，「兼愛」、「非攻」的主張，是構成墨子思想的核心。墨子提倡人與人應該無等差地「兼相愛」，認為只有這樣，才能「交相利」，才會大家都有好處。在他看來，正是人們不能「兼相愛」，才產生「攻」、「亂」、「賊」、「竊」的現象。「攻亂賊竊」是不義，進攻別人的國土是大不義。他堅決反對不義的侵略戰爭，並且用自己的實際行動來阻止這種戰爭，流傳的墨子「止楚攻宋」的故事，就是一個很好的例子。

韓非是戰國末期的思想家，代表法家的主要人物。

韓非是韓國的公子（古時稱諸侯的兒子為公子），大約生於西元前280年，死於西元前233年。他和秦國的政治家李斯都是荀子的學生，可是才

學比李斯高強。他的文章寫得很好，長於著書立說。他好幾次上書給韓王，勸韓王實行法治，韓王都沒有聽從。後來秦始皇讀了他的著作，十分讚賞，於是把他請到了秦國。韓非到秦國後不久，就被李斯陷害，自殺於獄中。

韓非總結了李悝、商鞅等各派法家的學說，吸收了儒、道兩家有關法治的思想，最後完成了法家的理論體系。他提出了完整的中央集權的政治理論，認為「法治」是唯一適合當時政治形勢的一種必然要求。他的主張主要有以下幾點：

1. 國家應當把法令用明文公布出來，使大家都能了解，有所遵循。不僅人民，甚至貴族和官吏，都應當遵守國家法令，從而鞏固君主的統治勢力。

2. 君主應該有威嚴和權勢，以便掌握國家的最高統治權。官吏、將帥都由君主任免。只要有能力，即使「出身卑賤」，也可以做官。

3. 重視開墾荒地和發展農業，認為這是使國家走向富裕的根本辦法。主張獎勵努力耕田的農民和勇敢作戰的戰士。要求取消不耕而富和沒有軍功而享有爵位的舊貴族的特權。

4. 主張禁止其他各種學派的活動，以國家的法令來約束人民的思想。國家對人民的言論和思想，應該進行嚴格的控制。

5. 政治上的改革，應該根據現實的需求，不必遵循古代的傳統。因為歷史是進化的，而國家的法律制度也應該隨之變化，不應該拘泥於古代。

韓非的學說，為新興的地主階級加強封建專制的統治，提供了理論基礎。秦始皇統一中國以後，鞏固統一國家的各種政治措施，基本上都採用了韓非的主張。

（王業猷）

第一編　文明初啟：從遠古到戰國

孫武《孫子兵法》

　　孫武是春秋末期的軍事學家，後世尊稱為孫子，生卒年代不詳。他原來是齊國樂安（今山東惠民縣）人。他的家庭，是齊國世襲的貴族。他最初也在齊國做官，後來因避亂投奔吳國，成為一個流落異國的沒落貴族。這時闔閭做了吳王，任用楚國的伍子胥做謀主，伍子胥同孫武交了朋友，後來便把孫武所著的兵法送給吳王看。吳王讀了很是稱奇，便讓孫武訓練全國的將士。

　　西元前506年，吳王派孫武擔任大將，出動了三萬大兵，進攻楚國，五戰五勝。西元前505年，吳軍攻占了楚國的郢都。經過這次戰爭，吳國一躍而成了當時的頭等強國。

　　孫武留給後世的《孫子兵法》十三篇，是中國古代最傑出的軍事學著作。這部著作，大體是孫武總結春秋時期及其以前的戰爭經驗，以及平時和吳王、伍子胥等研究軍事的論點，經過後代人長期整理而成的。今天所見的《孫子》十三篇，就是經過東漢時曹操的選擇和刪削的。中國歷代的名將都很推崇這部兵法，有些外國的軍事學家也很推崇這部兵法。

　　《孫子兵法》有自己精深完整的體系，對於戰爭問題、策略問題等，都有比較精闢的分析和看法。下面我們概括六點，來說明這部書的價值：

　　1. 戰爭的正確指導，在於「知彼知己」。「知彼知己者，百戰不殆」，這句話見於十三篇中的〈謀攻篇〉。孫武的意思，就是要求在作戰時，既要了解敵人的情況，又要了解自己的情況，從而加以比較分析，然後確定策略的計畫與戰役的部署，充分發揮主觀能動性，以取得戰爭的勝利。「知彼知己，百戰不殆」這一總的原則指導，即使在今天，也是正確的。

2. 戰爭的正確指導，在於爭取主動權。孫武對於在戰爭中爭取主動這點是非常重視的。他說：「善於作戰的人，能調動敵人而不被敵人調動。」他認為爭取了主動權，使敵人不知我方從何處進攻，處處防守，兵力分散，然後可以「避實而擊虛」取得勝利。設法造成敵人的弱點，這是《孫子兵法》在軍事上表現主動性最突出的地方。他的辦法很多，如有計畫地造成敵人的錯覺而發出出其不意的攻擊，或者給敵人以小利，引誘敵人進攻而將其全部殲滅。

3. 在進攻戰方面，孫子有很多極其高明的見解。他指出：進攻時要集中兵力，突破敵人一點。避開敵人堅固的地方而向敵人的弱點攻擊。

4. 在機動作戰方面，孫子提出了很多卓越的意見。他說：「乘敵人措手不及，從敵人想不到的道路，攻擊敵人所不戒備的地方。」又說：「我們想決戰，敵人雖然高壘深溝都不得不出來跟我們打，那是因為進攻了敵人所必救的地方。」戰國時期的大軍事家孫臏，就很會運用孫武這套原則，取得過輝煌的勝利。

5. 《孫子兵法》中，在強調戰爭指揮的靈活性這方面，也有不少精闢的論斷。孫武非常講究「出奇制勝」，所謂「出奇制勝」，就是以變化無窮的戰術打擊敵人。他說：「善於『出奇』的，就像天地那樣變化無窮，就像江河那樣奔流不竭。」又說：「作戰方式靈活變化到頂點，就看不出行動的規律來。行動規律既然不可捉摸，那麼，就算有深藏的間諜也將偷看不到底細，聰明的敵人也想不出辦法來。」對於用兵，孫武很強調「機變」，強呼叫不同的方法來解決不同的矛盾。戰爭中兵力的分散和集中，分進和合擊，需要根據敵人的情況，靈活地運用和變化，這才是保證勝利的關鍵。

6. 十三篇中，對於如何依據敵我兩方兵員的多寡來採取戰爭的行動，

有著十分明確的論述。孫武認為：我方兵力比敵人多十倍，就可以採用包圍戰；比敵人多五倍，可以採用進攻戰；比敵軍多一倍，可以分兵來作戰；相等的兵力，可以合力來作戰；兵力較少，就只能採用防禦戰；兵力差得太多時，只有暫避其鋒。這些重要的原則，如果運用得當，是可以發揮很大的戰鬥作用的。

由於階級出身和所處時代的限制，孫子的軍事思想，不免還有很多缺陷，不過儘管如此，孫子仍不失為中國古代最偉大的軍事理論家。

（王業猷）

班門弄斧

「班門弄斧」這個成語，出自明朝梅之渙〈題李白墓〉詩：

採石江邊一堆土，李白之名高千古。來來往往一首詩，魯班門前弄大斧。

梅之渙認為有些人寫詩不如李白，卻不自量力，路過李白墓前，偏愛題詩，所以他拿「班門弄斧」這句話來諷刺那些自炫其能的人。

在班門弄斧這個成語中，「班」指的是魯班。魯班叫公輸般，又稱公輸子，是春秋戰國時的巧匠和著名的技術工程家。他出身於文化比較發達的魯國，是孔子的學生子貢的弟子。他後來到了楚國，就長期住在楚國。當時楚越之間常發生戰爭，楚國常被越國打敗，為了改變這種戰敗的局面，公輸般替楚國發明了一種名叫「鉤拒」的水戰新式武器。《墨子・魯問篇》中提到公輸般這種新式武器：「退者鉤之，進者拒之。」意思是說，在敵人的船隊後退時可以把它鉤住，在敵人的舟師進攻時可以把它擋住。另

外，據說他又製造了一種攻城的利器——「雲梯」，十分厲害。

公輸般不僅發明了許多新式武器，還發明了不少生產工具，修建了不少橋梁或房屋。有人說他還造過能飛的木鳶，飛到空中幾天幾夜不落到地上。他的智巧自古以來便為人們所稱道。過去木匠、泥瓦匠、鐵匠、石匠等行業，都把公輸般尊奉為祖師。他成為中國民間傳說中智慧的代表。

（王業猷）

屈原

屈原（西元前 340 年至前 278 年），名平，出身於楚國一個貴族的家庭。他受過很好的教育，學識淵博，記憶力強。他的文章寫得很好，擅長外交辭令，對當時楚國內外的政治形勢十分熟悉。

楚懷王時，他曾做過楚國的左徒（楚國很高的官職），出使過齊國。他在政治上是懷有遠大抱負的：他希望能制定新的法令來改革楚國的內政，使日益衰弱的楚國重新像往日那樣富強起來。他痛恨那些持權弄柄的守舊貴族，同情人民的艱難困苦。他期望懷王能夠親近賢臣，提拔有才德的人出來擔任國家的領導。

在外交上，他堅決主張聯合齊國，抵抗秦國。

起初，楚懷王曾一度相當信任他，他的聯齊抗秦的主張也一度博得了懷王的支持；但是後來由於懷王聽信了奸臣的讒言，加上受了秦國的威逼利誘，便漸漸地和他疏遠了。當時，在楚國，聯齊和聯秦是兩條對立的外交路線，這兩條路線衝突很激烈。屈原是主張聯齊派的首領；楚懷王的寵姬鄭袖和令尹（楚國官名）子蘭以及上官大夫靳尚，是親秦派的代表。西

第一編　文明初啟：從遠古到戰國

元前299年，懷王在令尹子蘭的慫恿下，到秦國去訂立盟約，結果上了大當，被秦扣留，不得回國，最後竟病死在秦。懷王入秦不返的消息傳到楚國，楚太子繼位為王，就是頃襄王。

頃襄王剛即位的時候，楚國反秦的氣氛一時十分濃厚，可是過了不久，在秦國強大的軍事壓力之下，頃襄王很快就屈服了，親秦派的勢力大大抬頭。屈原遭到了令尹子蘭等人的傾陷排擠，被流放到大江以南。

從此，飽受各種政治打擊的屈原，懷抱著拯救祖國的無限熱情，內心忍受著無窮的痛苦，開始了十多年的流放生活。

在他六十二歲那年，秦國派遣大將白起攻破了郢都，楚國已經面臨著亡國的危險，屈原的心中充滿了無限的悲痛，正如他自己所說：「舊愁未去，又接上了新愁。想到郢都的收復遙遙無期，就像江水與夏水沒有盡頭。」（翻譯係根據郭沫若《屈原賦今譯》，下同。）他感到悲慘萬端，有苦難言。他懷著對故國的滿腔赤誠，寫下了如此動人的詩句：

　啊，我在向四方遠望，
　要幾時才能再回故鄉？
　飛鳥一定要歸巢，
　狐死，頭向著山岡。
　我無罪而遭流竄，
　日日夜夜心中不忘。

就在這年，屈原終於以身殉國，投進汨羅江中而死。

屈原是一位偉大的詩人，他寫下了許多傑出的詩篇。他的作品流傳到現在的有《九歌》、《天問》、《離騷》、《九章》等二十五篇，大部分是可靠的。他在古代中國詩歌創作史上掀起了一次大的革命。他吸取了民間歌謠

體的優點，並且發展了這種優點，形成了自己獨特的創作形式——「楚辭」，帶給後世兩千多年的中國文學極其巨大的影響。

屈原在年輕得意時寫的作品，大多是一些祭神的歌辭，文字清新、生動，音調鏗鏘、玲瓏，讀後令人有一種沐浴在春天的和風之下聽泉聲、鳥語的感覺；他流放時寫的作品，在思想性和藝術性上都達到了很高的境界，內容充滿了憂國憂民的感情，悲憤、沉痛、憂鬱、奔放，讀後會使人產生一種四野茫茫，雷鳴閃電、狂風暴雨即將橫掃一切的心情。

他的代表作《離騷》，就是他遭到流放後所寫的一篇最宏大的抒情詩。在詩中，他給予了人民極深厚的同情，寫下了這樣的句子：

我哀憐著人民的生涯多麼艱苦，

我深長地嘆息禁不住要灑下眼淚。

在另一篇流放後的作品〈抽思〉中，他寫下了這樣的詩句：

想率性離開故鄉跑向國外，

看到人民的災難又鎮定下來。

郢都破後，作者懷著對祖國的無比熱愛，在〈哀郢〉一詩裡寫道：

登上大堤，我向遠方眺望，

姑且這樣，以療慰我的悲傷。

可愛的國土啊，無邊的沃壤，

水鄉的民俗這樣古樸純良。

這些詩滲透了作者高潔的情操，說明了作者的人格。華人熱愛屈原的人格，也熱愛屈原美麗的詩篇。

（王業猷）

第一編　文明初啟：從遠古到戰國

都江堰、鄭國渠

　　都江堰是秦昭王在位（西元前 306 年至前 251 元）時蜀守（蜀郡的長官）李冰興建的（一說是西元前 250 年秦孝文王時李冰擔任蜀守時興建的）。四川都江堰市、成都一帶，正當岷江從西北多山地區流經成都平原南向注入長江的去道上。水在山間流得很急，一到平原，流速頓減，水中挾帶的泥沙隨著沉積下來，容易堵塞河道。因此每年一到夏季，岷江水勢驟漲，常發生水災，水退之後又常有區域性旱災。怎樣克服水旱災害以保證農業豐收，這是古代四川人民長期以來最希望解決的一個問題。

　　李冰擔任蜀守時，吸取了前人治河的經驗，視察了都江堰市一帶的地勢，找出了岷江氾濫的關鍵，研究了防治洪水的方法。他和兒子二郎一起，領導當地的人民，就地取材，經過長期艱辛的勞動，最後完成了這項聞名於世界的，中國古代最大、最成功的水利工程——都江堰（古書上叫做「都安堰」）。

　　這項工程，修建在都江堰市城外，是一個綜合性的防洪灌溉系統，主要工程包括：有分水作用的「都江魚嘴」；保護河岸、減少流水沖刷力量的「百丈堤」；隔離岷江內、外江水道的「內金剛堤」和「外金剛堤」；宣洩內江過多水量的湃水壩——「飛沙堰」；弧形的護岸建築「人字堤」；以及人工開鑿的內江通道「離堆」和「寶瓶口」。從百丈堤到寶瓶口，各項工程連綿共約三公里。內江經過寶瓶口流到都江堰市東南分成三大支流，輸水灌溉農田；外江向正南流，沿途分成六大支流，輸水灌溉農田。總計分支流有五百二十多條，分堰有兩千二百多道，渠道總長約一千一百六十五公里，灌溉面積合古代畝數三百多萬畝。

都江堰修成後，完全改變了成都平原的面貌。從那時起，直到現在，兩千二百多年來，這一工程一直都在為農業生產服務。

鄭國渠開在陝西的渭河平原上。這裡原是黃土沖積地帶，由於雨量較少，常鬧旱災，所以糧食產量不高。西元前246年，秦王嬴政採納韓國水利專家鄭國的建議，從谷口（今陝西禮泉縣北）起，開鑿渠道，引涇水直達中山（今陝西涇陽縣北），又向東通到洛水，這就是著名的鄭國渠。渠道共長三百多里，灌溉了今天涇陽、三原、高陵、富平、蒲城、白水等縣合古代畝數四百多萬畝的田地。

自鄭國渠修成後，關中一帶變成了沃野，免除了嚴重的旱荒威脅，平均每畝田地的產量都達到「一鍾」（合六斛四斗）。

（王業猷）

第一編　文明初啟：從遠古到戰國

第二編

帝國奠基：秦漢與南北朝

本編從秦始皇建立大一統講到魏晉南北朝。秦始皇橫掃六合，結束了諸侯割據的局面，沿用兩千多年的封建帝制也由此確立。秦末苛政引發農民起義，劉邦建立了西漢政權，到漢武帝時，國家空前強勝。魏晉南北朝政權更迭頻繁，物質文化與精神文化絢麗多姿，異彩紛呈。

第二編　帝國奠基：秦漢與南北朝

秦滅六國

秦統一全國是在西元前 221 年。

原來秦國自從商鞅變法以後，經過一百多年的時間，發展生產，養精蓄銳，越來越富強。西元前 247 年，秦王嬴政即位，積極地向各國展開了軍事攻勢。西元前 230 年滅韓國，前 228 年滅趙國，前 225 年滅魏國，前 223 年滅楚國，前 222 年滅燕國，前 221 年最後滅齊國。十年之間，次第滅掉各國，結束了戰國時代分裂割據的局面，建立起中國歷史上第一個統一的封建王朝——秦。

統一國家的誕生，有很多好處。

從此，自春秋戰國以來，那種經常動員人畜、轉運糧秣，兵不解甲、馬不離鞍，「爭城以戰，殺人盈（滿）城；爭地以戰，殺人盈野」，生產破壞、人眾流亡的爭戰局面，可以大為減少，人民也可以在比較安定的環境裡生產和生活了。

從此，那種因分裂而各造堤防，天旱為了爭奪水利相互征伐，天澇放水別國以鄰為壑的現象，可以免除了——水利由統一的政府統一管理，對農業生產更為有利。

從此，割據時期造成的此疆彼界以及其他各種限制人們交往的人為障礙，可以取消了；東方的鹽鐵和海產，南方的木材和礦產，西方的皮毛和珍寶，北方的馬匹和牛羊……可以相互流通，運往各地了。這對進一步鞏固和發展各族人民共同的經濟和文化，顯然是大有好處的。

從此，在統一的國家裡，可以更好地動員和組織全國的人力、物力，加強國防，保衛人民的生產與生活。

總之，秦的統一，適應當時社會發展的趨勢，符合人民的利益和需求，具有重大的進步意義。

（王克駿）

秦始皇

秦初滅六國，秦王嬴政覺得天下已大定，若「名號不更，無以稱成功，傳後世」，就下令叫大臣們討論換個稱號。大臣王綰、馮劫、李斯等認為秦統一全國，功業「自上古以來未嘗有，五帝（傳說中的五位古代帝王）所不及」，古代有「天皇」、「地皇」、「泰皇」（均為傳說中的古帝王），「泰皇」最貴，因此共上尊號，建議秦王稱「泰皇」。秦王嬴政去「泰」留「皇」，採上古的「帝」號，號曰「皇帝」，自稱曰「朕」（當「我」講，古代無論尊卑均可稱「朕」，秦以後只能天子一人獨稱）；並且決定從自己起，稱「始皇帝」，子孫後世以數計，稱「二世」、「三世」……依數類推，至於千世、萬世，傳之無窮。

秦始皇採取了一系列加強中央集權國家統治的措施：

1. 確立中央集權的政治制度

皇帝是全國至高無上的統治者，掌握國家政治、經濟、軍事各方面至高無上的大權。皇帝以下，在中央，設定丞相、太尉、御史大夫和廷尉等官職。丞相輔佐皇帝處理國家大政，是最高的文官；太尉掌管全國的軍事，是最高的武官；御史大夫管監察百官；廷尉掌理中央刑獄。這些官都由皇帝任免和調動，不得世襲。在地方，徹底廢除分封諸侯的辦法，把郡縣制度推行到全國。分全國為三十六郡（秦始皇末年，因疆域擴大，增至

四十餘郡），郡下設縣。郡有郡守，縣有縣令或縣長（萬戶以上縣稱令，不滿萬戶縣稱長），分別負責管理一郡、一縣的政事。郡、縣都設尉，管理軍事。郡又置監御史，監視郡守、監察郡政。這些官吏都由中央政府直接任免。縣以下還有「鄉」、「里」等行政組織。實行郡縣制度，中央政府的權力可以直接下達至各地，避免了地方的割據稱雄，鞏固了國家的統一。

2. 統一文字和統一車軌與度量衡

戰國時，各國的田畝大小、車軌寬窄、法律法令、服裝制度、語言文字等都不一樣。秦統一後，這種紊亂現象當然不能被容許再存在。秦始皇命李斯等以原來秦國的文字為基礎，制定出一套筆畫比較簡便的新文字——小篆，通令各地使用，六國的文字與秦不合的都廢棄。後來程邈又根據民間流行的字型，整理成一種比小篆還要簡便的隸書，書寫起來更方便。同時，秦始皇還下令統一全國車軌的寬窄，又把原來秦國的法律施行於全國；另外還統一了錢幣的形制，統一了度量衡的標準。

這些措施，實際上是對當時社會的一種重大改革，而這種改革又完全順應當時統一的政治局面要求，並為以後經濟和文化的進一步發展帶來了很大好處。

但是，這些新的政策和措施，引起了不少守舊勢力的反對。他們引經據典，利用古書上的話做根據，對政府進行惡意批評。秦始皇召集群臣商議，丞相李斯說：「時代變了，制度辦法也必須跟著變，古代的制度，在古代是好的，但在今天就不能再用。有舊思想的人，隨意批評法令，既影響政府威信，又容易混淆是非。」他主張：除秦國的歷史記載以外，凡是六國的史書和民間收藏的《詩》、《書》諸子百家等典籍都一律燒掉；以後還有人在一起談論這些古籍內容的，處死刑；引用古書批評當世的，殺

全家。

秦始皇採納了這個建議，於是在西元前213年下令焚書。除一部分農、卜筮（古代用蓍草占卦，叫筮）、醫藥等書未燒外，很多重要的文獻古籍，都在這次焚書令下被燒毀。焚書的次年，秦始皇又下令把四百六十個儒生在咸陽活埋，罪名是「為妖言以亂黔首（老百姓）」。所謂「妖言」，指的是這些儒生對新政的指責和對秦始皇的誹謗。

「焚書坑儒」，對於維護新的中央集權的政治制度和壓制保守主義思想言論來說，有一定的作用，但是，「焚書」對古代文化是一種很大的摧殘，「坑儒」影響了人民對政府的正確批評，這也是無可諱言的事實。

不過，總體來講，秦始皇所做的上述事業，都有利於統一國家的形成，因此，他成為歷史上一個傑出的皇帝。

（王克駿）

靈渠

西元前214年，秦始皇命令天才水利工程師史祿負責領導人民開通靈渠。

靈渠在今廣西興安縣城附近，是溝通湘江與灕江的一條人工運河。原來，湘江和灕江都發源於廣西。湘江從臨桂海陽山向東北流，經過湖南省，注入洞庭湖，流進長江；灕江從興安唐公背嶺向東北流，後轉向西南，注入桂江，加入珠江流域系統。這兩條水雖然流向不同，可是它們上游的距離卻很近。靈渠就是選擇在它們相距極近的適當地點開鑿的。全部工程大概是這樣：

先在今興安縣城東北不遠處的分水塘村，開鑿兩條人工渠道，一條北渠，一條南渠。然後在湘江河道中填土疊石，砌成一座分水的石堤——「分水嘴」（因形狀像鏵，故古書上都稱「鏵嘴」或「鏵堤」），將湘水分而為二：一部分水流進北渠，注入湘江；一部分水流進南渠，注入灕江。北渠長約兩公里，南渠長約三十三公里；渠身翻山越嶺，工程異常艱鉅。南渠亦稱靈渠（因灕水又叫靈河，故渠由此得名），又稱興安運河。

靈渠流過的地方，都是高地，為了便於船隻航行，在渠中設立了很多「斗門」（早期的船閘）。平時，用閘將渠水分段蓄積起來，像樓梯一樣分成一級一級的。每當船隻由湘江上溯，來到這裡的時候，先閉後閘，再啟前閘，使水流平，船隻便上進一級，這樣，船隻級級上進，便可安然翻過高地；反之，船隻若由灕水經靈渠駛入湘江，由高處往低處走，那麼，就按照相反的道理，先啟前閘，使水流平，再閉後閘，然後再前進。

靈渠擴大了中國古代內河航運的範圍。自從靈渠修成後，湘、漓兩江達成一氣，長江流域和珠江流域兩水系有了密切關係；中國南北的交通又開闢了一條新的途徑，除陸路外，又增添了水路。

（謝承仁）

孟姜女哭長城

匈奴是秦朝北方的勁敵。

戰國時，秦、趙、燕三國都與匈奴為鄰，它們都在與匈奴接壤的邊界上修築了長城，並且還派重兵把守，以防禦匈奴。西元前 215 年，秦始皇派大將蒙恬率領大軍三十萬人，北擊匈奴，收復了過去被匈奴強占的河南

地方（今內蒙古自治區黃河以南的河套地區）。

為了進一步鞏固邊防，蒙恬奉命把舊日秦、趙、燕三國的長城連線起來，加以修整，築成了一道西起隴西郡的臨洮（今甘肅岷縣境）、東至遼東郡內（今遼寧省遼陽市北），長達五千餘里的古代世界最偉大的工程——萬里長城。此後，歷經兩漢、北魏、北齊、北周以至隋，各朝都對長城有所修繕。特別是明代，幾乎對長城加以全部整修。今天我們所見到的長城，西起嘉峪關（在甘肅省），東到山海關（在河北省），像一條長龍似的蜿蜒起伏於崇山峻嶺中。這條氣勢雄渾、壯麗、令人嘆服的長城，主要是明朝人遺留下的成績。

秦始皇派兵北擊匈奴，並令蒙恬率眾修築長城，這對防守秦朝的北疆和保衛黃河流域一帶人民的生活與生產，是有著極大意義的。但是，秦剛滅六國不久，人心未定，創傷未復，如此過早、過急、過猛地動員大量的人力和物力，來修築這樣規模巨大的工程，毫無疑問，會增加人民的負擔。

加之秦始皇在位期間，短短十幾年，一方面做了很多有利於國家統一的好事情，另一方面也做了不少勞民傷財的壞事情。他聽信方士們的胡言妄語，迷信神仙長生不死之說，屢次派人遠航海外，訪仙求藥，浪費了大量金錢；為了顯示威風，他不斷巡遊各地，到處登山刻石，炫耀功德。他足跡所至，東北到過今天的河北省昌黎縣，東南到過今天的浙江省紹興市，南邊到過今天的湖南省寧遠縣。有一次，他想南巡到衡山，舟行至湘山（在今湖南湘陰縣北），遇到大風，不禁大怒，命三千刑徒將山上的樹木完全砍光，向湘神表示皇帝的威力。

他濫用民力，強迫人民修築自己生前居住的宮殿和死後安眠的墳墓。著名的阿房宮和驪山陵，工程之大，空前未有。單是這兩項工程就徵調了

七十多萬人。據說，阿房宮前殿，東西五百步，南北五十丈，庭中可以坐一萬人，殿中可以豎立五丈高的大旗；宮前有十二個銅人，各重二十四萬斤。驪山陵高五十餘丈，周圍五里餘；墓中有宮殿和百官位次，內藏珠玉珍寶無數，還用水銀造成江河大海，象徵山川形勢。

苛重的賦稅與勞役，把人民推向了痛苦的深淵。在秦始皇的統治下，人民表面上暫時不敢說話，實際上內心裡卻充滿了反抗的怒火。孟姜女哭長城的神話故事，就是反映了人民這樣一種心理。

一對新婚的夫婦，男人名叫范喜良，女人名叫孟姜女，正在歡度婚後的蜜月，范喜良忽然被徵發到北方去修築長城，命令下來，丈夫不得不走。范喜良和孟姜女各懷著生離死別的悲哀，被強逼著分開了。

歲月一天一天地消逝，范喜良一去杳無音信。孟姜女日夜想念著丈夫。她滿懷著與丈夫相會的心情和希望，跋涉千山萬水，來到了長城邊，想探訪自己丈夫的下落。

可是，她的希望破滅了，范喜良早已在沉重的苦役下死去。孟姜女看到了長城，沒有看到丈夫，她的心碎了。她放聲痛哭，哭聲震動了天地。她悲憤的眼淚飛濺到城牆上，把長城沖塌了一道四十里長的缺口。

孟姜女哭倒長城的故事，起源於何時，現已不可知。根據南宋人周蟬所著的《北轅錄》記載，遠在南宋時，人們便為孟姜女這位傳說中的人物修了廟、塑了像，把她當作神靈來供奉。這說明，孟姜女的遭遇，得到了百姓的同情；孟姜女哭倒長城的傳說，表明了暴力壓迫下的千千萬萬人民的積憤及其所顯示的力量。

後來，秦朝的統治就在各地憤怒人民的起義聲中坍垮下去了。

（謝承仁）

陳勝、吳廣

《漢書‧食貨志》描述秦統治者剝削農民的情形:「男子力耕不足糧餉,女子紡績不足衣服。」可見,當時農民所受的痛苦是如何嚴重。秦朝殘酷的統治,引起了全國普遍的反抗。在秦始皇還活著時,社會就已經顯現出了不安的前兆。

西元前211年,有隕石落在東郡(今河南濮陽縣),當地的老百姓在上面刻了「始皇帝死而地分」七個大字,表示對他的憤恨。第二年,秦始皇死後,他的兒子胡亥繼位,稱二世皇帝。二世殺死他的哥哥扶蘇和大將蒙恬,任用宦官趙高專擅朝政,對農民進行敲骨吸髓的榨取。在這種情況下,農民忍無可忍了,終於,中國歷史上第一次農民大起義爆發了。

西元前209年的秋天,蘄縣(今安徽宿州市)大澤鄉一帶,淫雨連綿。一隊九百個面色愁苦憤怒的人,在大雨滂沱的泥濘路上行進。他們是被徵調到漁陽(今北京市密雲區)去戍邊的農民。大雨把他們阻隔在這裡,耽誤了他們到達漁陽的限期。按照秦朝的法律,誤了期是要判死罪的。

死亡威脅著這一群人,那麼他們怎麼辦呢?其中有兩個屯長(帶隊的),一個是僱農出身的陽城(今河南登封,一說今安徽宿州市境)人陳勝(又叫陳涉),另一個是貧苦農民出身的陽夏(今河南太康)人吳廣,他倆計議道:現在就是趕到防地,也是被殺,與其被殺,不如死中求活,反抗秦朝,做一番大事業;天下人痛恨秦的暴虐已久,如果起來反抗,響應的人一定很多。兩人商量後,決定起義。

他們先把督率他們前往漁陽戍守的將尉(率領戍卒的官)殺死,然後

用話激被徵的戍卒，說：「大家遇雨，已過限期，過期當斬，縱然不斬，到達戍地，十之六七也是死。大丈夫不死便罷，死應死得值得。王侯將相，難道是天生的？」這番話，博得了九百戍防失期的農民一致擁護，大家立即推舉陳勝為將軍，吳廣為都尉，正式宣布起義。

九百人起義以後，首先攻下了大澤鄉，接著攻下了蘄縣，在一個月之內，次第攻占了許多地方。各地農民聞訊後，拿起農具、竹竿、木棒，踴躍參加起義軍。當起義軍進入陳（今河南淮陽縣）地時，已經有六、七百乘車，一千多騎兵和好幾萬步兵了。

起義軍攻下陳地後，為了加強號召，大家擁立陳勝為王，國號「張楚」，建立起了起義軍的政府。「張楚」是張大楚國的意思。因為陳勝等起義的地區在原來楚國的境內，而戰國時楚國又是僅次於秦的強國，有很大的潛在勢力，所以用「張楚」為號，以便加強反秦的號召力量。這時，反秦的浪潮已經席捲全國，各地人民紛紛揭竿而起，殺死當地秦朝官吏，響應陳勝，公認他是起義軍的首領。甚而舊六國的貴族也趁機而起，反抗秦朝。

陳勝以陳地為中心，向四方發展，並派周文（又名周章）率主力軍往西直攻秦朝的都城咸陽。周文的軍隊聲勢浩大，沿途有很多農民參加，等攻到函谷關的時候，已經有車一千乘，戰士數十萬了。

起義軍入關之後，一直打到離咸陽不到一百里的戲地（今陝西臨潼境內）。秦二世惶駭萬分，趕忙徵發所有修築驪山陵墓的徒役，武裝起來，命大將章邯率領，前來迎戰。周文的起義軍雖然人數很多，但因是短時期內發展起來的，既缺少作戰經驗，也缺乏戰鬥訓練，所以被秦軍打敗，退出函谷關。章邯追擊起義軍，周文沿途抵抗，接連戰敗，隊伍損失過重，不能作戰，周文自殺。

章邯繼續東進，各路起義軍多遭失敗，吳廣被部下殺死。章邯進攻陳地，陳勝兵少不敵，向東南退卻，途中被叛徒——車伕莊賈所殺。

陳勝、吳廣領導的大澤鄉起義，從開始到失敗，雖只短短六個月，但是由他們所引發起來的反秦風暴，卻愈來愈猛烈。最後，秦朝的統治，終於被農民軍推翻。

（謝承仁）

■ 約法三章、鴻門宴

陳勝、吳廣起義失敗後，在許多起義軍中，以項羽和劉邦領導的兩支起義軍，成就最大。

劉邦，沛（今江蘇沛縣）地人，農民家庭出身。他的哥哥是種地的能手，他的妻子也曾參加田間勞作。他在秦朝當過亭長（秦於郊野設亭，十里一亭，亭有亭長）。有一次，他負責押解一批人到驪山去服徭役（古時統治者強制人民服的勞役），半路上跑掉了很多，他知道自己反正交不了差，便索性把其餘的人都放掉。其中有十幾個壯士願意跟隨他，和他一起逃。

他們怕人追趕，不敢走大路，打算趁天黑抄小道逃走。不料走到一處水邊，忽然遇到一條大蛇攔在路上，走在前面的人都嚇得退了回來，不敢過去。

這時劉邦正喝了酒，醉沉沉的，一點也不害怕。他拔出劍說：「大丈夫，怕什麼！」說時揮劍將蛇斬成兩段。眾人都佩服他勇敢，他自己也為此感到驕傲。

第二編　帝國奠基：秦漢與南北朝

陳勝、吳廣起義的消息傳到沛縣，劉邦認為時機已到，立即聚眾響應。他在蕭何、曹參、樊噲等人的支持下，占領了沛縣，被推立為沛公，手下很快就有了三千人。項羽的叔叔項梁起兵後，劉邦率眾投奔項梁，勢力逐漸強大。

陳勝死後，項梁接受謀士范增的建議，擁立舊楚懷王名叫心的孫子做楚王（仍稱楚懷王）。不久，項梁和秦軍作戰，戰敗犧牲。

西元前207年，秦將章邯圍攻在反秦爭鬥中建立起來的趙國，趙國危在旦夕。楚懷王派宋義、項羽等領兵救趙，派劉邦西向攻秦，並且和諸將相約：誰先滅秦，誰就做關中王。關中指函谷關（在今河南省西部）以西，散關（在今陝西省西部）以東，二關之中一帶地區。

當項羽軍在今河北平鄉一帶牽制住秦軍主力並和秦軍主力展開決戰時，劉邦卻趁此機會，在幾乎沒有遇到多大抵抗的情況下，很快地便打到了咸陽附近的霸上。

而這時，秦政府內部已經極度混亂。權臣趙高逼死秦二世，另立子嬰為秦王，子嬰又把趙高殺死。劉邦的軍隊打來，秦王子嬰無力抗拒，只好捧著秦始皇傳下的玉璽、兵符到劉邦軍前投降。到此為止，秦朝的統治便正式被推翻了。

劉邦進入咸陽，接受了張良等人的勸告，將秦宮中的財物珍寶封存不動，然後還軍霸上，向關中人民約法三章：犯殺人罪處死刑，傷人及盜賊按輕重治罪。並且宣布廢除秦朝的苛法，安定社會秩序，受到了關中人民的熱烈歡迎。「約法三章」的成語，就是這樣來的。

項羽在消滅秦軍主力後，這才引軍西進，他在途中聽說劉邦已經先破咸陽，心中不禁大怒。他帶領四十萬大軍攻破函谷關，打進關中，把軍隊

約法三章、鴻門宴

駐紮在鴻門,離劉邦軍隊的駐地霸上有四十里。

劉邦的軍隊只有十萬人,和項羽相比,兩軍勢力相差懸殊。范增勸項羽不要錯過機會,加緊進攻劉邦。而項羽的叔父項伯,因和劉邦的部下張良相好,怕戰爭發生後,張良遭到危險,連夜把這機密透露給張良,建議他趕快離開那裡。張良又把這個消息告訴劉邦。劉邦驚恐,求項伯在項羽面前替自己疏解,說明自己先入關中毫無野心,請項羽千萬不要多心。

第二天,劉邦親自帶著一百餘騎人馬到鴻門來拜謁項羽,向項羽解釋。項羽在鴻門軍帳中設宴招待劉邦。酒席間,范增屢次暗示項羽,要他將劉邦殺掉,項羽只裝沒有看見。范增著急,藉故退席出外,把項羽的叔伯弟弟項莊找來,要他進去舞劍,順手將劉邦殺死。項莊答應,進帳敬酒,敬完酒,說:「軍中酒宴沒有音樂,讓我來舞劍助興。」項羽點頭同意,說道:「可以。」於是項莊拔劍起舞。項伯看出項莊不懷好意,也拔出劍來和項莊對舞,常用自己的身子遮護劉邦,使項莊不能下手。

張良眼見事情危急,忙出帳來找樊噲。樊噲滿臉怒氣,手執寶劍盾牌,衝進帳中。項羽大吃一驚,問是什麼人,張良回答說:「這是沛公帶的人,名叫樊噲。」項羽賜樊噲喝酒吃肉。樊噲把盾牌覆在地上,一面喝酒一面用劍在盾上切肉大嚼,意氣豪壯,旁若無人。

劉邦見勢不妙,藉口小便,招樊噲出帳,然後和樊噲等數人,偷偷從小路逃回霸上。臨走時,讓張良獻給項羽白璧一雙,送給范增玉斗一雙,作為謝禮。范增見劉邦逃走,十分氣惱,他把玉斗放在地上,拔出劍來狠狠砍成碎片,然後憤憤地對項羽說:「你真成不了大事!將來和你爭奪天下的,不是別人,就是沛公。從此以後我們都要做他的俘虜了。」

這就是「鴻門宴」的來歷。

第二編　帝國奠基：秦漢與南北朝

鴻門宴後，項羽引兵入咸陽，殺秦降王子嬰，放火燒毀秦宮室，大火三月不熄。關中人大為失望。

這期間，項羽的勢力最為強大。在他的強力支配下，他分封了十八個王，自立為西楚霸王。劉邦沒有做成關中王，被封為漢王，都城在南鄭（今陝西南鄭縣），雖然心中很不滿意，但由於力量敵不過項羽，也只好忍氣吞聲，暫時屈服。

（謝承仁）

■ 破釜沉舟、四面楚歌

「破釜沉舟」和「四面楚歌」這兩個典故，說的是項羽率楚兵救趙，大破秦軍主力，和後來與劉邦作戰，被圍垓下，兵敗自殺的故事。

項羽是舊楚國大將項燕之孫，勇武威猛，青年有大志。秦朝末年，他跟隨叔叔項梁殺死秦朝的會稽郡守，舉兵反秦，響應陳勝、吳廣。

項梁最初有精兵八千人，分兵略地，屢次打敗秦軍，勢力日益壯大，產生了驕傲心理。

西元前208年秋天，秦將章邯在定陶（今山東菏澤市定陶區）大破項梁軍，項梁戰死。隨後，章邯率軍渡河，向北攻打趙國，包圍鉅鹿（今河北鉅鹿縣）。西元前207年，楚懷王命宋義為上將軍，項羽為次將，引兵救趙。宋義行軍至中途，逗留四十多天不肯前進。當時天寒，兵士無衣無食，而宋義卻天天飲酒高會。項羽一怒，把宋義殺掉。楚王命項羽為將，帶著軍隊繼續前進。

楚軍渡河，項羽下令把全軍的飯鍋通通砸破，把所有的渡船一律鑿

破釜沉舟、四面楚歌

沉,把全部的營帳完全燒毀,士兵們每人只帶三天的乾糧,準備和秦軍決死戰鬥,不得勝利,絕不生還。楚軍這種抱著必死的決心以求勝利的精神,是十分感動人的。所以,後世人便把不顧一切,下定決心做成一事的行為,比喻為「破釜沉舟」。

這時,救趙的軍隊,除項羽率領的楚軍外,還有十多支,但是都害怕秦軍,各築堡壘自守,誰也不敢出去交鋒。項羽軍開到,與秦軍大戰;楚軍個個奮勇,以一當十,九戰九捷。各國諸侯將領站在壁上觀戰,看見楚兵勇猛衝殺的情景,都呆了。

楚軍大破秦軍,項羽召見各國諸侯將領,各諸侯將領進入楚軍轅門,懾於項羽威風,都跪著爬行向前,不敢仰視。從此,各國軍隊都隸屬他麾下,他成了「諸侯上將軍」。

後來,章邯勢窮,投降項羽。項羽把二十多萬投降的秦國兵士全部坑殺,把秦軍的主力全部消滅了。

項羽率軍入關中,進入咸陽後,屠殺人民,引起了人民的普遍怨恨。他還大封諸侯王,這是違反當時人民渴望統一的願望的。他在分封時,封什麼人為王、封為什麼王（做擁有多大勢力的王）,只根據自己的好惡隨意決定。許多得封的和不得封的將領,都不滿意項羽這種措施,他們紛紛起兵反抗,和項羽展開了激烈的爭奪政權的爭鬥。

劉邦趁此機會奪取民心,養精蓄銳,逐漸統一了關中,然後以關中為根據地,東向聯合各諸侯,進一步同項羽爭天下。

從西元前206年到西元前202年,楚漢相爭持續了五年。五年間,楚漢大戰七十次,小戰四十次,劉邦屢戰屢敗,身受重傷十二次。項羽在軍事上雖然節節勝利,可是在政治上卻遭到很大失敗。他要把歷史拉回到割

據分裂的狀態,因此得不到人民的支持和援助。這是他走向失敗的主要原因。他殘暴好殺,人民都很怕他,對他表示厭棄。項羽不如劉邦會用人,而且剛愎自用,有一范增而不信任,這就更促使他走向失敗。

西元前 202 年,項羽全軍被劉邦包圍在垓下(在今安徽靈壁縣境內)。為了瓦解楚軍鬥志,劉邦命令士兵四面唱起楚歌。楚軍聽了,人人思鄉厭戰,軍心大為動搖。項羽聽到歌聲,以為漢軍已經得楚地,萬分驚疑。這天深夜,項羽置酒帳中,痛飲解愁。

他心緒十分煩亂,想來想去,除了突圍,毫無辦法。他決定突圍而走。突圍的前刻,他對著自己寵愛的美人虞姬和常騎的駿馬烏騅,唱出了一首慷慨悲壯的歌,歌道:

力拔山兮氣蓋世,

時不利兮騅不逝。

騅不逝兮可奈何,

虞兮虞兮奈若何!

歌畢,揮淚上馬,帶著眾人捨命衝殺。最後他雖然衝出了重圍,並且殺死、殺傷漢軍無數,逃到烏江邊,然而終於還是在漢軍的追擊之下,走投無路,不得不自刎而死。

項羽的失敗,給予後代極深刻的教訓。後世把失道寡助的人的遭遇,比作「四面楚歌」。

(謝承仁)

漢初三傑

秦被推翻後所出現的楚漢相爭局面，經過四、五年的混戰，到西元前202年告一段落。漢王劉邦取得了最後勝利，建立了一個在歷史上比秦更加強大的國家，國號漢，建都長安（今陝西省西安市西北），習慣上稱為西漢或前漢。劉邦做了這個朝代的開國皇帝，就是後世所稱的漢高祖。

漢高祖劉邦有一次對人說：「出謀劃策，決勝千里，我不如張良；安撫百姓，籌集糧餉，我不如蕭何；帶著百萬大軍，攻必勝，戰必取，我不如韓信。這三個人，都是人傑啊！」

劉邦所讚揚的這三個人，就是歷史上所稱的「漢初三傑」。他們對於漢朝的建立都是有貢獻的。

張良，字子房，先世為韓國人，出身於貴族家庭。他年輕時，韓國被秦國所滅，他為了替韓國報仇，把家財散盡，結交了一個大力士。西元前218年，這位大力士拿著一柄一百二十斤重的大鐵錘，在博浪沙（今河南原陽縣）地方行刺秦始皇，沒有打中本人，只打中了副車。秦始皇大怒，下令到處搜尋刺客，張良在此藏身不住，只好改名換姓，逃避他鄉。

傳說在逃難期間，有一次，他在一條河邊遇見一個老人故意把鞋掉到橋下去，老人對著他很不客氣地說：「小孩兒，給我把鞋撿上來！」他一聽心裡直冒火，這個人怎麼這麼大模大樣隨便亂指使人？但是轉而一想：他年紀大走不動，替他撿撿又何妨？於是便走到橋下替老人把鞋拾了起來。誰知老人這時又把腳一伸，說：「給我穿上！」張良差一點氣得要發作，不過他又轉而一想：為老年人做點事也沒有什麼不應該，何必計較他的態度。於是他又恭恭敬敬地幫老人把鞋穿上。

第二編　帝國奠基：秦漢與南北朝

　　鞋穿好後，老人連謝字也沒有說一個，扭轉身就走了。張良望著老人的背影，看著他慢慢走開，覺得這人十分奇怪。不料過了一會兒，老人忽然走回來，笑著對張良說：「很好，你這小孩兒可教！記住，五天後一早到這裡來會我。」

　　過了五天，張良抱著好奇的心理真的起了個早，趕到橋邊來會老人，沒想到老人卻比他早到。老人一見他晚來，就發怒道：「與年老人約會，為什麼遲到？去！再過五天後早點來！」

　　又過了五天，這次張良一聽雞叫就起床，他自以為今天一定不會晚，誰知到橋邊一看，老人比他到得更早。老人見了他，又非常生氣地說：「怎麼又遲到？回去，再過五天後來！」

　　再過了五天，張良不等半夜就到橋邊去等著，這回總算沒有遲到，過了一會兒老人才來。這次老人很高興，點了點頭說：「應當這樣。」說時便從袖中拿出一部兵書送給他，鼓勵他好好學習。從此，張良便用功學習兵法。後來劉邦起兵，他便參加了起義軍，做了劉邦的謀士。

　　張良輔佐劉邦入關滅秦，立有很大功勞。楚漢戰爭時，他建議不立六國後代，免得天下又恢復到戰國時期那種分割的局面；同時，他還建議用利祿籠絡韓信，聯繫英布、彭越，全力對付勁敵項羽。劉邦完全採納了他的建議，因之加速了戰爭的勝利。漢朝建立後，他被封為留侯，受到了漢政府極大的優待。

　　蕭何和劉邦是同鄉，西元前 209 年，輔佐劉邦起兵，立有大功。當起義軍打進咸陽時，別的將領多只注意金帛財物，而他卻獨具遠見，把注意力放在秦政府的各種檔案文獻上，因而一到咸陽，便將秦丞相府、御史府的圖書律令全部接收過來。由於漢軍掌握了這一份重要的資料，所以劉邦

對於全國的山川險要、郡縣戶口以及社會情況的了解，比起其他起義軍領袖來，要更加清楚、全面得多。這一點，對於漢的迅速統一，是有著一定作用的。

蕭何是一個善於知人的人，韓信的被重用，就是由於他的極力推薦。最初，韓信在劉邦軍中因未被重視，開了小差，蕭何聽到消息後連忙放下工作，親自去追趕。劉邦問他為什麼別的人不追，單追韓信一個人。他回答說：「韓信有大將之才，若要爭天下，非重用韓信不可。」劉邦聽了他的話，真的就拜韓信做了大將。後來，韓信在漢的開國事業中，果然立下了不世的功勳。

在楚漢鬥爭激烈的那些艱困年代裡，蕭何以丞相身分留守關中，轉運糧餉，補充兵源，使得劉邦雖然屢屢戰敗而仍有餘力來對付項羽，終至取得最後的勝利。漢統一天下後，劉邦感念他的功績，封他為鄭侯。漢初採取「與民休息」的政策，他在當中有著很大的作用。他死後，曹參繼他為丞相，基本上仍按照他生前所定的一些規章制度辦事，繼續執行「休養生息」的政策。所以歷史上常把他們兩人相提並論，稱之為「蕭規曹隨」。

韓信，淮陰（今江蘇淮陰）人，出身貧苦家庭，起初在項羽部下，後歸劉邦，被任為大將。在漢統一戰爭中，他表現出了極其傑出的軍事才能。比如他曾以數萬之眾，以少勝多，大敗趙軍二十萬，就是一個突出的例子。

在這次戰爭剛開始時，他一方面調遣輕騎兵兩千人，每人持一面紅旗，從小道出發，到趙軍大營附近埋伏，並吩咐他們趁趙軍出營追擊漢軍的機會，進入趙營，將趙軍的旗幟完全拔掉，換上漢軍的紅旗；另一方面，他把自己的營盤故意紮在背靠著河流的地方，這從表面上看是違反兵

法的。敵軍看見他背水為陣，都笑他不懂兵法。他自己的部下見他這般布置，也都感到十分納悶。可是他本人卻滿懷著勝利的信心。臨戰前，他下令軍中說：「今日破趙以後再飽食。」諸將雖然嘴上都勉強答應，其實心裡一個個都在暗自嘀咕。

等到戰鬥開始，兩軍接戰，相互奮勇廝殺。漢軍假裝敗退，將軍旗戰鼓拋棄滿地。趙軍出營追擊，得意忘形，只顧爭著撿拾地上的戰利品。漢軍退到河邊，無路可退，反身再戰，勇猛無比。趙軍不能取勝，打算收兵回營。不料這時預先埋伏在趙營周圍的兩千騎兵，已經建立了戰功，把趙軍的旗幟完全換成了漢軍的旗幟。趙軍看見到處漢旗飄揚，不禁大驚，以為漢已破趙，於是拋甲棄戈，紛紛遁走。漢軍四面夾擊，大破趙軍，陣斬趙軍主將陳餘，取得了輝煌的勝利。

戰爭結束後，韓信的部下問他：「為什麼不依兵法，背水為陣反而取得勝利，這是什麼道理？」他回答說：「我這種做法，並沒有違反兵法，只是諸君沒有仔細考察兵書罷了。兵書上不是說過『陷之死地而後生，置之亡地而後存』這樣的話嗎？我之所以要背水為陣，就是根據這個意思。我知道，我在軍中時間不長，還沒有真正建立起威信，一旦軍士們面臨生死關頭，是很難聽我的命令的，我若不把他們置之死地，使人自為戰，哪能死中求生；相反，若把他們置之生地，有路可逃，一到戰爭激烈時，他們會一個一個地逃走，哪裡還會有今天這個勝利？」諸將聽了都認為他說得很有道理，都非常佩服他的軍事才能。從此，大家才知道，原來韓信是一個很會靈活運用兵法的人。

韓信為漢的開國立下了不朽之功，漢朝建立後，他被封為楚王，後被降為淮陰侯。西元前 196 年，他被劉邦的妻子呂后所殺。

（易惠中）

漢武帝

　　漢朝初年，統治者接受秦亡的教訓，對農民採取讓步政策，減輕剝削，獎勵農耕，給了人民暫時喘息的機會。經過漢初六十多年休養生息的時間，自秦末以來遭受嚴重破壞的社會生產，終於在全國人民的辛勤勞動下，得到了恢復和發展，並且逐漸超過了戰國時期的經濟繁榮。

　　相傳文帝、景帝時，國家財貨充積，人民安居樂業，社會出現了富庶景象，所以歷史上稱之為「文景之治」。特別是景帝時，削平了以吳王劉濞（ㄆㄧˋ）為首的吳、楚等七國貴族的叛亂，進一步加強和鞏固了中央集權的統治，為漢朝的興隆與統一奠定了可靠的基礎。漢武帝憑藉著這樣的物質基礎，做出了許多轟轟烈烈的事業。

　　漢武帝劉徹，是漢朝開國後六十七年登上帝位的皇帝。他十六歲登基，一共統治了五十四年（西元前 140 年至前 87 年）。

　　「罷黜百家，尊崇儒術」，是他接受大儒董仲舒的建議後所採取的一項從思想上鞏固中央集權政治的重要措施。董仲舒把孔子的學說，說成是維護封建統治的唯一準則，把其他各家學說斥為「邪辟之說」。他認為，只有「邪辟之說滅息，然後統紀（社會秩序）可一，而法度可明，民知所以」。因此，他建議廢除其他各家學說。同時，他還建議設立太學，專門用來培養為地主階級服務的儒生。漢武帝採納了這些主張。從此以後，儒家學說便處於優越的地位，逐漸發展成為兩千多年來封建社會的正統思想。

　　頒「推恩之令」，是漢武帝接受主父偃的建議後所採取的一項從實際行動上加強中央統治權力的重要措施。吳、楚七國之亂被平定後，漢景帝

第二編　帝國奠基：秦漢與南北朝

雖然剝奪了諸王的政治權力，初步樹立了中央集權的統治，但是諸王的領地還是很大，經濟力量還是很強，還隨時有和中央政權對抗的可能。主父偃認為，如果諸侯過於強大，就會恃強聯合起來反抗中央政權。所以他主張實行「推恩」分封的辦法，分封諸王的子弟為侯，以分散王國的領土，使大國變為小國，強國變為弱國。這樣，他們就再也無力反對中央了。漢武帝實行了這個建議，果然收到了預期的效果。

漢是一個大國，需要有一個強而有力的中央政府，才能維持這個大國的強盛和統一。而這樣一個強盛統一的大國，對於發展全國的經濟和文化來說，具有極其重要的意義。

漢武帝時，國家富裕，國防力量加強，有了力量來對付匈奴的侵擾。從西元前129年到西元前119年，漢與匈奴之間較大的戰爭有十餘次，漢軍屢敗匈奴兵，奪回了被匈奴侵占的河套等地區，基本上解除了秦漢以來的匈奴威脅。

另外，漢武帝還派張騫出使西域，先後派唐蒙、司馬相如等經營今四川、雲南、貴州一帶地區。這一切，在客觀上都取得了正向的效果。漢與西域各國的交通開啟了，西南大部分地區的各族人民與漢族人民的關係逐漸密切。

強盛統一的漢朝，為統一多民族國家的形成，提供了十分有利和有力的保障。

漢武帝在位期間，在他的指示和領導下，漢政府發動民力，在全國興修水利，推廣較進步的農具與農業生產技術，對於促進當時農業的發展有著很大的作用。

僅以關中地區為例，重要的水利工程就有六輔渠（當地人稱為「六渠」

或「輔渠」)、靈軹(ㄓˇ)渠、成國渠、湋(ㄨㄟˊ)渠、白渠。拿白渠來說，這條渠連線了涇水和渭水，全長二百里，可以灌田四千五百頃，與鄭國渠同樣著名。

黃河自古以來是一條經常氾濫的河流，漢文帝十二年（西元前 168 年）和漢武帝元光三年（西元前 132 年），曾在今河南與山東一帶地方兩次決口，造成極大損失。兩次雖然都勉強把決口堵住，然而始終未能徹底解決問題，黃河下游地方仍舊時常被淹。元封二年（西元前 109 年），漢武帝徵發數萬人修築瓠子堤（今河南濮陽市），並且親自到河上視察。此後不久，又從館陶（今山東館陶）開鑿了一條與黃河寬深相等的屯氏河，引水流入海中。經過這兩次的努力修治，黃河的災患大為減輕；在此後六、七十年間，黃河的下游基本上沒有再遭受大的水災。

除重視水利建設外，漢武帝晚年又大力提倡使用新農具，推行新的耕作方法。比如下令大農（官名），要他選取有技巧的工匠製造新農具；又令全國郡守派遣所屬縣令和三老、力田（小官名）及鄉里老農到京師學習新農具的使用方法及代田耕種養苗方法，都是比較突出的例子。

由於國家的統一、經濟的發展，武帝時，文化也很昌盛。政治、經濟、歷史、文學、天文、農業、音樂、藝術等，各方面都人才輩出。

（王克駿）

司馬遷《史記》

司馬遷，字子長，夏陽（今陝西省韓城市）人，生於西元前 145 年，即漢景帝中元五年；卒年大約在西元前 87 年，即漢武帝後元二年。他的

第二編　帝國奠基：秦漢與南北朝

一生，大部分時間是活在漢武帝時代。他的父親司馬談是漢朝的太史令（管歷史和天文的官），又是當時卓越的思想家。司馬遷生長在這樣的家庭裡，所受的影響自然不小。

司馬遷從小就閱讀了很多書籍，又跟隨有名學者學習，學問大有進步；他二十歲左右時，開始漫遊全國，考察史蹟，探訪傳聞，了解人民的生活和各地的風物。他登上萬里長城，感受到了先民的偉大和秦朝使用民力的殘暴。他渡黃河、過長江、訪問都江堰，考察了水利和民生的關係。他去過孔子的故鄉，參觀了孔子的廟堂和「車服禮器」等遺物。他到過今天的四川、雲南一帶，採訪了當地少數民族的民情與習俗。後來，他做了太史令，又閱讀和整理了官家收藏的各種圖書資料。

西元前 104 年，他開始寫《史記》（實際上整理史料的工作在西元前 108 年便已開始）。這一年，他四十二歲，正是精力充沛的時候。不料，在他進行著述的第七年，在評論一件事情的時候，觸怒了漢武帝，得了欺騙皇上的罪名，被下到獄中受了「腐刑」（閹割）。這對他是極大的侮辱。他受到這樣巨大的打擊，非常痛苦，幾乎痛不欲生。但是，他一想到自己所要完成的偉大著作時，就又堅持著活了下來。

他發憤繼續寫他的《史記》。到了西元前 93 年，基本上完成了這一鉅著的初稿。從這以後，直到他死，他還對他的著作做了不斷的加工和修補。

《史記》原名《太史公書》，漢朝末年靈帝、獻帝以後，大家才習慣地稱呼其為《史記》。這是一部包括從黃帝起到漢武帝後期止，長達三千多年的紀傳體歷史書。全書分為「本紀」、「表」、「書」、「世家」和「列傳」五個部分，共一百三十篇，五十二萬六千五百字。

「本紀」十二篇，是以帝王世系為中心，按年月順序，列舉歷代的人

事,好像全書的總綱,使人讀了能夠了解每一朝代歷史發展的重要線索。

「表」十篇,分為「世表」、「年表」、「月表」(以「年表」為主)三種,是排列帝王、諸侯、將相的年代及爵位的。由於夏、商、周三代時期年次不明,故只能按世系列為「世表」;而秦楚之際,政治變化急遽複雜,「年表」不能解決問題,因此列為逐月記事的「月表」。「表」能更清楚地表明時間順序,使讀者一目了然。

「書」八篇,總述了司馬遷以前歷代的天文、地理、文化、經濟等方面的情況,價值很大;八「書」的內容雖然還不夠完備,然而對我們了解這一時代社會的全貌,卻有很大的幫助。

「世家」三十篇,大體分為兩類,一類是敘述諸侯國家興亡的歷史,另一類是敘述貴族和地位最高的大臣的事蹟。不過其中有兩篇例外:一篇是〈孔子世家〉,另一篇是〈陳涉世家〉。因為孔子在思想文化上有突出影響,而陳涉(陳勝)是掀起中國歷史上第一次農民革命的農民領袖,所以這兩人都被列入了「世家」。

「列傳」七十篇,是全書篇幅最多的部分,有政治、軍事等各方面的重要人物傳,有特殊事業傳、國內少數民族傳、屬國傳、外國傳等。

司馬遷寫出了古代帝王、將相、名醫、俠客、大商人、優伶(戲曲演員)、刺客、占卜人的事蹟和經濟、文化等方面的情況。他的寫作態度嚴謹,愛憎分明。他對被壓迫者、被剝削者給予了同情。他熱烈地歌頌了農民戰爭的領袖,把陳勝、吳廣擺在和封建王侯同等重要的地位,專門為他們寫了「世家」。他一方面肯定了漢高祖劉邦的才能和功績,另一方面卻又真實地描繪了這位皇帝的狡詐與無賴;他一方面稱頌了漢武帝劉徹的豐功偉業,另一方面卻又深刻地諷刺了這位天子迷信求仙的荒誕與無聊。他

真誠地頌揚了那些不為私利、愛國愛民的忠臣與義士；另外，他也憤怒地譴責了那些用嚴刑峻法來殘殺人民的劊子手。

《史記》開創了用紀傳體敘事的體裁，這種體裁一直為以後的史家所沿用。它的語言生動活潑，人物形象鮮明突出，具有強烈的藝術感染力，為以後的傳記文學樹立了典範。

司馬遷不愧是中國古代最傑出的歷史學家，《史記》不愧是中國古代最偉大的歷史著作。

（王克駿）

趙過

中國是一個有悠久歷史的國家，在農業上有很多生產經驗和發明創造。趙過是古代在這方面有卓越貢獻的人物之一。

漢武帝末年，漢武帝任命趙過為搜粟都尉，發展農業。趙過研究和總結了農民的生產經驗，發明了「代田法」，創製了新農具，提高了農業的生產能力。

在這以前，耕作技術是比較落後的。農民們把土翻起後，就往下播種，也不分行列。這是一種原始的耕作方法，容易消耗地力。為了使地力恢復，今年耕種的土地，明年就得停止耕種，休耕一年。貧瘠的土地，甚至得連續休耕兩年或三年。

古時地長一百步、寬一步（一步六尺）為一畝。「代田法」是在這六尺寬的田畝中分為壟、圳（ㄓㄣˋ，田地中間的溝）相間的三壟三圳。壟和圳都寬一尺，圳低壟高，圳比壟深一尺。春天把種子播到圳裡，長苗以後，

除去壟邊雜草，把翻鬆的泥土培蓋在圳中的苗根上。等到夏天，壟土已全平，而苗根埋土已深，可以增加耐風和抗旱的能力。下次耕種，再把原來的壟改為圳，原來的圳改為壟，這樣每年圳壟互相更代，叫做「代田」。用「代田法」，不必把整塊土地完全休耕。由於土地時常翻動，土質鬆軟，對於莊稼的生長也有好處。用「代田法」耕種的田地，都是「用力少而得穀多」，一歲之收，每畝常過普通不用「代田法」的田一斛（ㄏㄨˊ，當時以十斗為一斛）到兩斛以上。

趙過發明的新農具有耦犁和耬車。耦犁用兩頭牛拉兩個犁，後面兩人各扶一犁，前面一人牽引兩牛，共用兩牛三人。用這種耦犁犁田，每年可種田五頃。趙過還做了一種人力犁，無力養牛的農民，可以使用人力犁。使用人力犁，人力多的一天能耕三十畝，人力少的也能耕十三畝；耬車是一種把耕犁和播種器結合在一起的播種工具。耬車的構造是：犁上裝一個耬斗，用以盛穀種，耬斗的兩足外圓中空，直伸到地裡。耕地時，一面破土，一面搖動耬豆，種子就由外圓中空的耬斗足播入土中。這比耕完地再播種快多了。用耬車播種，據說一天能播地一頃。

趙過改進農業生產技術和農具，擴大了耕地面積，增加了作物產量，在農業生產上為人民做出了巨大的貢獻，他的功績是值得紀念的。

（王克駿）

蘇武牧羊

漢朝時候，北方的匈奴常常侵擾邊境。漢武帝時，擊敗了匈奴，北邊才得到安定。西元前 101 年，匈奴且鞮（ㄐㄩ ㄉㄧ）侯單于新立，派使臣

第二編　帝國奠基：秦漢與南北朝

到漢朝修好，為了答禮，漢武帝派蘇武出使匈奴。

蘇武，字子卿，是一個廉潔正直，有膽量、有骨氣的人。他奉武帝之命率領副使張勝、隨員常惠等一百多人出塞到了匈奴。當他把出使的任務完成後，正待回國時，恰巧有漢降將衛律的部下虞常等，想趁單于出去打獵，劫單于的母親歸漢，並殺死衛律。

虞常和張勝是老朋友，他們暗中商量，卻不讓蘇武知道。後來虞常失敗，單于派衛律審辦這件案子。張勝怕受牽連，才把事情告訴蘇武。蘇武說：「事已如此，一定會牽累我，我被侵辱，對不起國家。」遂拔刀自殺，由於常惠等救護，才沒有死。不久，衛律奉單于之命來審問蘇武。蘇武說：「我是漢朝的使者，如果受到審問，就是活著，還有什麼臉回去！」用刀使勁自刺，鮮血直衝出來。衛律大驚，立刻飛馬去找醫生。醫生來時，蘇武已流血過多昏厥過去。醫生救治了半天，蘇武才轉過氣來。

蘇武這種忠於國家的精神，連單于也很欽佩。蘇武的傷好了些，單于要逼他投降，通知他去觀審虞常，並當場把虞常斬首。衛律舉劍對張勝喝道：「投降免死。」張勝跪地求降。衛律又對蘇武說：「副使有罪，你當連坐。」蘇武說：「我不知道他們的密謀，又不是親屬，說什麼連坐！」衛律舉劍砍來，蘇武顏色如常，穩坐不動。衛律停住手，說：「我投降匈奴，蒙單于大恩，封我做王，富貴已極。如今部下幾萬人，牛羊滿山谷。你今天投降，明天就和我一樣，不然，白白喪命，又有誰知道！」蘇武毫不動搖，反而義正詞嚴地把衛律大罵一頓。

單于見他不投降，便把他關在一個大地窖裡，不給他飲食。天下大雪，蘇武困臥窖內，飢寒交迫，渴了飲雪水，餓了吞氈毛，一連好幾天，差一點凍餓而死。單于見威脅、利誘都不成，便把他和常惠等分開，給了他一群公羊，送他到北海邊去牧羊，並且說：「等公羊生了小羊，你再

回去！」北海一帶，當時是無人煙的荒漠，每到冬天，這裡白雪皚皚，四野冰封。蘇武常處於絕糧的威脅中，沒有辦法，只好掘取野鼠洞裡的草籽充飢。

後來單于又派人來勸降，他仍是忠貞不屈。每天，他一面牧羊，一面撫弄著出使時朝廷給他的「漢節」（節是古代使者拿著作為憑證的東西），表示時時刻刻不忘漢朝。時間長了，「漢節」上的毛都脫落了。就這樣，他在這窮荒苦寒的地方，艱難地熬過了十九個年頭。

武帝死後，昭帝繼位，匈奴和漢朝和好，漢朝要求釋放蘇武等人，匈奴詐說蘇武已死。後來漢使又到匈奴，常惠想法子夜見漢使，教他對單于說：「漢天子在花園射雁，雁足上拴有帛書說蘇武現在在北海某處。」漢使照常惠的說法質問單于，單于才允許蘇武回漢朝。

昭帝始元六年（西元前 81 年）春天，蘇武、常惠等九人（同出使的人很多，這時都已死去），回到了久別的首都長安。

蘇武出使的時候，才四十歲左右，正當壯年，等到歷盡艱苦回來時，已經是須髮全白、六十多歲的老人了。

當時的人，都非常尊敬這位大節凜然、一片丹心的英雄；千古以來，他的事蹟被傳為佳話。

（王克駿）

昭君出塞

昭君，姓王名嬙，字昭君，是漢元帝的宮女。

她被選入宮時，由於拒絕賄賂奸臣毛延壽，毛延壽故意塗改她的畫

像，使元帝見了，以為她生得醜陋，把她打入了冷宮。後來元帝發現上了奸臣的當，要捉拿毛延壽。毛延壽逃入外國，慫恿那個國家的君主興兵犯境，指名要昭君和親。昭君在一個蕭瑟的秋天，懷著對故國的深沉依戀，騎著馬，彈著琵琶，唱著哀怨悲憤的歌曲，出了邊塞，迎著朔風，走進了那黃沙無邊的草原……

這樣的王昭君，是詩歌戲曲中的形象，歷史的事實可不完全是這樣。

西漢元帝時代，漢朝國力還很強大。西元前 33 年，匈奴呼韓邪單于表示，希望和漢聯姻，永結親好。元帝將後宮宮女王昭君嫁給呼韓邪單于為妻。昭君到匈奴後，和呼韓邪單于結婚，做了閼氏（一ㄢ ㄓ，即單于的妻子，相當於漢人的皇后），並生了一個兒子。

後來，呼韓邪單于死，大閼氏生的兒子雕陶莫皋立為單于，按照匈奴的風俗，父死娶後母，所以昭君又做了後單于的閼氏，並生了兩個女兒。長女雲娘，在漢平帝時，曾來漢朝拜見太皇太后，太皇太后很高興，賞賜了她很多東西。雲娘和她的丈夫，主張和漢朝友好。後來呼韓邪單于的少子咸做了匈奴的單于，雲娘常勸咸跟漢朝親善。

西元 14 年，雲娘要求會見和親侯王歙（ㄒㄧˋ）。王歙是昭君哥哥的兒子，雲娘的姑表兄弟。這時，西漢劉氏皇朝早已被王莽廢掉，建立起國號叫做「新」的王氏皇朝。王莽答應了雲娘的請求，隨即派王歙和他的弟弟王颯兩人出使匈奴，帶去好多禮物，以表示對咸立為單于的祝賀。

自從呼韓邪單于與漢結親起，以後六十多年間，漢與匈奴沒有戰爭，雙方友好往來，和睦親善，漢北部邊境呈現了「邊城晏（晚）閉，牛馬布野」的和平氣象。昭君出塞的故事，成為漢與匈奴這兩大民族和睦關係中的一段佳話。

昭君死後，匈奴人民為了表達對昭君的崇敬和愛戴之情，在大黑河畔（在今內蒙古自治區呼和浩特市南郊）特地為她修了一座獨立蒼穹、氣象巍然的青塚，這就是傳說中的昭君墓。

兩千年來，昭君美麗、善良、樸實、勤勞的形象，始終活在當地人民的心中。據內蒙古民間傳說，昭君很愛護百姓，曾教給當地婦女紡紗、織布和做衣服的技術，並且傳播了一些有關農業生產的知識……

（王克駿）

王莽

西漢後期，四川、河南、山東一帶連續發生了以申屠聖、鄭躬、樊並、蘇令等為首的農民和鐵官徒（工徒）起義，有的發展到一萬多人，有的經歷了十九個郡國。西漢皇朝的統治出現了嚴重的危機，連一部分統治階級的人物也認為漢朝的命運已經快要完結了。王莽就是在這樣的情況下，憑藉外戚（帝王的母族或妻族）的地位，爬上了皇帝的寶座。

王莽的姑母王政君是漢成帝的生母。自成帝時起，王家有九個人封侯，連王莽在內，共有五個人做過當時最高的軍政長官——大司馬。地方官也有很多是王家的黨羽。

成帝死後，哀帝繼位。哀帝在位六年，重用別的外戚，王家不是很得意。

西元前1年哀帝死，哀帝沒有兒子，王政君就跟王莽合謀，立中山孝王（成帝的弟弟）九歲的兒子做了皇帝，就是漢平帝。這時，王莽做大司馬，取得了朝政的實權，還得到了「安漢公」的封號。王莽用大封官爵的

辦法取得了貴族、官僚們的擁護，又用小恩小惠，如出錢百萬、獻田三十頃分賑受災的貧民等辦法拉攏人心，籠絡地主階級知識分子。他這種做法，曾經在短時間內迷惑了一部分人。據說，前後曾有四十八萬多吏民上書太皇太后，要求重賞王莽。

平帝死後，王莽一方面挑了皇室一個兩歲的嬰兒來做傀儡皇帝，另一方面又利用迷信製造輿論，說武功地方掘井發現一塊白石，上面有「告安漢公莽為皇帝」八個紅字，要王政君下詔許他稱「假皇帝」（假是代理的意思）。三年以後，即西元 8 年，王莽便正式做了皇帝，建立國號叫「新」。

王莽做皇帝後，為了鞏固統治，打著復古的旗幟，進行變法。他下令：將全國土地改稱「王田」，奴婢改稱「私屬」，都不準買賣。一家男子不滿八個占田超過一井（九百畝）的，應將多餘的田地分給本族或鄰居的無田人。原來沒有田的人，按男口每口給田一百畝。凡是指摘這套辦法和散播反對言論的人，都被放逐到邊遠地區。

王莽又實行五均六筦（ㄍㄨㄢˇ）。在長安城東西市設市令，在洛陽、邯鄲、臨淄、宛、成都五大城市設司市師，各郡縣設司市，負責管理市場、物價、收稅和對貧民賒貸，叫做「五均賒貸」。又實行官賣鹽、酒、鐵器，由政府統一鑄錢，收名山大澤的生產稅，加上五均賒貸，叫做「六筦」。

王莽曾多次實行幣制改革，如下令廢除行用已久的漢五銖錢，造金、銀、龜（龜甲）、貝（貝殼）、錢、布（銅製）六類共二十八種名目的貨幣。嚴禁私鑄錢幣，私鑄者連鄰近五家都算犯罪，人口罰為官奴婢。私用五銖錢的，有罪。

但是王莽要占有田地多的人分餘田給貧農的命令在豪門地主的抵制

下，一開始就無法實行。他企圖停止田宅、奴隸的買賣，這在階級社會也是行不通的幻想。執行五均六筦政策的各級官吏，本身都是大商人、地主，這些政策不但沒有帶給人民好處，反而增加了人民的負擔。例如，市場管理規定：市官根據物價行情，定出本市每季貨物的平價，五穀、布、帛等貨源多時，政府按賣方成本收貨；市價高過平價，政府將存貨按平價賣出；市價低於平價，聽人們自行交易。這從表面上看，似乎能有平抑物價的作用，可是實際上不然。

由於規定市場平價的大權都掌握在那些官僚、地主們之手，他們趁機收賤賣貴，從中取利，以致老百姓並不能得到真正的好處。工商業稅按純利額十分取一，這對大工商業不算重，然而對小工商業卻很不輕，並且如捕魚、捕鳥、養家畜、養蠶紡織、縫補都要收稅，非常繁苛瑣細，人民當然更受不了。

官賣鹽、酒、鐵器，無異是一種對重要產品的壟斷。幣制改革更是赤裸裸的掠奪，因為這使很多持有五銖錢的小農和小生產者受到了嚴重損失，甚而破產。只有賒貸予民（百錢月收三錢）一事，倒是可以打擊高利貸者，多少還對民有利，可是，假若過期還不出來，人民仍然要受貪暴官吏的迫害。

王莽的變法，在各方面的反對下，「王田」、「私屬」制只實行了三年多，變法的主要部分就不得不宣告破產。五均六筦堅持得久一些，但最後也不得不下令廢除。

在這期間，王莽不甘心變法的失敗，還挑動對外戰爭來向國內人民示威。這便加速了綠林、赤眉農民大起義的爆發。西元 23 年，長安市民響應起義軍，攻入宮中殺死王莽。

（陳繼珉）

第二編　帝國奠基：秦漢與南北朝

綠林赤眉

　　王莽改制失敗，人民生活更加痛苦。加以水災、旱災、蝗災接二連三地出現，農民們實在活不下去，除了自己起來推翻暴政，再沒有別的出路。

　　西元 17 年，湖北西部一帶大旱，飢餓的農民們在新市（今湖北京山）人王匡、王鳳的領導下發動起義。王匡、王鳳起義後，聞風前來投奔的人很多，幾個月光景，起義軍就壯大到七、八千人。他們駐紮在綠林山（今湖北當陽市）上，人們把他們稱為「綠林軍」。

　　西元 21 年，王莽的荊州牧（官名）率兵兩萬人前來攻打綠林軍，結果被打得大敗而逃。綠林軍乘勝攻下了幾個縣城，把隊伍擴充到了五萬多人。

　　第二年春天，綠林山裡發生了瘟疫，農民軍病死的很多。他們決定分散活動，由王常、成丹領一支人馬，攻占南郡，號稱「下江兵」。由王匡、王鳳領一支人馬開往南陽，號稱「新市兵」。不久，平林（今湖北隨州東北）人陳牧、廖湛等人，也聚合一千多人起來響應，這支人馬被叫做「平林兵」（後與新市兵合）。

　　西元 18 年，琅琊（郡名，今山東東南部）人樊崇在山東莒（ㄐㄩˇ）縣起義，帶領數百人占領了泰山。不到一年，他的部眾就發展到一萬多人。接著，逢（ㄆㄤˊ）安、謝祿等人都領起義隊伍前來投奔。於是，他們以泰山為中心，在山東一帶展開活動。

　　西元 22 年，王莽派太師王匡（與綠林軍首領王匡同姓名）、更始將軍廉丹率十萬大軍前來鎮壓。樊崇率領農民軍迎戰，為了在戰鬥中便於與敵軍區別，大夥都把眉毛塗成紅色，作為起義軍的記號。從此，「赤眉軍」

的名號便傳開了。在這次大戰中，赤眉軍個個奮勇當先，把官兵打得大敗，王匡溜走，廉丹戰死。赤眉軍戰勝後，人數大增，勢力迅速發展到黃河中游一帶。

正當農民起義軍轟轟烈烈發展的時候，許多地主階級分子也趁機而起，如南陽的漢朝皇族劉縯、劉秀兄弟，便在此時混入了綠林軍。

西元 23 年，綠林軍已發展到十多萬人，各路聯軍共同推舉漢朝皇族劉玄為帝，號稱「更始皇帝」。農民軍節節勝利，使王莽政權面臨著崩潰的危機。王莽派遣王尋、王邑帶著四十二萬大軍，圍攻昆陽（今河南葉縣），準備與農民軍決戰。綠林軍奮勇抵抗，大敗王莽軍，王尋戰死，王邑逃走。昆陽大戰後，綠林軍便兵分兩路進攻長安，終於推翻了王莽政權。

但是劉玄進入長安以後，就完全背叛了農民軍。

赤眉軍樊崇等人與劉玄分裂，繼續組織力量進行抗爭，短期內起義力量又發展到了三十萬人。西元 25 年，樊崇等立了一個十五歲的放牛娃劉盆子為帝，接著再度攻入長安，迫使劉玄投降。但這時，關中豪強地主隱藏糧食，組織反動武裝，進行頑抗。第二年，赤眉軍由於糧草斷絕，無法在長安堅持，只得回師東歸。

劉玄以前在洛陽時，曾派劉秀到河北活動。劉秀勢力逐漸壯大，西元 25 年公開背叛農民軍，在河北稱帝。赤眉軍與劉玄在關中鬥爭時，劉秀趁機南下渡過黃河，占領了洛陽。當赤眉軍東歸的時候，劉秀預先在河南西部山區埋伏大軍，偷襲赤眉軍。赤眉軍雖然拚全力抵禦，無奈寡不敵眾，加上長途跋涉，精疲力盡，最後戰敗。

劉秀建立的政權，因都城在洛陽，故歷史上稱為東漢或後漢。劉秀就是後世所稱的漢光武皇帝。

第二編　帝國奠基：秦漢與南北朝

堅持了十年鬥爭的綠林、赤眉起義軍的勝利果實雖然被劉秀所取，但西漢末年和王莽時代的暴君惡政畢竟被農民軍推翻。劉秀建立的東漢政權震懾於農民軍的威力，為了鞏固統治，不得不吸取教訓，採取一些減輕租賦徭役之類的措施。因此，東漢初年人民的生活相對地有了一定的改善，社會生產也有了一定的恢復和發展。

（黎虎）

黨錮之禍

「黨錮之禍」是東漢統治階級內部的一次政治鬥爭。

東漢中期以後，外戚和宦官相繼把持政權。從和帝開始到桓帝中期，是外戚把持政權的時期。後來桓帝聯合宦官單超等誅滅外戚梁冀，政權又落在宦官手裡。在桓帝、靈帝時期，宦官執政前後達三十年，他們獨攬朝政，殘虐百姓，橫行地方，把東漢的政治推到了黑暗、腐敗的頂點。

官僚們痛恨宦官把持政權，影響了他們的權位；中小地主出身的知識分子也痛恨宦官，阻塞了他們做官的道路。尤其使他們恐懼的是，宦官殘暴黑暗的統治會加深社會的動盪不安，這將會導致整個政權的覆亡，為了本身的利祿，也為了挽救階級統治的危亡，他們要求在政治上進行改革，反對宦官的黑暗統治。

世家豪族李膺、陳蕃等人和太學生（太學是當時的最高學府）郭泰、賈彪等人聯合起來，向宦官集團展開猛烈的抨擊。他們一方面品評人物，相互吹捧以增強聲勢；另一方面批評朝政，打擊宦官及其親屬、賓客等為非作歹的行為。這樣就自然引起了宦官們的仇視。宦官誣告他們結為朋

黨，並以「圖謀不軌」的罪名將他們逮捕下獄，或禁錮終身不許做官，有的甚或處死。這就是歷史上所說的「黨錮之禍」。

東漢的「黨錮之禍」共發生了兩次。第一次是在桓帝延熹九年（西元166年）。宦官黨羽張成的兒子殺人，被司隸校尉（官名，負責糾察京師百官及所轄附近各郡官吏）李膺所捕殺。宦官們便誣告李膺等人交結太學生共為朋黨，誹謗朝廷、敗壞風俗。桓帝下令逮捕李膺、陳寔（ㄕˊ，同「實」）等二百多人入獄。後李膺等人雖因尚書霍諝（ㄒㄩˇ）和外戚竇武的力爭，被赦歸鄉里，但卻遭到禁錮終身不許做官的處罰。

第二次「黨錮」之爭，發生在靈帝建寧二年（西元169年）。宦官侯覽依仗權勢侵奪百姓田宅、強搶民女，為山陽督郵（代表郡太守督察縣、鄉，宣達教令，兼管訟獄捕亡等事之官）張儉上書告發，並就地將其資財沒收。侯覽大怒，指使黨羽誣告張儉與同郡二十四人結為朋黨，圖謀不軌。朝廷大捕黨人，連同過去的黨人李膺、杜密、范滂等一併受到牽連。結果，一百多人死在獄中，被殺的、流徙的、囚禁的共達六、七百人，凡是「黨人」的門生、故吏、父子、兄弟以及五服以內的親屬，都免官禁錮。這次黨錮範圍很廣，時間也很長，直到中平元年（西元184年）黃巾起義，靈帝怕他們與黃巾聯合，才赦放黨人，「黨錮之禍」才宣告結束。

「黨錮之禍」雖是東漢統治階級內部的鬥爭，但在宦官黑暗、腐敗的統治下，官僚和太學生能揭露、打擊他們的罪惡和暴行，有些人如范滂等，被逮捕後表現出與惡勢力抗爭的不屈精神，也給予人們鼓舞。不過，等到黃巾起義以後，在面對著共同的敵人——起義的人民這一前提下，統治階級內部的衝突便得到緩和，互相妥協了，有些黨人便直接參加了鎮壓農民起義的活動，成為屠殺農民的劊子手。

東漢時期，政權為什麼常把持在外戚和宦官手裡呢？原來東漢的皇帝從和帝起，都是幼年繼位，由母后臨朝輔政，母后照例依靠自己的父兄——外戚，幫助處理政事。外戚既然控制著中央政府，便大批派遣自己的子弟、親戚和賓客到各地做官，發展自己的政治勢力。等到皇帝長大了，要親自執政時，便與外戚的權力發生了衝突，這時，朝臣上下多是外戚的親信或依附外戚的人，皇帝可以依靠的人便只有身旁的宦官。這些宦官在消滅外戚勢力的過程中，立了功，控制了中央政府，也同樣要派遣自己的親戚和親信到各地做官，來發展自己的政治勢力。東漢的皇帝又大多短命而死，母后和外戚就利用這個機會，選立幼小的皇子繼位，藉此把政權掌握到自己手裡。這樣，爭鬥便反覆地循環下去，形成了外戚和宦官相繼把持政權的局面。

（李書蘭）

佛教、道教

佛教傳入中國的具體時間，到現在還有所爭論。但可以肯定的是，一定是在漢武帝以後。一般認為約在西漢末期。關於周時或秦始皇時中國人就已經知道有佛教的後代記載，是不可靠的。

漢武帝時，漢朝的使者張騫到過大夏國（今阿富汗北部）。張騫在大夏時，曾聽說大夏西南有個身毒（是當時中國人民對印度和巴基斯坦一帶的稱呼）國，並看到中國巴蜀地區出產的物品由身毒轉銷到大夏。當時，佛教已在身毒盛行，大夏和身毒國又是緊鄰，張騫也就很有可能聽說過佛教。只是《史記》、《漢書》都沒有記載而已。

到東漢初年，中國已經有人信仰佛教，而且已見諸正史記載。東漢第一個皇帝劉秀，他的兒子劉英，被封為楚王，都彭城（今江蘇徐州）。楚王英就崇信佛教，他有供養「浮屠」（佛）的「仁祠」，而且還供養著「伊蒲塞」（佛教信徒）和「桑門」（沙門、和尚）。

東漢以後，佛教就在中國傳開。

道教創立於東漢中期。相傳，順帝時，琅琊人宮崇，曾把他的老師于吉傳給他的所謂神書——《太平清領書》一百七十卷獻給皇帝。順帝因為他的書「妖妄不經」，沒有接受。

這部《太平清領書》就是道教最早的經典，于吉大約就是第一個集結道教經典，開始傳布道教的人。

佛教是從外國傳來的，道教是在中國本土土生土長的。作為宗教組織，道教雖然在東漢中期才創立，但它的教義卻繼承了先秦陰陽五行、巫覡（ㄒㄧˊ，指男巫）雜語、方術之士的一套理論。道教正是雜合這些東西，又模彷佛教的組織形式而創立起來的。

佛教、道教兩種宗教在中國歷史上都有很大的影響。佛教講輪迴、行善積來世；道教講煉丹、修仙、長生不老，都是把解脫痛苦的希望寄託於來世天堂，主張脫離現實。這正符合統治者的利益，歷代統治者都大力提倡佛教、道教，將之作為麻痺人民的工具。

南北朝和隋唐是佛教鼎盛的時代。北朝時期，佛廟有兩、三萬所，和尚多到兩、三百萬。南朝梁武帝信佛，定佛教為國教。他本人曾三次捨身到佛廟去做寺奴。僅建康一地，就有佛廟五百多所、和尚十萬多人。當時人說佛教僧眾和佛廟裡所占有的勞動力之多，使「天下戶口，幾亡其半」。佛廟都很富有，占有大量土地和金銀財貨，好多佛廟都放高利貸、開質店

第二編　帝國奠基：秦漢與南北朝

（當鋪），與世俗地主豪強一樣盤剝人民。道教雖然沒有佛教盛行，性質則是一樣，有道觀、道士，也擁有土地、財產。

統治者利用宗教，人民也利用宗教。統治者為了提倡宗教，曾給佛教、道教一些特權，如和尚、道士可以免除租稅徭役。因此，人民就藉此逃到寺觀當和尚、道士，以逃避租稅。人民還利用宗教作為起義的組織工具，如東漢末年的黃巾起義，就是利用道教進行祕密組織活動的。南北朝以及後世，不少農民起義，也都利用佛教、道教來組織活動，北朝的大乘教起義、彌勒佛起義，元代的白蓮教起義等，就是歷史上著名的例子。

（何茲全）

《論衡》

《論衡》是東漢初年人王充寫的一部傑出的哲學著作。

王充是中國古代的思想家。他生活的東漢前期，「讖緯」非常流行。「讖」是預卜吉凶的宗教預言，「緯」則是用宗教預言的觀點來解釋儒家經典的書。讖緯的內容多是牽強附會的一些神學迷信，讖緯家專門宣傳所謂「天人感應」一套學說，用天象來比附人事，好直接為統治者服務。這種妖妄的迷信圖讖在西漢末年，已經有所發展。到了東漢，統治者更是大加提倡，好藉此來提高皇帝的權威。由是，讖緯之說一度成為兩漢封建統治思想的政治工具。

所謂《論衡》，意思就是說，他闡述的道理都是很公平的。

《論衡》，總計八十五篇，共二十多萬字。在這部書中，王充針對當時流行的官方思想，提出了許多精闢的見解。他首先否定了天的神祕性，認

為世界萬事、萬物都是自然存在的,並不是由於天意的創造。他指出天沒有口目(感官),也就不可能有什麼嗜欲感覺,更不可能會有什麼意識活動。這樣就把所謂天能安排世界上一切事物的迷信徹底揭穿。

在《論衡》裡,王充根據當時科學認知的程度,對當時社會流行的神仙、鬼怪、迷信也進行了嚴厲的批判。王充說,人是物,即使貴為王侯,本性跟物也沒有差異。既然物沒有不死滅的,那麼人怎麼就能夠成神、成仙長生不死呢?物死了不為鬼,人死了為什麼會獨能為鬼?人死了,精氣消滅,血脈枯竭,形體腐朽,成為灰土,哪裡來的鬼呢?他還拿睡著了的人舉例,來駁斥那種「人死為鬼,有知,能害人」的謬說。他說:睡著了的人儘管軀體精神都在,但由於暫時沒有知覺,自然也就不能害人。死人的精神形體都滅亡了,又怎麼能夠為害於人呢?可見「人死不為鬼,無知,不能害人」,道理原是很明顯的。像這種無鬼的理論和神滅的思想,能在當時那種迷信濃厚的情況下提出來,的確很了不起。

此外,在《論衡》裡,有〈書虛〉、〈儒增〉、〈問孔〉、〈刺孟〉等篇。〈書虛〉和〈儒增〉明白地指出,包括經、傳、緯書在內的許多書籍,有很多記載不符事實。〈問孔〉篇認為孔子的話多前後矛盾。〈刺孟〉篇指責孟子的行為前後不同、始終不一,對於孟子所說的「五百年必有王者興」的話,還特別依據古史加以駁斥。像這種對封建統治者捧為「聖賢」的孔孟的大膽懷疑與批判,在封建社會是很難得的,是需要極大勇氣的。

總之,從王充的哲學觀點到政治觀點,都可以看出,他不愧是一個進步的思想家。當然也應該指出,限於當時的歷史條件和自然科學水準,王充對事物的認知也還有其局限性。例如雷電擊毀人物,俗說是天神取龍。他固然一方面指出了俗說的虛妄,可是另一方面卻對於龍的存在一點也不懷疑。對社會歷史現象的認知,他認為,人事的貴賤福禍、國家的治亂安

危,都受「時命」的支配,人力不能變動。顯然,這種看法仍舊是一種落後的命定論觀點。

王充出身「細族孤門」,是一個沒有社會地位的平民。他青年時在洛陽太學讀書,買不起書,只好常到書鋪裡去看。後來他雖然也做過幾任小官,可是直到晚年,生活仍然十分貧困,但他始終「居貧苦而志不倦」。他花了三十多年的工夫,才完成《論衡》這部鉅著。

(陳繼珉)

班昭

班昭是中國古代第一位女歷史學家。她是扶風安陵(今陝西咸陽)人,大約生於東漢光武帝建武年間至安帝永寧年間,活了七十餘歲。

班昭在史學上的主要貢獻,是整理並最後寫成《漢書》。她的父親班彪是當時很有名的學者,曾經發願繼續司馬遷的《史記》,作《史記後傳》六十五篇,寫成西漢一代的歷史(司馬遷的《史記》只寫到漢初),沒有完成便死去了。

她的哥哥班固繼承父親的事業,根據父親所累積的資料,經過整理和補充,寫成了一部上起漢高祖、下迄王莽共二百三十年的西漢歷史,這就是中國第一部紀傳體的斷代史──《漢書》。但是,其中的「八表」和「天文志」還沒有完成,班固也逝世了。班固死後,繼續完成《漢書》的任務便落到班昭的肩上。

當時,《漢書》雖然已經初具規模,可是還有一些散亂的篇章。漢和帝便命班昭到當時的皇家藏書處「東觀藏書閣」繼續完成班固未竟的工

作。她在這裡進行了「八表」和「天文志」的寫作,並整理校對了父兄的初稿,後來馬續也協助班昭撰述「天文志」。《漢書》至此才算大功告成。

《漢書》初出時,一般人不易通曉,東漢政府便選拔馬融等十人,在東觀藏書閣中,跟從班昭學習《漢書》。漢和帝還命皇后和妃嬪們拜班昭為師,向她學習儒家經典,乃至天文算術。因此,大家都尊稱她為「曹大家」。

班昭除了編撰《漢書》以外,還寫了不少文章和辭賦,大都失傳。現在傳世的,尚有《女誡》七篇及〈東征賦〉等。

(黎虎)

張衡、張機

張衡是南陽郡西鄂縣(今河南省南陽市城北)人,生於東漢章帝建初三年(西元 78 年),卒於順帝永和四年(西元 139 年),是中國古代的科學家。他好學深思,肯於刻苦鑽研。他的好友崔瑗說他研究學問的態度就像大江裡的水一樣,日夜奔流,片刻不停。他有廣博的學識和多方面的才能,對文學、哲學、地理、機械製造等都有研究,特別精通天文、曆算。

中國很早就重視天文學的研究。東漢時期,天文學主要有「蓋天說」和「渾天說」兩派。蓋天說認為天圓地方,天在上,像傘蓋,地在下,像棋盤,是一種舊的傳統說法;渾天說認為天地都是圓的,像一個雞蛋,天在外,像雞蛋殼,地在內,像雞蛋黃。這種說法在當時比較進步。

張衡經過精密的研究和對天象的實際觀測,繼承並發展了渾天學說,寫成了他的重要的天文學理論著作——《靈憲》。在這部著作裡,他指出日有光,月亮自身不會發光,月光是由日光照射而來的;月亮向著太陽

時，我們在地球上就能看見圓圓的明月，背著太陽時則看不見。他還推測出月食是由於地體遮蔽的緣故。這些都是十分卓越的見解。他約計天空中的星體，常明的有一百二十四個，有定名的三百二十個，連同所有可見的星體共有兩千五百個，海外看見的星體沒有計算在內。他繪製了一部星圖叫〈靈憲圖〉。據現在天文學家統計，肉眼能看見的六等星總數六千多顆，在同一地方同一時間所看到的星數，也不過兩千五百顆到三千顆。

張衡發明了很多重要的天文儀器。他根據渾天學說的理論創製了渾天儀。渾天儀用銅鑄成，內外分作幾層圓圈，各層銅圈上分別刻著赤道、黃道、南北極、日、月、五星、二十八星宿及其他星體，用漏壺滴水的力量使它按著一定的時刻慢慢地轉動，人們就可以從渾天儀上看到星體的出沒，與實際天象十分符合。張衡這項發明，經過唐、宋科學家們的發展，就成為世界上最早的天文鐘。

張衡又創製了地動儀，這是世界上第一部測定地震的儀器。它也是用銅鑄成，圓徑八尺，頂上有凸起的蓋子，像個大酒樽；內部有個銅柱，叫做「都柱」，連著八個方向的機械，外面有八個龍頭，按東、南、西、北、東北、東南、西北、西南八個方向排列著。每個龍嘴裡銜著一枚銅球，下面蹲著一個銅製蛤蟆，向上張著嘴巴。哪個方向發生地震，那個方向的龍嘴就吐出銅球，落在蛤蟆嘴裡，發出清脆的聲音，看守儀器的人就能知道地震的日期和方向，把它記錄下來。這架儀器測定很準確，有一次，西方龍嘴裡的銅球忽然落了下來，而洛陽的人並未感到地動，可是沒過幾天，甘肅來人報告，說那裡發生了地震。這架精巧的儀器是西元 132 年發明的，比歐洲創造的地震儀要早一千七百多年。

張衡除精通天文外，對曆算學也有很深的研究。他製造了一部類似活動日曆的機器，叫做「瑞輪蓂（ㄇ一ㄥˊ）莢」，用它可以表示出每月從月

初到月終的日數，既能知道日期，又能知道月相，很是方便。在數學方面，他著有《算罔論》，對圓周率也有研究，可惜已失傳，只能從後代數學著作中知其一二。在木製機械方面，他的製作有「三輪自轉」和「木雕獨飛」。其中，「三輪自轉」是有關指南車和記里鼓車的主要機械；「木雕獨飛」是一種利用機械發動能夠飛翔的木鳥，相傳能飛數里。

張衡對中國以及世界科學的發展，有著重大的貢獻。

張機，字仲景，南陽郡涅陽縣（今河南省南陽市）人，約生於東漢桓帝和平元年（西元150年），卒於獻帝建安二十四年（西元219年）左右。他是中國古代一位卓越的醫學家。

東漢末年，戰爭頻繁，疫病流行，人民死亡的很多。張機的家族原有兩百多人，不到十年時間，死了三分之二，其中因患傷寒而死的占十分之七。他同情人民的疾苦，精心研究醫學，整理和總結前代醫學的理論和經驗，廣泛收集民間的藥方，結合自己的臨床經驗，寫成了他的醫學鉅著《傷寒雜病論》十六卷。後來，流傳下來的只有《傷寒論》和《金匱要略》兩書。傷寒在當時是一切熱性病的總稱，《傷寒論》幾乎是一切傳染病的概論，內容包括病理、診斷、治療、用藥等方面。《金匱要略》是治療雜病的專書，包括內科、外科、婦產科等方面的病理和藥方。

張仲景在病理方面，根據對病人病情的分析，透過望色、聞聲、問症、切脈的診斷過程，找出病源；在治療方面，提出發汗、催吐、下瀉、解病毒四種方法以及「寒病熱治」和「熱病寒治」兩大原則。他是一位有豐富理論和實際經驗的多能的醫師。他能兼用針灸術、灌腸法等技術治病，又能使用人工呼吸法急救昏厥。在醫學觀點上，他主張疾病要早期預防，提出只要保養身體、飲食有節、勞逸適當，就可以保持身體健康、預防疾病。

第二編　帝國奠基：秦漢與南北朝

張仲景的醫學，奠定了中醫治療學的基礎。他的著作至今仍被視為中醫的可貴財富，有些藥方在今天仍有實用價值，有著顯著療效。他對中國醫學的發展有著重大貢獻和深遠影響。

（李書蘭）

扁鵲復生、華佗再世

在許多醫院裡，我們常常可以看到「扁鵲復生」、「華佗再世」的匾額，這些匾額大都是曾經患過重病，而後被治好的病人贈送的。他們以「扁鵲復生」、「華佗再世」來讚揚大夫的高明醫術，表達自己的由衷謝意。

扁鵲是戰國時期齊國人，姓秦，名越人。扁鵲是他在趙國行醫時的綽號。他是個民間醫生，長於內科、婦科、小兒科、耳目科等。他的醫術很高明，治好過許多患重病的人。相傳虢（ㄍㄨㄛˊ）國的太子患了重病，四肢冰冷，人事不省，失去知覺已經半天。許多人都認為太子已死，只等著殯殮了。適巧扁鵲由這裡經過，他診治後斷定太子並未死去，而是患了「屍厥症」。他立即先以針法急救，使病人恢復知覺，再以熨法溫暖病人身體，然後又用湯藥調養，經過二十多天，終於使太子恢復了健康。因此，當時的人都稱讚扁鵲能「起死回生」。

他治病除了切脈之外，還用望色、聽聲和觀形等方法診斷病症。據說，有一回他到了齊國都城，齊桓侯接待了他。當他第一次朝見齊桓侯的時候，就發現桓侯有病在「腠理（指皮膚之間）」。他勸桓侯早點醫治，桓侯不信。過了幾天，他又見到桓侯，發現桓侯的病已到血脈，桓侯仍然說：「我沒病。」又過了幾天，他再見到桓侯時，桓侯的病已到了腸胃，但

扁鵲復生、華佗再世

桓侯還是認為自己沒病，不肯治療。又過了幾天，扁鵲發現桓侯的病已深入骨髓，不可救治，他便離開了齊國。扁鵲走後，桓侯的病果然發作，不久就死了。

扁鵲以他高超的醫術和對待病人負責的精神，為人們所仰慕，也為後來醫家所崇敬。他是中國古代最有聲望的名醫之一，人們把他說成是中國的「醫聖」。

華佗是東漢末年沛國譙縣（今安徽亳州市）人。他勤奮好學，學識非常淵博，既通儒家的經術，又酷好醫學，精通內科、外科、婦產科、小兒科和針灸科等，尤擅長外科手術。

華佗是個不貪圖功名利祿的人。他兩次拒絕漢朝地方官吏要他做官的舉薦，只肯做一個普通的民間醫生。他走遍了今江蘇、山東、河南、安徽的部分地區，最後，他因不願做曹操的侍醫而被曹操殺死。

華佗的醫學知識和臨床經驗都很豐富，經他治好的病人很多。例如，廣陵太守陳登得病，胸中煩悶，面色發赤，食慾不振。華佗為他診脈後，斷定他肚裡有蟲，替他配了些湯藥，喝下去後便吐出許多蟲來。

再如，有位李將軍的妻子病得很重，請華佗診脈。華佗說：「這是由於傷身而胎未去的緣故。」將軍說：「的確曾經傷身，但是胎已去了。」華佗說：「以脈來看，胎並沒去。」將軍卻不相信。過了一百天左右，病人的病勢更重了，再請華佗診視，他說：「脈如從前，可能因為是雙胎，生第一個孩子時失血過多，以致影響第二個孩子生不下來。現在胎兒已死，只好用針灸與湯藥催死胎快點下來。」將軍的妻子在針灸和服藥後，肚子痛得厲害。華佗說這是死胎久枯，不能自出，可找一個人把它取出來。那人按照華佗所說的方法，果然取出了一個死胎。

第二編　帝國奠基：秦漢與南北朝

　　華佗不僅善於採用診脈的方法治療疾病，而且善於透過對病人的面容形色、病狀的觀察，判斷病人患的是什麼病，並能推知以後的發展情況。有一次他在鹽瀆（今江蘇鹽城）一家酒店裡看見幾個飲酒的人，他仔細地觀察了其中一位名叫嚴昕的男子，然後問道：「你身體好嗎？」嚴昕回答說：「和平常一樣。」華佗對他說：「從你臉上可看出你有急病，最好不要多飲酒，快回家去。」果然嚴昕在回家的路上頭暈，從車上跌下，到家不久就死了。

　　華佗除了在內科診斷和治療方面有很大成就外，他對醫學的更大貢獻是在外科手術方面。他發明用全身麻醉的方法進行外科手術，是中國也是世界上第一個使用全身麻醉的醫生。華佗為了消除和減輕人們在進行外科手術時所感到的劇烈疼痛，發明了一種名叫「麻沸散」的麻醉劑，動手術之前，叫病人用酒沖服，等病人失去知覺，然後開腹治療，若是腫瘤就割去腫瘤，若是病在腸胃，就斷腸湔（ㄐㄧㄢ）洗，最後再縫合傷口，在傷口上敷上藥膏，四、五天後開刀處即可癒合，一個月左右病人就可和健康人一樣了。

　　由於華佗的醫道高明、技巧純熟，以至於後來的人常常把當時一些名人的治病事例和他的名字連繫在一起。比如《三國演義》中的「關雲長刮骨療毒」的故事，便是這樣附會出來的。

　　華佗也很重視積極鍛鍊身體、預防疾病。他創造了一種新的運動方法，名叫「五禽之戲」，模仿虎、鹿、熊、猿和鳥類五種動物的動作姿態，來鍛鍊人的身體各部。

（李秋媛）

黃巾起義

東漢劉秀（光武帝）建國不久，皇親國戚和開國功臣就在河南一帶大量侵占民間土地。中期以後，外戚、宦官相繼當權，侵奪土地更加猖狂，如章帝時的外戚竇憲，倚仗權勢，霸占土地，甚至以低價強奪沁水公主的園田。後來被章帝發覺，責罵他說：「公主的土地你都敢強占，何況百姓！」

桓帝時的宦官侯覽，前後奪人住宅三百八十一所、田地一百一十八頃。除外戚、宦官外，一般商人、地主也大量兼併土地。東漢後期，社會危機更加嚴重：貴族、官僚、商人、地主日益加劇土地的兼併，農民大批破產、流亡，或依附豪族做佃客，或賣身為奴，離鄉背井、流散道路的人，觸目皆是。

政治的黑暗和腐敗，是東漢中期以來加深人民痛苦的一個很重要的原因。不管是外戚當政，還是宦官當權，百姓都受盡欺凌和迫害。桓帝時，外戚梁冀獨攬朝政，他的親戚布滿州郡，爪牙橫行地方。為了搜刮錢財，他把地方上的富戶關入獄中拷打，敲詐勒索，出錢多的可以贖身，給錢少的或被殺死，或被流放遠地；數千百姓被迫為他做奴做婢，受盡剝削壓迫，苦不堪言。梁冀死後，朝廷沒收他的家產，資財達三十多億，相當於政府全年稅收的一半。

宦官執政也是同樣凶殘。單超、左悺、具瑗、徐璜、唐衡因謀誅梁冀有功，五人同日封侯，世號為「五侯」。單超死後，四侯勢力更盛，到處欺壓百姓，胡作非為，當時人劉陶上書指責宦官的殘暴，認為他們與虎狼沒有什麼差別。

第二編　帝國奠基：秦漢與南北朝

　　再加上東漢不斷和羌族統治者發生戰爭，耗費幾百億錢財，負擔也都落在百姓身上。人民不堪這種慘重的經濟剝削和黑暗的政治壓迫，紛紛起來反抗。從安帝時開始，各地大小規模不等的起義，就已陸續爆發，而且此起彼伏，散而復聚。「髮如韭，剪復生；頭如雞，割復鳴；吏不必畏，小民從來不可輕。」這支表現人民堅強不屈的民謠在到處流傳。全國在醞釀著一次更大規模的革命風暴。靈帝時，修建宮殿，加重賦斂，賣官賣爵，吏治更加敗壞，剝削更加殘酷，人民實在忍無可忍，終於，在中平元年（西元184年），波瀾壯闊的黃巾大起義爆發了。

　　起義軍以黃巾包頭，稱為「黃巾軍」。他們在張角、張寶兄弟的領導下，焚燒官府，捕殺貪官汙吏，打擊地主豪強，聲勢浩大，革命的火焰迅速燃遍了廣大地區。後來，雖然起義各部都被東漢政府和地方豪強的聯合武裝鎮壓下去，然而東漢的統治經過這次暴風式的革命力量的打擊，也到了奄奄一息的地步。

　　黃巾起義是中國歷史上第一次利用宗教組織的農民大起義。起義軍利用太平道教作為組織起義的工具，並且提出了要求政治平等、財富平均的「太平」理想。

　　起義失敗後，道教向兩極分化：一部分上升變為封建統治階級麻痺人民、維護其統治秩序的有力工具；另一部分則仍舊與農民相結合，成為組織農民暴動、宣傳革命思想的武器。太平道的革命思想，成為後代農民起義「等貴賤，均貧富」思想的淵源。

（李書蘭）

赤壁鏖兵

東漢末年，各處地方官吏和豪門大族在絞殺農民起義的過程中，造就了自己龐大的軍事勢力，各霸一方，互相攻伐，在西元3世紀初期形成了封建割據的混戰局面。在這些割據一方的勢力中，力量比較強大的，在北方，有河北（黃河以北）的袁紹和河南（黃河以南）的曹操；在長江流域，有江東（長江下游一帶）的孫權、荊州（今湖北、湖南）的劉表和益州（今四川、雲南、貴州）的劉璋。

漢獻帝建安五年（西元200年），曹操在官渡（今河南中牟縣東北）打敗了袁紹，統一了北方。建安十三年（西元208年）秋天，他又率軍南下，打算統一全國。

這時，占據荊州的劉表剛剛死去，他的次子劉琮繼位，在曹操大軍的威懾下，投降了曹操。原來投靠劉表的劉備，則與劉表的長子劉琦一道，率領大約兩萬的兵力，退守夏口（今湖北武漢）。

曹操率領著號稱八十萬的大軍（實際只有二十多萬），自江陵（今湖北江陵）沿江東下，直逼夏口。劉備的情況十分危急，他派了諸葛亮到江東去聯合孫權，共同抗曹。

孫權和劉表原來也有衝突，只是這時見到曹操勢盛，如果荊州真為曹兵占據，江東也就很難保全，鑒於這種形勢，他同意了諸葛亮的意見，答應派大將周瑜、程普等人率軍三萬與劉備聯合，共同抵抗曹兵。

曹操的大軍自江陵順流而下，舳艫（指船）千里，旌旗蔽空，聲勢十分浩大。曹操自以為在軍事上占絕對優勢，打敗劉備乃至孫權，是不成問題的。官渡之戰的勝利、劉琮的乞降，使得他變得驕傲起來。他不再能冷

靜地考慮雙方的有利和不利條件。

事實上，這時曹操的軍隊雖有二十多萬，可是其中就有七、八萬人（主要是水軍，是作戰的主力）是剛剛投降過來，尚懷疑懼的荊州水兵，而從北方來的兵士由於遠來疲敝、不服水土，生病的很多。再加上劉琮初降，荊州民心未定，後方很不穩固。所以儘管曹操善於用兵，也並沒有全勝的把握。

曹操的軍隊和孫、劉聯軍在赤壁（今湖北嘉魚縣東北）相遇。曹操鑒於北方軍隊不慣水戰，下令用鐵索把戰艦連鎖在一起，以便兵士在船上行走，這就給了孫、劉聯軍採用火攻的機會。

一天夜裡，東南風大起，周瑜的部將黃蓋假稱投降曹操，帶了一艘艨艟（ㄇㄥˊ ㄔㄨㄥˊ，古代的一種戰船）鬥艦，裡面滿載著灌了油的柴草，順著風勢直向曹營駛去。在離曹營不遠處，船上一齊燃起火來，迅疾地向曹操的水軍船艦衝去，火烈風猛，霎時間，曹軍船艦就被延燒起來。那些船艦因有鐵索連鎖，倉促間無法拆開，一時烈焰沖天，曹操的水寨化成了火海。一會兒工夫，曹操的岸上營寨，也被延燒著了。

曹軍人馬燒死、溺死的不可勝計。孫、劉聯軍分水、陸兩路乘勢進擊，曹操損失慘重。

曹操經過赤壁之戰的挫敗，退回到北方，勢力局限在中國北部，再也無力南下。西元 220 年，曹操病死，他的兒子曹丕廢掉漢獻帝自立為皇帝，國號魏，建都洛陽。劉備透過這次戰爭，趁機占據了荊州的大部分地方，有了立足之地，隨即又向西發展，奪取了劉璋的益州。

曹丕稱帝的次年（西元 221 年），劉備也自立為皇帝，國號漢（史稱「蜀」，或「蜀漢」），建都成都。孫權經過這次戰爭，在長江中下游一帶的

勢力得到鞏固，力量比以前更加強大。西元229年，孫權稱帝，國號吳，建都建業（今南京）。這就是歷史上所說的魏、蜀、吳三國。

三國鼎立的局勢出現後，戰爭雖然仍舊繼續進行，但是由於各國統治者都比較注意各自統治區內社會生產的發展和社會秩序的安定，所以，這時比起東漢末年由於軍閥混戰所造成的「出門無所見，白骨蔽平原」的局面，相對要好得多。「赤壁鏖（ㄠˊ，形容戰爭激烈）兵」，指的就是這一次對三國鼎立局勢的形成具有決定意義的大戰役。

（李秋媛）

曹操

曹操（西元155年至220年），字孟德，小名阿瞞，沛國譙縣（今安徽亳州）人，出身於宦官集團的大官僚家庭。二十歲時，他被地方官以「孝廉」名義推選為郎（官名），不久升為洛陽北部尉，負責管理京都地方的治安。

洛陽是首都，豪強貴族很多，不好治理。曹操到任後，造了幾十根五色棒懸掛在大門兩旁，有違犯禁令的就用棒打死，以此來懲辦那些觸犯法令的豪強。後來，他在濟南任相時，有十幾個縣官，貪贓枉法，欺壓百姓，被他奏免了八個。為此，當時豪強都非常恨他。

西元184年，黃巾起義爆發，曹操領兵鎮壓黃巾起義，並不斷擴充自己的軍事力量。西元192年，青州（今山東中東部）黃巾軍再起，攻到兗（一ㄢˇ）州（今山東西部）各地。曹操縱兵追擊，打敗了青州黃巾軍，得降兵三十餘萬，男女百餘萬口。他從中挑選精銳，充實和擴大自己的隊

伍,號為「青州兵」,成為自己的軍事主力。

西元196年,漢獻帝從長安軍閥董卓殘部的控制中逃回洛陽,曹操要漢獻帝遷都到許(今河南許昌),把這個傀儡皇帝直接放在自己的勢力控制之下,然後利用他的名義發號施令。

軍閥的連年混戰,使北方社會經濟遭到嚴重的破壞,人民生活困苦,軍糧供應也很缺乏。為了安定社會、解決軍糧問題,曹操在迎獻帝遷都於許的這一年,在許的附近實行屯田,興修水利,招撫流民開墾,第一年就取得了很大成績,獲得了一百萬斛糧食。此後,他又把屯田推行到其他各地。幾年的工夫,今河南一帶地方農業生產便逐漸恢復起來。屯田地區的糧倉都堆得滿滿的,保證了軍糧的供應。這是曹操迅速統一北方可靠的經濟基礎。

赤壁之戰後,曹操感到自己的力量還不夠雄厚,一時還不能統一全國,還必須努力積聚力量。因此,他一面繼續推行屯田政策,減輕賦稅,發展農業;一面積極整頓內政,抑制豪強,加強中央集權。在政治上,他曾先後三次下令求賢,只要有真才實學,即使「出身微賤」、「門第低下」,也可以被量才錄用。這一措施打破了長期以來豪族壟斷政權的局面,使許多奮發有為的人得到了破格提拔的機會。同時,他還積極提倡文學,對當時知名的文人極力爭取,加以重用。流落匈奴十多年的女文學家蔡文姬,就是由於他的招攬被贖回來的。

曹操本人就是一個傑出的詩人,詩歌寫得很好。他的兩個兒子——曹丕(魏文帝)、曹植(曹子建),一個是當時著名的文學評論家,一個是當時才華橫溢的大詩人。父子三人在文學史上都占有很重要的地位。

曹操是一個有多方面才能的人,他不僅會打仗,而且還精通兵法,《孫子》十三篇,就是經過他的整理流傳至今。

總之，從上面的敘述來看，曹操雖然曾經鎮壓過黃巾起義軍，但是他做過許多有益於當時生產發展和社會進步的好事情，就他一生主要的活動來講，是功大於過。他是中國封建時代傑出的政治家、軍事家和文學家。

（唐贊功）

文姬歸漢

蔡文姬，名琰，是東漢末年大文學家蔡邕的女兒。她博學多才，記憶力很強，尤其對於音律有極高的造詣。《後漢書・列女傳》引劉昭的《幼童傳》說：她小時，有一次聽父親夜裡鼓琴，忽然斷了一根弦，她只聽聲音就知道斷的是第幾根。父親不相信她真的能辨別，認為是偶然猜中的，於是又故意弄斷了一根來試她，結果又說得一點不差，這才知道她是真的能辨琴音，並不是瞎猜。

她一生的遭遇十分悲慘。幼年時跟隨父親亡命在外，吃盡苦頭；後來回到洛陽，嫁給河東衛仲道。西元192年，父親在長安遇害，接著，母親和丈夫也相繼死亡，她一個人過著孤苦伶仃的生活。

漢獻帝興平二年（西元195年），她為南匈奴騎兵俘虜，被迫嫁給南匈奴左賢王。她在匈奴留居了十二年，生了兩個孩子。但是，她日夜思念著自己的家鄉，正如她自己所說，「無日無夜兮，不思我鄉土」。十二年過去了，中原地區發生了很大的變化。曹操先後打敗了各地的軍閥，統一了北方，基本上結束了北中國的戰亂局面。

曹操是一個有遠大抱負的政治家，他想統一全國，希望人民能過安定的生活，國家能夠富裕繁榮。他不僅注重積極發展生產，而且注重努力提

倡文化建設。在他的周圍，匯聚了許多方面的人才。蔡文姬是蔡邕的女兒，曹操和蔡邕是很好的朋友，蔡邕被王允所殺，只有蔡文姬這個女兒。加上文姬本人又是才女，曹操同情她的遭遇，更愛惜她的才能，因此決定把她接回來，好讓她為文化事業做出一番貢獻。

建安十三年（西元208年），曹操派遣使者，攜帶著厚重的禮物，到匈奴把蔡文姬贖了回來。至此，流落匈奴十餘年的蔡文姬，終於回到了故鄉。

文姬歸漢後，曹操問她：「夫人家中原先藏有很多古書，還能記得內容嗎？」文姬回答道：「從前亡父藏書四千多卷，因流離散失，一無所存，如今還記得內容的才四百多篇。」曹操說：「很好。我派十個人，夫人口授，讓他們記錄。」蔡文姬說：「不必。我自己繕寫好再給您。」果然，她憑著自己的記憶，默寫出了四百多篇古代珍貴的典籍。

蔡文姬很有才華，她不但懂音律，而且詩作得很好，據說有名的長篇抒情詩〈胡笳十八拍〉就是她的作品。

（唐贊功）

三顧茅廬

「三顧茅廬」說的是西元207年劉備拜訪諸葛亮的故事。

諸葛亮（西元181年至234年），字孔明，東漢末琅琊陽都（今山東沂水南）人，是一位傑出的政治家和軍事家。童年時候，因父母先後去世，他跟隨叔父寄住荊州，後來隱居在襄陽隆中（今湖北襄陽西），刻苦學習。他在隱居期間，常和許多好友在一起談論國內的政治形勢，對當時那些割據稱雄的軍閥們的情況都比較熟悉。

三顧茅廬

諸葛亮是一個有遠大志向的人，常自比為春秋戰國時期的管仲和樂毅。顯然，他的隱居，並不是為了逃避現實，而是在等候機會，待時而起。熟悉他為人的人，都很敬重他，稱他為「臥龍」先生。

劉備在多年軍閥混戰中，始終沒有占據到穩固的地盤，後來被迫跑到荊州去依靠劉表。在荊州時，劉備認識了當時的很多知名人士。司馬徽和徐庶，就是他十分欽佩的人物。這兩個人也都是諸葛亮的好朋友，他們在劉備面前極力推薦諸葛亮，認為只有他才是當今真正有學問、識時務的俊傑。經過他們的介紹和推崇，劉備十分渴望這位「臥龍」先生能夠出山來輔佐自己。

西元 207 年，劉備為了表示推重的誠意，一連三次，冒著嚴寒親自到隆中去敦請諸葛亮。前兩次都未見到諸葛亮的面，直到第三次，諸葛亮深感他的熱誠，才出來接見。這就是歷史上被傳為美談的「三顧茅廬」的故事。

在隆中草房裡，劉備坦率地傾吐了自己的抱負與目前所處的困境。諸葛亮也縱談天下的形勢與自己對形勢的見解，他說：「現在曹操占據著北方，擁有百萬之眾，挾天子以令諸侯，暫時還不能跟他爭鋒。孫權占據江東，已經統治了三代，國勢穩定，不能與他為敵，最好是與他聯合。現在只有占據荊州、益州作為根本，然後內則勵精圖治，充實國力，外則聯合孫權，團結西南各族。等待時機成熟，命令一名上將率領荊州軍，北向攻取南陽和洛陽，將軍您則親自率領益州主力西出秦川（陝西），取長安，奪中原。如果能照這樣做，當可以統一全國。」這一席話就是有名的「隆中對策」。這段話對當時天下形勢的分析是很有見識的。劉備聽了，極為佩服。

從此，諸葛亮結束了自己的隱居生活，成了劉備的主要謀士，正式登上了政治的舞臺。

西元 208 年，曹操率領二十多萬大軍（號稱八十萬），準備統一南方，這時劉備剛從樊城逃往夏口，兵力只有兩萬餘人。在這大軍壓境、危在旦夕的形勢下，諸葛亮初出茅廬就表現出了卓越的政治、軍事才能。他分析了敵我形勢和雙方的各種條件，認為只有聯合孫權，共同抗曹，才有出路。

諸葛亮隻身赴東吳，說服孫權，成立孫劉聯軍，採用火攻辦法，在赤壁一戰，大破曹軍。膾炙人口的「舌戰群儒」、「借東風」等傳說，就是根據諸葛亮在這次戰爭中的傑出活動而虛構、誇飾出來的。

赤壁之戰奠定了三國鼎立的局面。赤壁之戰後，劉備占領了荊州，以後又占據了益州。西元 221 年，劉備在成都稱帝，國號漢；諸葛亮為丞相，負責管理蜀國的政治、經濟和軍事。西元 223 年劉備死後，諸葛亮又輔助他的兒子劉禪（阿斗），更是兢兢業業。

在諸葛亮任丞相期間，蜀漢一方面勵精圖治，嚴明賞罰，減少冗官浮員；另一方面注意獎勵農業，恢復生產，推行屯田政策。諸葛亮虛心納諫、謙虛謹慎，生活也比較儉樸。因而，蜀漢成為當時一個政治上比較清明的國家。

為了鞏固後方，蜀漢對西南少數民族，採取了和好政策，從而使彼此的關係得到了改善和加強。

在做好了上面的準備工作以後，蜀漢開始了北伐曹魏的軍事行動。諸葛亮親自率領部隊，六次北伐，兩次出祁山（今甘肅西和縣西北）。在歷次戰鬥中，諸葛亮表現出了足智多謀的軍事才能和堅韌不拔的精神。西元 234 年，他因為操勞過度病逝在五丈原（陝西省岐山縣）前線。據說他死前吐血不止，還帶病堅持工作，真正做到了他自己所講的「鞠躬盡瘁，死而

後已」。

在二十幾年的戰爭生活中，諸葛亮累積了豐富的戰鬥經驗。他善用計謀、精通兵法，出色地改善和運用了「八陣圖」法，連他的敵手司馬懿也稱讚他是「天下奇才」。據說，他還創製了一些新式武器和運輸工具，如經他革新的「連弩」，能同時發射十箭，威力比舊式連弩大得多；再如為了適應蜀隴山區運輸的需求而製造的「木牛流馬」，使用起來非常靈活方便。

由於這些，在後來的小說《三國演義》以及各種戲曲傳說中，諸葛亮被塑造成了一個忠貞、智慧的典型角色，並且被渲染、誇張成為一個能掐會算、呼風喚雨、充滿傳奇色彩的神話人物。有句諺語，「三個臭皮匠，勝過諸葛亮」，這句話一方面表明了人多智慧大、辦法多這一真理，另一方面也表明了人們對諸葛亮的傑出才能的頌揚。

（黎虎）

晉朝的建立

司馬氏的晉朝，是東漢以來逐漸強大起來的世家豪族這一階層，在司馬氏家族的領導下，篡奪了主張中央集權的曹魏政權而建立起來的。

東漢以來，世家豪族的勢力非常強大。在經濟上，他們占有大量土地，占有勞動力，一家大豪族，常是「膏田滿野，奴婢千群，徒附（一種依附性很強的農民，類似農奴）萬計」；在政治上，他們獨占官位，一家豪族常是「四世三公（四代都做三公大官）」。東漢末年的政府，就是依靠這個階層的勢力才把黃巾起義鎮壓下去的。黃巾起義失敗以後，東漢中央政府的力量更加薄弱，世家豪族的力量也就更加強大。

第二編　帝國奠基：秦漢與南北朝

　　曹操以鎮壓黃巾起義起家，他在逐個消滅了黃河流域的地方割據勢力後，統一了北方。曹操不喜歡這些世家豪族。這些世家豪族都是些大大小小的地方割據勢力，大的想占郡占縣、稱王稱霸，小的也想占土地占人口、武斷鄉曲。曹操想建立起有力量的集中權力的政府。曹操的想法和這些世家豪族的想法是對立的。曹操採取了很多措施，在政治上、經濟上打壓世家豪族的勢力，曹操所任用的一些地方官也都以能夠打壓世家豪族的勢力而得到曹操的喜歡。

　　司馬氏和曹氏相反，他在政治上是代表世家豪族的利益的，司馬氏家族本身就是河內溫縣（今河南溫縣）的大豪族。

　　晉朝第一個皇帝——武帝的祖父司馬懿是司馬氏取得政權的一個重要人物。

　　司馬懿原在魏朝政府裡做官。西元249年，他發動了一次政變，殺死魏朝執政大臣曹爽和一些曹爽的同黨，就實際上掌握了大權。不過，這個時期曹家的勢力還很大，司馬懿還不敢一下就廢掉曹氏皇帝。

　　司馬懿集中力量在兩方面以為奪取政權鋪平道路。他一方面逐個消滅和曹魏關係密切的一些實力派人物，一方面建立五等爵，承認世家豪族的政治、經濟特權，以此來取得世家豪族的歡心和支持。司馬懿死後，他的兒子司馬師、司馬昭繼續執政，也就繼續做這些工作。

　　西元265年，一切條件成熟了，司馬昭的兒子司馬炎就奪取了魏朝的皇位，自己做起皇帝來，這就是晉武帝。司馬炎建立的晉朝都城在洛陽，歷史上稱為西晉。

　　司馬氏的晉朝，就是這樣建立起來的。

（何茲全）

石崇、王愷鬥富

這是西晉武帝時候的事情。

當時統治階級生活極端腐朽，他們荒淫無恥、縱情享樂，以豪華奢侈為榮耀，以比賽浪費為樂趣。石崇與王愷鬥富的醜劇，就是統治階級腐朽生活的典型。

王愷是武帝的舅父，石崇是個大官僚，兩人都是依靠剝削、壓迫平民而發財的大富翁。王愷家裡用麥糖洗鍋，石崇家裡就把白蠟當柴燒；王愷出門，在道路兩旁用紫絲布做成步障四十里，石崇就用錦緞做成步障五十里；王愷用赤石脂泥牆，石崇就用香料泥牆。武帝看到舅父比不過石崇，就賜給他一株珍貴的珊瑚樹，高三尺多。王愷自謂無比，請石崇觀賞。不料，石崇一下把它打得粉碎。王愷非常惋惜，石崇說：「你用不著惋惜，馬上可以奉還。」接著叫左右的人搬出家藏的珊瑚樹，高三、四尺的就有六、七株之多。這兩個荒誕的貴族，就是這樣肆無忌憚地糟蹋百姓辛勞創造的財富！

王愷和石崇還常常大宴賓客。王愷同客人喝酒時要美女在席旁吹笛，如果吹得稍失音韻，就把美女殺掉。石崇讓美女勸客飲酒，如果客人喝得不高興，或喝得不多，就殺美女。在一次酒席上，一個殘忍的客人故意不喝，石崇就連殺三個美女，真是殘暴到絕滅人性的地步！這些美女是他們家裡蓄養的婢女，他們為了自己的荒淫縱樂，竟任意殺死她們。

西晉統治集團的醜惡行為是數不盡的，豈止石崇和王愷如此？最高統治者晉武帝就是一個荒淫無恥的傢伙！他差不多把民間長得好看一點的女子都選入了宮廷。滅吳國後，他又選取了吳國宮女數千。據說，他宮中總

共有宮女一萬人以上。平日，他乘著羊車，便任羊車拖他到後宮隨便什麼地方，車停到哪裡，便在哪裡宴寢，整天沉浸在荒淫的生活中。

有皇帝帶頭，這就無怪一般豪門貴族跟著奢侈放縱。大官僚何曾，每天吃飯要花一萬錢，還說沒有下筷子的地方。他的兒子何劭，一天膳費達兩萬錢，奢侈又甚於父親。貴族子弟常常披著頭髮，脫光衣服，一起狂飲，戲弄婢妾。他們的行為，就是這樣無恥和放蕩！

西晉上自皇帝，下至所有官僚貴族，都十分貪財，晉武帝就公開賣官營利。司徒王戎，貪汙勒索，積財無數，田園遍天下；每天晚上，還親自和老婆在燈下拿著籌碼算帳，分毫必較。他家裡有好李子，怕賣出以後，別人得到好種和他爭利，於是先把李核鑽了再拿到市場上去賣。石崇做荊州刺史時，竟然指使部屬公開搶劫過路行旅。

西晉統治階級當權派大都是地主階級中的門閥豪族，朝廷規定他們有免除課役和世代做大官的特權。他們占有無數良田耕地和大量佃客（為他們種地的農民），無情地對平民進行奴役和剝削，以此來累積財富，維持自己極端可恥的生活。

（嚴志學）

八王之亂

「八王之亂」是西晉皇族之間的一場爭奪權力的鬥爭。

西元 265 年，司馬炎（晉武帝）稱帝，隨後大封同姓子弟為王。他改變漢魏以來虛封王侯的辦法，給予諸王軍政實權。諸王不僅在封國之內權力很大，有的還兼理一方軍務，如汝南王司馬亮都督豫州諸軍事，楚王司

馬瑋都督荊州諸軍事⋯⋯這樣，諸王既有封土，又有軍隊，勢力逐步擴充，野心自然隨之滋長。

西元 290 年，晉武帝死，惠帝繼位，由皇太后的父親楊駿輔政。惠帝智商低下，當時，天下荒亂，人民餓死的很多，而他卻問：「那些人為什麼不吃肉粥？」這樣的人做皇帝，大權旁落。於是，野心勃勃的諸王就想趁機爭奪政權。

戰亂的開始是從宮廷發動的。惠帝的皇后賈南風與楊駿爭權。西元 291 年，她使楚王司馬瑋帶兵入朝，殺了楊駿，並請汝南王司馬亮輔政。不久她又指使司馬瑋殺死司馬亮，接著就用矯詔擅殺的罪名，殺死楚王司馬瑋，奪得全部政權。西元 300 年，趙王司馬倫起兵殺死賈后，第二年廢掉惠帝，自己稱帝。從此，大亂由宮廷內亂發展到諸王間的大混戰。

這時，齊王司馬冏鎮許昌，成都王司馬穎鎮鄴，河間王司馬顒（ㄩㄥˊ）鎮關中，這三鎮都是軍事要地，力量最強。這年三月（陰曆），齊王司馬冏聯合成都王司馬穎、河間王司馬顒共同起兵反對趙王司馬倫。經過六十多天的廝殺，戰死近十萬人。最後，趙王司馬倫戰敗被殺，齊王司馬冏入洛陽，惠帝復位，齊王專政。

西元 302 年，河間王司馬顒派兵兩萬進攻洛陽，並約長沙王司馬乂（ㄧˋ）進攻齊王司馬冏。長沙王司馬乂和齊王司馬冏在洛陽城內連戰三日，齊王司馬冏戰敗，長沙王司馬乂割下齊王的頭，徇示（巡行示眾）三軍，朝政又落在長沙王司馬乂手裡。

西元 303 年，成都王司馬穎和河間王司馬顒以長沙王司馬乂「論功不平，專擅朝政」為口號，聯兵反對長沙王司馬乂。司馬顒派部將張方率精兵七萬出關東趨洛陽，司馬穎派陸機等率二十萬軍隊從北向洛陽進攻，惠

帝和長沙王司馬乂退出洛陽。張方進入京城，縱兵大掠，殺人萬計。

後張方退屯洛陽附近，惠帝還宮，但不能打退張方的包圍。京城男子十三歲以上的都被拉去當兵，一石米值萬錢，許多人因此餓死。東海王司馬越在洛陽城中勾結部分禁軍，把長沙王司馬乂擒住，交給張方，被張方燒死。成都王司馬穎旋即進入洛陽，做了丞相，但不久，仍回到他的老巢鄴城，張方則在洛陽掠奪了官私奴婢萬餘人西還長安，軍中沒有糧食，就殺人和在牛馬肉裡一起吃。真是一群吃人的野獸！

西元304年，東海王司馬越帶領禁軍和惠帝，討伐成都王司馬穎。在蕩陰（今河南湯陰縣西南）一役，被司馬穎殺敗。惠帝身中三箭，被俘入鄴城，東海王司馬越逃到自己的封國（山東郯城縣）。河間王司馬顒令張方率兵占據洛陽。

幽州刺史王浚曾和成都王司馬穎有仇隙，這時，他便聯合并州都督司馬騰反對司馬穎，並勾結一部分鮮卑、烏桓人充當騎兵。司馬穎也求匈奴左賢王劉淵助戰。劉淵派騎兵五千助司馬穎。司馬穎被王浚打敗，奉惠帝逃入洛陽，王浚軍隊進入鄴城，大肆搶掠殺人，鮮卑兵還掠走許多婦女。由是，諸王間的混戰便擴展為各族統治者間的混戰。

占據洛陽的張方看到洛陽已經被劫掠一空，便強迫惠帝和成都王司馬穎遷往長安。到長安後，成都王司馬穎被廢，司馬顒獨掌朝政。

西元305年，東海王司馬越又在山東起兵，並聯合王浚進突破瓶頸中，攻入長安，又大肆殺掠。司馬越送惠帝返還洛陽。西元306年，司馬越先後殺死司馬穎、司馬顒和惠帝，立晉懷帝，大權最後完全落在他手裡，戰亂才宣告結束。

從西元291年賈后殺楊駿，到西元306年司馬越立晉懷帝，戰亂達

十六年之久。参加戰亂的，除賈后外，共有八王，所以史稱「八王之亂」。

(嚴志學)

■ 南北朝、六朝

自東漢以來，匈奴、鮮卑、羯、氐、羌等少數民族不斷地向長城以內和黃河流域一帶遷徙，到西晉時，有的已經徙居內地很久。由於長期與漢族交往，他們逐漸走向定居的農業生活，經濟文化有了迅速的發展。

西晉末年，腐朽的統治階級內部爆發了「八王之亂」，長達十六年之久的激烈混戰，帶給人民巨大的災難，人民無法生活，走投無路，不斷掀起反對西晉統治階級的英勇抗爭。各少數民族也都乘機起來反抗晉朝的統治，最先起兵的是匈奴族的劉淵。

劉淵是匈奴貴族，西元304年，在左國城（今山西離石）稱漢王，西元308年稱帝，建都平陽（今山西臨汾）。劉淵連敗晉軍，很快占領了山西中部和南部一帶地方。西元310年，劉淵死，劉聰繼位。次年，劉聰派劉曜、石勒攻進洛陽，俘晉懷帝，殺晉王公、士民三萬餘人，縱兵焚掠，洛陽城遭到嚴重破壞。懷帝被殺以後，晉愍（ㄇㄧㄣˇ）帝即位長安。西元316年，劉曜攻破長安，晉愍帝投降，西晉滅亡。

西晉滅亡以後，中國出現了各族統治者長期割據混戰的局面。從西元304年劉淵稱王起，到西元439年北魏統一中國北部止，一百三十五年間，各族先後在北方和巴蜀建立了十幾個國家。

中國北部這種分裂的局面，最後為鮮卑族拓跋氏建立的北魏所統一。西元494年，北魏孝文帝自平城（今山西大同）遷都洛陽，改姓元，實行

第二編　帝國奠基：秦漢與南北朝

改革，推行均田制，並加強鮮卑貴族和漢族大地主的結合。各族人民在北魏政權的統治下逐漸融合。西元534年，北魏分裂為東魏和西魏，以後東魏為北齊所代，西魏為北周所代。

西晉亡後，西元317年，司馬睿在江東建康（今南京市）建立政權，歷史上稱為東晉。東晉從建國起到西元420年滅亡止，共經歷了一百零四年。東晉以後，緊接著有宋、齊、梁、陳四個朝代，它們都建都在建康。

這樣，從西元420年東晉滅亡，到隋統一的一百七十年間，中國歷史上形成南北對立的局面，這一時期，歷史上稱作南北朝。南方的東晉、宋、齊、梁、陳加上三國時候的東吳，都是建都在建康（東吳時稱建業），歷史上又把它們稱作六朝。

（唐贊功）

聞雞起舞

西晉滅亡後，司馬睿（歷史上所稱的晉元帝）在建康建立東晉政權，北方陷入了各族統治者的混戰中。北方各族統治者非常殘暴，他們任意燒殺擄掠，北方生產遭到嚴重破壞。人民不斷地起來反抗，他們到處建立塢堡、奪取城鎮，在反抗統治階級的抗爭中，漢族人民和各族人民的命運密切結合起來了。

祖逖（ㄊㄧˋ）是這一時期的一位英雄，他是范陽遒縣（今河北淶水）人，和劉琨是很好的朋友。他們倆在青年時代就很有抱負。每當他們談論到天下大勢、討論起當時的政局時，總是慷慨激昂，義憤滿懷。有時，在半夜裡，他們聽到雞叫，就披衣起床，拔劍起舞，來磨礪自己的意志、鍛

鍊自己的身體。

祖逖眼看到晉朝統治者相互爭戰，把中原鬧得烏煙瘴氣，心中非常難過。他對劉琨說：「萬一天下大亂，豪傑並起，我們絕不能總待在中原，沒有作為啊！」

匈奴貴族劉淵起兵以後，中原陷入了非常混亂的狀態。祖逖率領親族和部屬、家人南下，後來到達了京口（今江蘇鎮江市）。

那時，東晉王朝中以晉元帝為首的統治集團，只把目光集中在鞏固江南的統治上，從來不想改革政治，也從來不做北伐的準備。誰主張北伐，誰就受到排斥和打擊。大臣周嵩勸晉元帝整頓軍事，加強武備，收復中原後再稱皇帝，幾乎被晉元帝殺死。

祖逖要求晉元帝允許他帶兵北伐，說：「各族統治者趁晉朝皇族自相殘殺，興兵擾亂中原，人民遭受殘害。如果讓我帶兵北伐，必定會得到天下的響應。」晉元帝不好直接拒絕他，但只給了他一個豫州刺史的空頭銜、一千人的食糧和三千匹布，要他自己去招募軍隊和製造兵器。

在這樣艱困的情況下，祖逖絲毫不灰心，他帶領隨從他的一百多人渡江到北岸去。當船到江中時，他取楫（船槳）擊水，當眾起誓說：「我祖逖不能肅清中原，絕不回頭！」態度堅定，聲音激昂，和他一同渡江的人都非常感動。他到北方後，不久就組成了一支兩千多人的隊伍。

祖逖的軍隊既缺乏糧食，又受到敵人的襲擊，處境非常困難。可是人民支持他，為他送糧送信，歡迎北伐軍就像歡迎自己的親人。祖逖沒有一刻忘記過渡江擊楫的誓言，他緊緊地依靠人民，和敵人展開了不屈的抗爭。西元317年，他帶領大軍在譙城（今安徽亳州）打敗石勒的軍隊。三年以後，收復了黃河以南的大部分地區。他團結人民，保衛收復的土地，

得到了人民真誠而熱烈的擁護。他繼續練兵，準備向黃河以北推進。

但是，他的勝利引起了東晉政府的敵視。東晉政府不僅不支持他，還派人監視他。他看見東晉君臣只是爭權奪利，晉元帝只想做一個偏安江南的皇帝，權臣王導只想建立一個王氏當權的小朝廷，尤其是權臣王敦非常專橫，還準備發動叛亂，知道收復全部失地已經沒有希望，他感到憤恨，感到痛苦。西元321年，他在憂憤中病死。收復的失地，很快又被石勒完全占領。

他的死，引起了人們極大的悲痛，人們到處修祠紀念他。據史書上說，豫州地方的人民聽到他逝世的消息，都不禁痛哭流涕。

（吳雁南）

風聲鶴唳、草木皆兵

4世紀中葉，氐人占據了關中，建立了前秦。後來，苻堅做了前秦的皇帝，他任用王猛，打擊豪強，休息民力，國勢日益充裕。前秦漸成為北方強大的國家，它先後滅掉前燕、前涼，統一了北方。

西元382年，苻堅召集滿朝文武官吏，對他們說：「我做皇帝將近三十年（實際只有二十五年），四方大體上已經平定，只有東南一角的東晉不肯聽從命令。我準備親自率領大軍滅晉，你們看行不行？」除個別人外，多數大臣都不同意出兵攻晉，認為攻晉不會討得什麼便宜。大家討論了很久，始終不能得出苻堅所希望的結論。苻堅很不耐煩地說：「這樣議論紛紛，哪能有什麼成果！讓我自己做決定好了。」

苻堅同他的弟弟苻融單獨商議，苻融指出：前秦的軍隊長期攻戰，士

卒疲勞，軍民存在畏懼東晉的情緒；鮮卑人、羌人、羯人布滿長安附近一帶，他們並沒有真正歸順前秦，大軍一旦東下，關中會發生很大的危險。苻融還說，凡是說不可伐晉的人都是忠臣。苻堅聽了，不高興地說：「怎麼你也會說這樣的話，真使我感到失望。」

大臣們不斷苦諫，勸他不可攻晉。而鮮卑貴族慕容垂等卻希望苻堅在戰爭中失敗，好趁機恢復前燕的統治，都私下勸苻堅出兵。西元383年秋，苻堅派苻融為前鋒帶領二十五萬人，大舉攻晉。前秦的兵力共有步兵六十萬、騎兵二十七萬，這裡面有鮮卑人、羯人、匈奴人、氐人、羌人，其中大部分是漢人。進軍的聲勢看起來很大，旌旗相望，首尾一千多里，先頭部隊已經抵達淝水附近，而後繼部隊才從咸陽出發。

實際上這是一支七拼八湊，內部很不穩固的隊伍。

東晉派謝玄、謝石等率領八萬人迎擊秦軍。謝玄、謝石等人決定趁秦軍主力還沒有集結的時機襲擊它的前鋒，一舉擊潰秦軍。他們首先派劉牢之率兵五千在洛澗（在今安徽定遠縣西）打敗秦軍，隨即指揮各路兵馬乘勝前進，直逼淝水右岸，和前秦軍隔河相對。秦王苻堅和他的弟弟苻融登上壽陽城，遠遠望見晉兵陣勢非常嚴整，又望見前面八公山上的草木，以為都是晉兵。他對苻融說道：「敵人相當強勁啊！」說時不覺臉上流露出了畏懼的神色。

東晉和秦軍在淝水對峙，晉軍請求秦軍稍往後退，願意渡河同秦軍決一勝負。苻堅企圖趁晉軍半渡的時候殲滅晉軍，就答應了晉軍的要求。秦軍士氣低沉，見前面軍隊移動，以為是打了敗仗，又聽到有人喊：「秦兵敗了，秦兵敗了。」軍心由是大亂，士兵們都不顧苻堅的命令，一個勁往後退卻。

晉軍渡河，乘勢猛追，秦兵大敗。潰退的秦軍爭先恐後，自相踐踏，金鼓旗幟，拋棄滿地，殘屍斷骸，蔽野塞川。逃命的秦兵，不敢停下來休息，聽到風聲、鶴唳，都以為是晉兵追到，晝夜不停地奔跑，十分之七八餓死、凍死在路上。苻堅狼狽逃回北方，苻融被晉兵殺死。晉兵取得了輝煌的勝利。

淝水之戰是東晉十六國時期最大的一次戰爭，也是決定南北朝對立局面形成的一次戰爭。

（吳雁南）

魏孝文帝

淝水之戰後，前秦很快崩潰了，北方又走向了分裂。西元386年，鮮卑族拓跋部在山西北部建立了政權，並逐漸向南發展。拓跋部建立的政權最初稱代，滅後燕取得河北後又改稱魏，歷史上稱作北魏。西元439年，北魏統一了北方。

當時，在黃河流域，大地主田莊進一步發展起來，許多大地主往往控制幾百家、幾千家的農民，甚而還擁有武裝，成為北魏政府加強對各地方控制的對抗勢力。在這種情況下，北魏政府不得不承認大地主在地方上的勢力，拉攏他們到政府裡去做官，承認他們對其所控制的農民的剝削權力。農民在北魏統治者和大地主的壓迫下，非常困苦，不斷舉行起義。

北魏統治者認為，為了緩和自己統治下各族人民的反抗和增加國家財政的收入，就必須把勞動人口從大地主手裡奪過來。西元485年，大臣李安世向北魏孝文帝拓跋宏上書說：在荒年裡，人民逃亡，他們的土地多半

被豪強地主霸占，現在應當均量土地。孝文帝採納了這個意見，派大臣巡行州郡，會同地方官吏實行均田。根據均田規定：男丁十五歲以上受露田（耕種穀物的田）四十畝，婦女二十畝，種植各種穀物。因為土地要休耕，故實際上都得加倍受田。休耕兩年的，三倍受田。此外，男丁給桑田二十畝，種桑樹、棗樹和榆樹。農民年老或死亡，露田要歸還政府，桑田由農民永遠使用，不還。

受田農民，一夫一婦每年要交納租稅粟二石、帛一匹，男子還要服徭役和兵役。

那時候，往往三五十家共立一個戶籍，大地主隱匿的農戶很多，妨礙著均田制的實行。孝文帝頒布均田制的第二年，大臣李沖建議，實行三長法：五家組成一鄰，五鄰組成一里，五里組成一黨。鄰有鄰長，里有里長，黨有黨長，合起來稱作三長。三長負責檢查戶口、徵收租稅和徵發徭役等。許多大臣本身就是大地主，隱匿的農戶很多，他們群起反對李沖的主張。

文明太后（太皇太后）和孝文帝為了加強自己的統治力量，堅決支持李沖。他們說：「立三長制使租稅有一定的準則，可以把逃避租稅的人口清查出來，為什麼不能實行呢？」結果，三長法在文明太后和孝文帝的堅決主張下實行了。

均田制、三長法實行以後，許多被大地主隱匿的不交租稅的人口清查出來了。北方農民有了一定的土地，生活和生產比以前安定了，更多的荒地隨著被開墾出來。北魏的農業得到了迅速的恢復和發展。

為了同黃河流域的漢族大地主取得聯繫，進一步鞏固北魏的政權，孝文帝決定把都城從平城（山西大同）遷到洛陽。孝文帝知道，遷都一定

會遭到各方面阻撓。他召集文武大臣，宣稱要大舉進攻南朝。以任城王拓跋澄為首的大臣紛紛反對。退朝後，孝文帝召任城王入宮，對他說：「我們鮮卑人起自北方，首都平城，這是用武的地方，不能作為『文治』的中心。我想以進攻南朝的名義，帶領大家南下，遷都中原。你的意見怎樣？」拓跋澄領會了孝文帝的意思，知道單憑武力不能長久維持北魏的統治，必須拉攏漢族地主，用政治來維持國家。他全力擁護遷都的計畫。

西元493年，孝文帝帶領步騎三十萬南下，到了洛陽，還表示要繼續南進，群臣要求停止南伐，孝文帝藉此對大家說：「你們既然不願意南下攻伐南朝，就得聽我的話，遷都洛陽。」第二年，北魏正式遷都。

遷都洛陽後，孝文帝對於改革鮮卑風俗、推行漢化政策更加積極。他下令鮮卑貴族採用漢姓，同漢族大地主通婚，改穿漢人的服裝，說漢語。他自己帶頭改拓跋氏為元氏，並要所有遷到洛陽的拓跋貴族，都算作洛陽人。他還全部採用了漢族統治封建制度。

北魏孝文帝的改革，增加了國家的財政收入，鞏固了封建統治，加速了鮮卑族和漢族人民的融合。

（吳雁南）

葛榮起義

北魏後期，統治者日趨腐化。高陽王元雍的宮室園林，可以同皇宮、禁苑相比。他家役使的童僕就有六千多人，他吃一頓飯，就要花好幾萬錢。河間王元琛同他比富，用銀槽餵馬。胡太后在皇宮旁邊修建永寧寺，極其壯麗豪華，寺裡到處陳設著珠玉錦繡。

葛榮起義

統治者的揮霍浪費，加重了對農民的敲詐勒索。比如，調絹原規定每匹長四丈，可是有的官吏卻強迫人民交七、八丈算作一匹，租米也往往加倍徵收，以致農民的生活越來越困苦。

北魏初期，在北方邊緣設沃野、懷朔、武川、撫冥、柔玄、懷荒六鎮（以後又增設三鎮），駐重兵防止柔然人的進攻。邊鎮將領非常貪暴，任意奴役士兵，因而激起了以破六韓拔陵為首的軍民起義，起義軍屢次打敗北魏軍隊。白道（今內蒙古呼和浩特市北）一戰，使廣陽王元深帶領的軍隊幾乎全軍覆沒。後來，北魏統治者借柔然人的兵力，才把起義鎮壓下去。

北魏軍隊捕虜了參加起義的軍民二十多萬人，強行把他們押送到河北去。這批人才到河北，就同各族人民結合起來，舉行了聲勢更為浩大的起義。

西元526年，大起義爆發。葛榮領導的一支起義軍日益壯大起來。

葛榮，鮮卑人，曾經做過北魏懷朔鎮的鎮將，後來參加了起義軍。起義軍在博野縣（河北博野）襲擊章武王元融，經過一天的激戰，大敗北魏軍，元融被起義軍殺死。不久，起義軍又在定州（河北定州）的一次戰鬥裡，擒殺北魏軍統帥廣陽王元深。西元528年，河北的起義軍集中在葛榮的領導下，控制了河北地區。起義軍發展到近百萬人，「鋒不可當」。

葛榮帶領的起義軍包圍了相州（今河南安陽），準備攻克相州以後就向洛陽進攻。起義軍的前鋒越過汲郡（今河南衛輝），他們沿途處死官僚地主，奪取大地主的財產，得到人民的熱烈擁護。

北魏的大將爾朱榮帶領七千騎兵，急忙奔撲相州。勝利使葛榮產生了輕敵的情緒。得到北魏軍來攻的消息後，他對部將說：「你們準備一些長繩，等爾朱榮一來，就跟我抓俘虜。」葛榮的大軍向前迎敵，列陣幾十

里。爾朱榮集中兵力襲擊起義軍，兩軍在相州城下，展開激戰。

起義軍失敗了，葛榮戰敗被俘，送到洛陽後被害。

（吳雁南）

王羲之

王羲之，字逸少，是東晉時代傑出的書法家。他做過右軍將軍，所以後人也叫他王右軍。他的書法藝術在中國歷史上享有極高的聲譽，後人稱他為「書聖」。

王羲之寫的字既秀麗，又蒼勁，在當時就很有名，受到許多人的喜愛。據說，在山陰（今浙江紹興）地方，有一位道士想求王羲之寫一本《黃庭經》，怕他不答應，便想了個巧妙的辦法。他打聽到王羲之最喜歡鵝，就買了一群鵝，把牠們養得又肥又白，十分討人喜愛。一天，王羲之路過那裡，看見這一群羽毛潔白、姿態美麗的鵝後，心裡有說不出的喜歡，看了又看，捨不得離去，他要道士把鵝賣給他。這時，道士故意不肯賣，說：「鵝是不賣的，要麼你寫一本經來換還可以。」王羲之一聽這話，馬上答應，就聚精會神地寫好一卷《黃庭經》，交給了道士，才把一籠子鵝帶走。這就是人們歷來傳頌的「書成換白鵝」的佳話。

王羲之的書法藝術，不僅吸收了漢魏以來許多書法家的精華，更重要的是他能擺脫傳統的束縛，開創一種新的境界。他書寫的有名的〈蘭亭序〉，筆飛墨舞，氣象萬千，是他書法藝術的代表作。人們評論他所寫的字是「飄若浮雲，矯若驚龍」。這兩句話正好說明了他的書法藝術的風格。到了唐朝，唐太宗李世民對他的書法推崇到了極點，並且號召大家學

習他的書法。經唐太宗這麼一提倡，唐、宋以後，所有的書法家幾乎沒有一個人不臨摹王羲之的書法的。

王羲之在書法藝術上之所以有這樣高的成就，和他的勤學苦練是分不開的。據說，他即使在走路和休息的時候，也在揣摩字型的結構、間架和氣勢，心裡想著，手指也隨著在自己身上一橫一豎地畫著，日子久了，連衣服都畫破了。他每天練習完了字，要到門前的池塘裡去洗筆硯，時間久了，池塘裡的水都變成黑色的了。

據《寰宇記》記載，在會稽葪（ㄐㄧˊ）山下，有王右軍的洗硯池。葪山在今浙江省紹興市東北，是王羲之的故鄉。

（張福裕）

顧愷之

顧愷之（西元341年至402年），字長康，無錫人，是東晉時代一位傑出的畫家，在繪畫創作和繪畫理論兩方面都有很高的成就。

這位大藝術家，年輕時候詩、文、書、畫都很精通；加上他性情坦率、自負，為人詼諧、古怪，所以被人稱為「才絕、畫絕、痴絕」三絕。

顧愷之確是一個多才多藝的人，特別是在繪畫上的造詣，尤其突出。

在歷史上有這樣一則動人的故事：據說，興寧二年（西元364年）時，江寧（今南京）要修建一所大廟，和尚們到處向各方面人士化緣募款。當時，一般士大夫官僚捐的錢沒有一個超過十萬的，而顧愷之卻滿口答應要一個人捐一百萬。大家見他承諾捐的這個數太多，都不太相信，以為他可能是在說大話，或者是在開玩笑。過了一些時候，和尚們果真拿著緣簿

來找他，向他要一百萬錢。這時顧愷之不慌不忙地對和尚們說：「請你們在新建的廟裡，準備好一堵白牆，我自有道理。」和尚們也不知他要做什麼，只好照著他說的這麼辦。

顧愷之在廟裡住了一個多月，專心一意地在那堵白粉牆上畫一尊維摩詰（佛教故事中的人物）像。快完工時他對和尚們說：「明天可以請人來看一幅畫，告訴大家：頭一天來看的人，要捐十萬錢；第二天來看的人可以減半，只捐五萬錢；第三天以後，捐多捐少可以隨便。」這消息傳出後，轟動遠近。許多人都想來看看究竟是一幅什麼畫。

到了這天，來的人不少。那幅維摩詰像的清瘦面容，滿含著慈祥莊嚴的神情，既像在入定，又像在沉思，使人看了有一種寧靜聖潔的感覺。顧愷之的藝術魅力，使人受到了深刻的感染。果然，和尚們趁這機會募了一大筆錢，很快就湊足了一百萬錢的數目。

這個故事不僅說明了顧愷之繪畫藝術的高度成就，也說明了人們對他的藝術的尊敬與喜愛。

顧愷之繪畫創作的真跡，現在已經失傳了，流傳下來的只有後人摹本，如〈列女圖〉、〈女史箴圖〉、〈洛神賦圖〉等幾幅。

顧愷之在繪畫理論上的成就也是非常突出的。根據他留下的〈論畫〉、〈魏晉勝流畫贊〉和〈畫雲臺山記〉三篇著作，可以看出他在人物畫和山水畫方面，有許多卓越的見解。比如，他認為畫人物必須把豐富的想像和敏銳的觀察結合起來，才能夠把人物的精神狀態表現得準確而微妙；並且主張人物的神氣必須透過外形表現出來。這些論點，就是在今天，也還是有一定的參考價值的。

（張福裕）

祖沖之

　　祖沖之（西元 429 年至 500 年），是中國南北朝時候的科學家，他生活在南朝的宋朝和以後的齊朝。他在天文、數學、物理等方面，都做出了極大的成績。

　　他在天文曆法上的貢獻，主要是修訂新曆法。為了研究天文曆法，他參考了歷代所有的曆書。為了證明前人說得對不對，他常常拿著儀器去觀察日月星辰的執行、測量太陽影子的長短。經過這樣仔細的研究和實地的測驗，他發現過去的曆法有很多地方不夠精確。比如關於閏年，在舊的曆法裡，每十九年中有七個閏年，用這種曆法每過兩百年就會和實際天數相差一天。於是，他根據自己研究的結果，編了一部新的曆法，叫做《大明曆》，糾正了舊曆法中的許多錯處。在這部曆法中，他把十九年七閏改為三百九十一年中設定一百四十四個閏年，就比舊曆法合理得多。

　　同時，他還注意到了「歲差」（太陽從上一年冬至到下一年冬至，並沒有回到原來的位置，這種現象在天文學上叫「歲差」）現象，並且把歲差應用到了《大明曆》中。這是中國曆法史上一件劃時代的事情。由於在曆法中應用了「歲差」，就使「回歸年」（指太陽連續兩次經過春分點所需要的時間）和「恆星年」（指地球繞太陽真正公轉的一個週期）有了區別。祖沖之非常精確地測出了一回歸年的日數是 365.24281481 日，這和近代科學測量所得的日數相比，只差五十秒，即僅有六十萬分之一的誤差。這個結果該是多麼驚人的精密啊！

　　祖沖之在數學方面，把前人對「圓周率」的研究，大大往前推進了一步。圓周率指的是圓的周長和它的直徑之比，這是一個常數。也就是說，

任何大小的圓,它的周長和它的直徑的比,都會得出這個常數。如果我們知道了這個常數,知道了圓的直徑(或半徑),再求圓的周長,就很方便了,只要將直徑(或二倍半徑)乘上這個常數就可以得出。中國古代許多數學家,為了推算這個常數,做出了不少的貢獻。特別是晉朝的大數學家劉徽,創造了用「割圓術」(用圓內做內接正多邊形以求圓周長的一種方法)來計算圓周率值的科學方法,更是取得了輝煌的成績。

祖沖之為了天文、曆法上的推算和度量衡的考核需求,也研究了圓周率。他在劉徽「割圓術」的基礎上,繼續精心推求,最後精確地算出圓周率是在 3.1415926 和 3.1415927 之間。把圓周率的數值推算到小數點後七位數字,他在全世界上是第一人。歐洲的科學家一直到他死後一千多年,才算出這個數值來。日本的學者曾建議,為了紀念祖沖之的貢獻,把圓周率改名為「祖率」。

在物理學上,祖沖之也有重要的發明和創造。他曾經成功製造一艘「千里船」,放在江裡試航,速度比一般船快得多。他還根據古人的發明加以改進,成功製造了一個利用水力轉動的水碓磨,可以用來碾米、磨麵。另外,他還為蕭道成(齊朝的齊高帝)修理了一輛指南車,十分靈敏準確。這輛指南車原本是南朝的宋武帝在長安繳獲的戰利品,只有一個架子,內部的機械已散失,指南的功能已失靈,一直擱起來沒用,只做做樣子。直到宋末,蕭道成才要祖沖之想辦法來修理這輛指南車。經過祖沖之修理之後,這輛車果然恢復了它的指南功能。據說,比原來造的那輛還好,無論車子怎樣轉彎,車的指南功能不會出一點錯。

(張福裕)

范縝

范縝，南朝齊、梁時人。他年輕時非常用功，博學多才，常常發表一些不平常的議論。他三十五歲時開始做官，為人廉潔正直，在當時有很高的聲譽。

在他生活的時代，封建迷信鬧得整個社會烏煙瘴氣。竟陵王蕭子良大力提倡佛教，范縝不畏權貴，當面反駁佛教迷信，蕭子良和一些佛教徒常常被他駁得目瞪口呆。後來，范縝著〈神滅論〉揭露佛教迷信的虛妄，和佛教徒在思想上展開了尖銳的衝突。

〈神滅論〉全文雖然不長，可是沒有一個佛教徒能真正把它駁倒。范縝在〈神滅論〉中指出：人的精神和肉體是結合的。只有人的形體存在，精神才能存在；形體死亡後，精神是絕不會存在的。精神和肉體只是名稱上的不同，絕不能彼此分離。他打了一個很好的比方，說：「形體和精神的關係，就好像刀和鋒利的關係，離開了刀，就談不上鋒利。從來沒有聽說刀沒有了，鋒利還可以存在；所以離開了肉體，精神也就不存在。精神是肉體產生的。」

范縝在〈神滅論〉裡還譴責了統治階級利用佛教迷信危害人民的罪惡。他指出統治者用渺茫不可知的東西欺騙人民，用地獄的痛苦來威嚇人民，用天堂的快樂來引誘人民，結果是糧食被遊手好閒的和尚吃盡，財物在興修寺廟的名義下被耗費盡。

〈神滅論〉發表後，觸怒了以蕭子良為首的佛教徒。蕭子良招來了全國最有名的和尚來同范縝爭辯，企圖駁倒〈神滅論〉。鬼神根本不存在，蕭子良和許多佛教徒硬說有什麼鬼神，雖然絞盡腦汁，也找不出像樣的道

理來。相反，范縝一個人，卻是「辯摧眾口，日服千人」，越來越多的人相信范縝了。

蕭子良使王融拜訪范縝，王融轉彎抹角地提到關於〈神滅論〉辯論的事後，對范縝說：「范先生堅持沒有鬼神的言論，是違反我們向來遵守的教訓。像你這樣才德雙全的人，哪愁做不上中書郎那樣的高官！你故意堅持錯誤，不怕斷送自己的前途嗎？」

范縝聽了，大笑道：「假如我范縝賣論取官，早已做到更高更大的官了，何止中書郎！」他正顏厲色地拒絕了蕭子良的無恥收買。這些人妄想用利誘的辦法要范縝放棄〈神滅論〉的觀點，結果遭致失敗。

後來，軍閥蕭衍奪取了齊朝的政權，做了皇帝，歷史上稱為梁武帝。他進一步利用佛教鞏固統治。為了讓人們相信他拜佛的誠意，他還假意地要「捨身」到同泰寺去當和尚。他每到同泰寺「捨身」一次，大臣們就得拿出很多錢送到同泰寺去，把他「贖」回來。他玩弄了三次到同泰寺當和尚的手法，這裡的和尚發了三次橫財，自然也就更加賣命地來替梁武帝欺騙人民。

梁武帝自然不容許范縝揭穿他們的真正目的，他做皇帝後不久，就找了一些藉口來打擊范縝，范縝不肯屈服。

梁武帝寫了一篇〈敕答臣下神滅論〉的詔書，誣衊范縝的理論違背經典，脫離常規，忘掉祖先，並且發動六十多位有學問的人寫文章來反對他。但是，誰也提不出像樣的道理來和范縝論辯，只不過憑藉著政治的勢力罵他一頓罷了。梁武帝怕〈神滅論〉的思想在論戰中得到傳播的機會，只好宣布論戰結束，草草收場。

（吳雁南）

■《文選》、《文心雕龍》

　　《文選》是南北朝時候梁朝梁武帝的長子——蕭統（昭明太子）編選的一部文學總集。

　　蕭統（西元501年至531年）是一位博學的文學家，他聚集了將近三萬卷書籍，日夜勤學研讀，從不厭倦。他很看重當時的學者，注意吸取他們的長處。那時候，國內許多有才華的文人學士，都被召集在他門下。他和他們經常在一起討論文學上的各類問題。《文選》這部書，就是他集中了眾人的才智，編選出來的。

　　《文選》原序作三十卷，唐朝人李善注《文選》時，分成六十卷。全集選錄了從戰國到梁朝各種體裁、風格的優秀詩文作品。據蕭統講，選錄作品的標準是「事出於沉思，義歸乎翰藻」。就是說，選取的詩文，不僅要有獨到的見解，立論精確，而且辭藻也要很優美。蕭統認為文章是隨時變改、不斷發展的，因此，他在《文選》中，把詩文分成很多類，按時代編排，使人們能看出一些變化的大概。

　　《文選》是中國現存最早的、規模最大的文學總集，它對唐代以後的文學有很大的影響，受到後世的重視。

　　《文心雕龍》是中國古代第一部系統全面的文學方法論和文學批評書，它由南北朝時候另一位大文學家劉勰所撰寫。

　　劉勰（約西元465年至520年）幼年時，父親去世，家境很貧苦。後來，由於他在文學上的成就很大，很為昭明太子所敬愛。

　　這部書是劉勰在齊朝末年寫成的。全書分十卷，五十篇，對各類文章體裁、創作方法和文學批評等方面，都做了深刻的論述，目的在於講明白

寫文章的基本法則。《文心雕龍》不承認抽象的文學天才，認為寫文章重要的是對事物仔細觀察，只有抓住了事物的本質，才能寫出好的作品。它認為文學的內容和形式是統一的，文章的表達形式是為內容服務的。針對當時人寫文章多從形式上下功夫、沒有真實內容這一弊病，《文心雕龍》提出了反對造作、反對以詞害意、反對內容遷就形式等主張。

《文心雕龍》一書，受到後世極大的推崇。在這以前，許多討論文學的論著，多半偏而不全，都沒有這部書系統、全面和周密。

《文心雕龍》是目前了解南北朝以前文學理論唯一的一部大著作。

（吳雁南）

《齊民要術》

《齊民要術》是北魏末期傑出的農學家賈思勰所著。

賈思勰，曾做過高陽郡（今山東境內）太守，他很注意農業生產事業的發展。那時候，黃河流域居住著漢人、匈奴人、鮮卑人、羯人、氐人和羌人，各族人民經過長時期的生產實踐，在耕種、畜牧和種植樹木方面，累積了豐富的經驗。賈思勰認為，這些經驗是保證人民生活的重要方法。為了把這些經驗總結起來，廣泛傳播，以便促進農業生產事業的進步，他決定寫《齊民要術》。「齊民要術」四個字的意思，翻譯成口語就是「人民謀生活的主要方法」。

賈思勰在寫《齊民要術》的過程中，讀遍了他所能看到的古書上有關農業方面的資料。書裡引用的古書就有一百五十多種。除了認真閱讀古書外，他還很注意調查研究。他訪問過許多農民，虛心向他們請教，幫助他

們總結生產經驗。在《齊民要術》裡，他就採用了許多寶貴的有關作物栽培方面的民謠和民諺。同時，他還經常親身參與勞動，該書裡談到的許多養羊方面的經驗，就多半是他親身經驗所得。

西元 530 年代，賈思勰完成了這一輝煌的鉅著——《齊民要術》。這部書分十卷，九十二篇，介紹了耕田、收種的方法，穀物、蔬菜、果樹和樹木等的栽培方法，家畜、家禽和魚類的飼養方法，食品的製造方法等。

書裡很注重有關不誤農時、因地種植的經驗。賈思勰認為，農作物的栽培和管理，必需根據不同的季節、氣候和土壤條件，採取不同的辦法。他說：順應天時，估量地利，用力小，可以取得大的成效；單憑個人主觀願望，不顧實際條件，違反自然規律，只會多費勞力。他認為，各種農作物的栽培都有一定的時機，千萬不要錯過最適宜栽種的季節——「上時」。

《齊民要術》還記載了關於土壤條件對農作物影響的經驗。書裡談到，并州（今山西境內）沒有大蒜，得向朝歌（今河南境內）去取蒜種，種了一年以後蒜瓣變得非常小。并州蕪菁的根，像碗口那麼大，也是從別的地方取來的種子。在并州，蒜的瓣變小，蕪菁的根變大，都是土壤條件不同造成的結果。

《齊民要術》是中國現在留存下來最早的一部完整的農書，也是世界農學史上最早的一部名著。書裡許多寶貴的生產經驗，直到今天還受到人們的重視。

（吳雁南）

《水經注》

《水經注》的作者是北魏時的地理學家酈道元。酈道元，字善長，范陽（今河北涿州）人。他年輕時，好學不倦，博覽群書，是一個很有學識的人。

中國古代有一部較完整的地理學著作，名叫《水經》，相傳是漢朝人桑欽所著（也有人認為是三國時代的人所著），書中記述了全中國一百三十七條大、小水道，對於研究當時的地理，具有相當高的價值。不過這部書有一個缺點，就是每條河流都記敘得很簡單，只說：某水源出某地，經某地，又往某某地。酈道元為了補救這個不足，決定為《水經》作注。

他補充了一千二百五十二條河流，並且在《水經》原文下詳加注引，敘述水道所經之地的風土人情以及歷史古蹟。注文比《水經》原書多出二十倍，共約三十萬字，分成四十卷。注文引用的書籍多至四百三十七種，同時還記錄了酈道元本人親自到各地實際觀察所得到的大量寶貴知識。這是一部具有高度科學性的鉅著。

書中對於各地河道的變遷、地名的變化，酈道元都根據大量文獻資料，並參證自己實地的所見所聞，一一做了精細的考證。直到清朝，人們考察河道、山脈、地域的變化和沿革，《水經注》一直是自然研究很重要的參考書籍。

《水經注》不僅是水道變遷、地理沿革的重要紀錄，而且對各地的歷史古蹟、神話傳說，也有詳細的記載。比如，《江水注》中，就記敘了戰國時代水利工程家李冰化牛與江神角鬥的故事，還插敘了三國時劉備被孫權打敗爬山越嶺逃走的史事。全書這樣的例子很多，而且描寫的技術很

高，讓人讀來感到意味深長，生動有趣。所以，很多年來，《水經注》也被看作一部優秀的文學作品。

（張福裕）

雲岡石窟、龍門石窟

雲岡石窟開始建造於北魏文成帝和平元年（西元 460 年）（一說始建於太平真君十一年，即西元 450 年）。直到西元 495 年，龍門石窟開鑿完成為止，前後經歷了三十五年，後來又陸續有所修造。

北魏文成帝即位不久，就指定曇曜和尚帶領技術工人，在今山西大同（當時北魏的國都，後遷都洛陽）西北三十里雲岡鎮武州山的崖壁上，開鑿石窟，雕刻佛像。

雲岡石窟現存三十餘洞，其中特別重要的有二十多處。各個洞窟裡面，分別雕刻著大大小小的佛、菩薩和天仙，還有各種飛禽走獸、樓臺寶塔和樹木花草等，藝術價值很高。比如，在第八石窟中，有口銜小珠的猛禽，爪趾雄健，半蹲半站的姿勢，顯得分外有力。這種猛禽，形狀有點像孔雀，在佛經中叫做「那羅延」，是古印度人想像中的靈異。中國人民在刻製這種外來的、想像中的動物時，完全採用了秦、漢以來的傳統造型手法，並進行再創造，在藝術成就上，達到了很高水準。

雲岡石窟雕作的佛像，充滿了人間氣味。拿第五窟大佛洞來講，洞口築有四層的大樓閣，進入樓閣，迎面就是一座約莫五十五尺高的巨佛坐像，它的腳就有十四尺長，中指有七尺長，比一個人還大得多。佛像高大雄偉，顯示出舉世獨尊、無可匹敵的氣概。其他石像，各按品級一個低似

一個,全體均服從大佛。再配上許多身材矮小的人像,把大佛襯托得更加雄峻莊嚴。洞內有一副楹聯,寫道:「頂天立地奇男子,炤古騰今大聖人。」由此可見,大佛是象徵皇帝的,其他各級石像好比大小群臣,身材矮小的人則代表民眾和各種服役的奴隸。這豈不是一幅完整的封建統治示意圖?

長期以來,雲岡各洞石佛,都有殘毀;特別是近百年來,遭到侵略者的偷竊破壞,損失更嚴重。僅據1935年的調查結果,佛頭便被偷鑿去三百多顆。

龍門石窟是北魏孝文帝遷都洛陽後,在洛陽龍門山上開鑿的。

最初開鑿的,稱古陽洞大石窟。孝文帝死後,魏宣武帝和魏孝明帝繼續開鑿,稱為賓陽洞,分北、中、南三大石窟。以後在東魏、北齊、隋、唐時代,又繼續經營,開鑿了不少。石窟造像多開鑿在洛陽南四十里伊水兩岸。北魏時營建的石窟都在左岸(西),其中最重要的有二十一窟,此外小窟還很多。據《魏書‧釋老志》記載,僅造窟三所,即共費人工八十萬以上;若就全部石窟來說,可以想見工程多麼浩大。

各石窟中刻滿了大小佛像,造像都很優美。如賓陽中洞所刻的〈帝后禮佛圖〉,就是一件精美絕妙、具有極高藝術價值的精品。但是這份無價之寶早已被侵略者盜走。

龍門石刻和雲岡石刻在藝術上各有特點。雲岡石佛多姿態雄健,氣象逼人;而龍門石佛,則多面帶笑容,溫和可親。比如賓陽洞的主佛佛像,臉上含著微笑,彷彿想要人和他親近的樣子。龍門石刻和雲岡石刻一樣,也遭到了侵略者的嚴重盜竊和破壞,其損失之重,無法猜想。

雲岡、龍門兩石窟，是人民辛勤勞動和智慧的創造，它們在中國文化史上占有十分重要的地位。

（張福裕）

第二編　帝國奠基：秦漢與南北朝

第三編

盛世興替：隋唐到兩宋

　　本編從隋唐講到宋朝。這一時期，中國再次迎來大一統的局面，文學與藝術水準達到了新的高度。隋文帝文治武功，統一南北。唐朝繁榮昌盛，思想高度開放，吸引萬邦來朝。宋朝獨具風雅，在詩詞、書畫等領域都取得了巨大成就，為後人留下了浩繁的文化瑰寶。

第三編　盛世興替：隋唐到兩宋

隋朝的建立

隋是繼北周之後建立起來的一個朝代。

北周末年，皇帝、貴族荒淫無度，政治十分腐敗。如周宣帝宇文贇（ㄩㄣ）只顧坐享安樂，不管人民死活，為了建築洛陽宮，竟把原來農民每年服役一個月的規定，改為四十五天。在位兩年後，宇文贇死去。兒子宇文闡繼位（周靜帝），年僅八歲，年幼無知，外戚楊堅輔政，這樣就為楊堅製造了奪取北周政權的大好機會。

楊堅的父親楊忠，是西魏主要將領「十二大將軍」之一，北周時被封為隋國公。楊堅繼承了父親的爵位，他的妻子獨孤氏是鮮卑大貴族獨孤信的女兒，他自己的女兒是周宣帝的皇后。他憑藉著楊家的社會聲望、個人的政治才能和外戚身分，總攬朝政，官至「大丞相」，集軍政大權於一身。輔政不久，他就積極謀劃，部署力量，準備奪取北周政權。

北周地方大臣相州（今河南安陽）總管尉遲迥、鄖州（今湖北十堰市鄖陽區）總管司馬消難、益州（今四川成都）總管王謙相繼起兵，為挽救北周的統治做最後的掙扎。但是都無濟於事，結果被楊堅先後派兵討平。西元581年，楊堅迫使周靜帝讓位，自立為皇帝，國號隋，建都長安（今陝西西安，後遷大興城，仍在長安附近），改元開皇。他就是隋文帝。

開皇九年（西元589年），隋文帝派兵滅掉了南朝最後的一個王朝——陳，統一了全國，結束了東晉以來二百七十多年長期分裂的局面。為了維護地主階級的封建統治，實現和鞏固地主階級政權的統一，隋文帝在滅陳以前和以後一個時期內，實行了一系列安定社會、發展農業生產的政策，其中重要的有以下幾項。

1. 繼續推行北魏以來的「均田制」：規定農民所受土地，分為露田和永業田兩種，露田要歸還，永業田不歸還。一個成年男子受露田八十畝，永業田二十畝（當時人口稀少，荒蕪的土地很多，所以規定受田較多，但實際並未能在所有地區都按規定受田），婦女只受露田四十畝。奴婢按照一般的成年人受田，一頭牛按規定也可受田六十畝。官僚地主所受的田要比農民多得多。隋朝「均田」的土地，是無主荒地或由政府直接掌握的官田。無地或少地的農民獲得一部分土地，對恢復社會生產是有利的。

2. 減輕農民賦役負擔：北周政府原規定，已娶妻的男子每年納絹一匹、棉八兩、粟五石，未娶妻的男丁減半。男子自十八歲到五十九歲每年都要服勞役一個月，周宣帝時因修治洛陽宮一度增為四十五天。隋初規定農民繳納租調，以床（一夫一婦）為計算單位，丁男一床，繳納租粟三石，調絹一匹（四丈）或布一端（五丈），棉三兩或麻三斤；單丁和奴婢只需繳納一床租調的一半。隨著政權的日益穩定，開皇三年（西元583年），隋政府把成丁年齡由十八歲提高到二十一歲，每年服役日期由一個月減為二十天，調絹一匹由原來的四丈減為兩丈。開皇十年（西元590年），又規定五十歲以上一律免役收庸（用布帛代替力役）。租調徭役減輕，對於提高農民的生產熱情，促進農業生產的發展，能發揮一定的正向作用。

3. 整理戶籍：從漢末以來，大族豪強地主占有大量的土地和農民，他們隱匿戶口、逃稅漏稅的很多。隋文帝即位後，為了直接控制更多的土地和勞動力，以便增加稅收，打擊豪強大族的勢力，命令州縣編制鄉黨閭保，整頓戶籍，清查戶口，凡屬堂兄弟以下都要分別立戶，不準隱瞞。河北、山東一帶，隱匿戶口的現象特別嚴重。隋政府整頓戶籍首先便以這一地區為對象。

西元583年，隋政府下令在全國實行戶口大檢查，結果有四十多萬壯

丁,一百六十多萬人口,新編入戶籍。這一措施,對於鞏固中央集權、限制逃稅漏稅、加強農業生產發展,都是有利的。

此外,隋政府還在革除弊政、劃一制度、打擊大族豪強地主等方面,做了許多其他有益的工作。例如南北朝時,郡縣的設定既濫且多,冗員充斥,大量官吏的薪俸開支,是農民的沉重負擔。隋政府合併了許多州縣,裁汰了一些冗官,從而節省了一些開支,在客觀上多少減輕了農民的負擔。

隋文帝很注重提倡節儉,他個人的生活也比一般帝王較為簡樸,這雖然不能直接增加生產,但提倡節儉,對於社會財富的累積,是有好處的。

據記載,隋朝初年,社會經濟有很大發展,出現了「人庶殷繁」(百姓多而且富有)的景象。顯然,這與當時全國統一以及隋政府採取各項有效措施是有一定關係的。

(張習孔)

隋朝的崩潰

西元604年,隋文帝去世,他的兒子楊廣繼承皇位,這就是隋煬帝。隋煬帝是歷史上著名的暴君。繼位的第二年(大業元年,西元605年),他便下令強迫人民為他營造顯仁宮(在洛陽附近)和西苑(也在洛陽附近)。為修築、布置顯仁宮,長江以南、五嶺以北的各種奇材異石,以及全國各地的各種珍禽奇獸等,都被強徵到洛陽。

西苑的規模異常宏大:周圍有兩百里,苑內挖有人工海和渠,海中堆有蓬萊、方丈、瀛洲諸山,高出水面一百多尺,山上築有臺、觀、殿、閣,十分華麗;沿渠有十六院,院中樹木秋冬凋落時,則用各色綾羅剪成

花葉，綴在枝上，水池內也用彩色綾絹做成荷、芰（ㄐㄧˋ，菱的一種）、菱、芡（ㄑㄧㄢˋ，一年生水草），表示四季常青。據記載，隋煬帝在位，「無日不治宮室」，自長安至江都（今江蘇揚州），便有離宮（皇帝經常所住宮殿以外的宮室）四十餘處。

從大業元年到大業十二年，隋煬帝曾三次巡遊江都。巡遊的目的，主要是想憑藉皇帝的威力，在政治上鎮服江南地區的人民反抗，但是也帶有相當程度的遊玩享樂因素在內。每次出遊，耗費的財力物力，實在無法計算。以第一次巡遊為例：早在好幾個月前，隋煬帝就派人往江南監造龍舟及各式雜船，以備應用。龍舟高四十五尺，長二百尺，分四層：上層有正殿、內殿、東西朝堂；中間兩層有一百二十個房間，都飾以金玉錦繡；下層為內侍所住。其他船隻雖較龍舟為小，裝飾也極為豪華。

西元605年秋天，隋煬帝帶著皇后、妃嬪、文武百官以及大批和尚、尼姑、道士、侍役、衛隊，從顯仁宮出發，分別乘坐小船自漕渠出洛口（洛水入黃河之口），然後改乘龍舟及其他各類船隻，前往江都。大河中，船隊相接，首尾二百餘里，共用挽船夫八萬餘人。兩岸有騎兵隨行護衛，蹄聲動地，旌旗蔽野。巡遊隊伍所過之地，五百里內的百姓都得貢獻食物。

隋煬帝做皇帝十四年，經常巡遊在外，留在京城的時間，總共加起來還不足一年；而每次巡遊，跟隨的妃嬪、宮娥等人，「常十萬人」，需用的食物用品，都要地方州縣供給，實際的負擔都落到人民頭上。百姓在這種繁苛的徵斂和役使下，苦不堪言。

隋煬帝在位期間，為了進一步加強中央對地方的控制和方便搜刮江南財富，隋政府曾先後役使數百萬民夫，利用前人經營的基礎，開掘了通濟

渠、山陽瀆、江南河、永濟渠等人工河道，完成了貫通南北的大運河工程。這條運河的開掘，隋朝人民以及隋以前和以後歷朝的人民，都貢獻了力量。儘管隋朝統治者下令開掘運河的目的是維護統治階級的利益，然而從客觀上的效果來講，在古代很長一段歷史時期內，這條運河對南北物資的交流和社會經濟的發展，曾發揮過極其重要的作用。

（易惠中）

隋末農民起義

隋朝末年，隋煬帝的統治更加殘暴，人民不堪痛苦，紛紛舉行起義。大業七年（西元611年），山東鄒平人王薄，首先舉起了反隋的旗幟。不少農民響應了王薄的號召，跟隨他一道起義。他們占領了長白山（在今山東鄒平東南），到處攻打官軍。不久，各地農民也接著起義，農民戰爭的大風暴迅速席捲了大部分地區。

自西元611年到618年，隋末農民戰爭共歷時八年。這八年，大致可以分為三個階段。從西元611年到614年，為第一階段。在這一階段，農民軍由於缺乏訓練和裝備，加上各支隊伍分散作戰，彼此未能很好聯繫，以致在對敵鬥爭中，暫時處於劣勢地位；但是另一方面，被推進窮困深淵的農民大批參加起義軍，因此農民起義的隊伍反而在區域性失敗中一天天更加壯大起來。

從西元614年到616年，為第二階段。在這一階段，農民軍不僅在山東、河北一帶鞏固了自己的據點，奪取了一些重要的城市，並且還在江淮地區取得了很大的勝利；而隋朝封建統治者由於不斷受到農民軍的沉重打

擊，這時已無法再維持其原有的軍事優勢，起義軍的力量已逐漸發展到了和隋軍接近平衡的地步。

從西元616年到618年，為第三階段。在這一階段，隋軍的力量日益微弱，農民起義軍在軍事上完全轉入了主動地位，隋政權日益走向崩潰，以致最後覆滅。

根據史書的記載，隋末農民起義大約有一百二十處。各路起義軍逐漸匯合，後來形成了三個最強大、最著名的軍隊，這就是河南的瓦崗軍、河北的竇建德軍和江淮之間的杜伏威軍。

瓦崗（在今河南省滑縣南）軍的最初領導人是河南人翟讓。後來，單雄信、徐世勣（ㄐㄧ）等人都來參加起義。西元616年，李密也投奔到瓦崗軍來。李密很有才能，他加入瓦崗軍後，一面勸翟讓明確地提出反抗隋朝暴政的口號，一面親自去勸說各地起義領袖加入瓦崗軍。瓦崗軍的勢力迅速壯大起來，成為當時最強大的一支農民武裝力量。

西元616年，瓦崗軍攻下了金堤關（在今河南滑縣東）和滎陽（今河南滎陽）附近各縣，隋煬帝派大將張須陀率兵前往鎮壓，瓦崗軍埋伏在滎陽大海寺北面的樹林裡，隋軍中了埋伏，被殺得大敗，張須陀自殺。西元617年，瓦崗軍一舉攻下今河南鞏義附近隋的著名糧倉——洛口倉，並且開倉放糧，賑濟百姓。附近人民扶老攜幼前來領糧，他們對瓦崗軍一致表示感戴。瓦崗軍發展到幾十萬人，河南的郡縣大多被他們占領。

瓦崗軍攻占洛口倉後，隋朝大為震恐，派劉長恭、裴仁基領兵前來堵擊，兩軍在石子河（今鞏義東南）會戰，隋軍大敗，裴仁基率領部下秦瓊、羅士信投降瓦崗軍。經過這幾次勝利，李密被翟讓等推為瓦崗軍的領袖。

西元617年年底至618年年初，瓦崗軍大敗隋將王世充軍。東都（今

河南洛陽,是隋煬帝為了加強中央對地方的控制而建立的一個新都)幾乎被瓦崗軍圍困住。在推翻隋朝統治的過程中,瓦崗軍有著重大的作用。《隋唐演義》和《說唐》兩部小說中所寫的瓦崗寨故事,就是以瓦崗軍歷史素材作為依據的。不過,小說又進行了許多渲染和虛構,因此和歷史真實情況有很多地方不同。

竇建德領導的起義軍,活動於河北一帶。西元616年,他曾以七千人大破隋軍郭絢部,「殺略數千人,獲馬千餘匹」。西元617年,當瓦崗軍進迫東都時,隋煬帝命薛世雄率領河北三萬精銳援救東都,竇建德偵知消息,在河間大敗薛世雄軍,河北郡縣大部被竇建德乘勝攻下。

在江淮一帶,杜伏威帶領的起義軍,勢力最大。西元617年,杜伏威率軍打敗了隋將陳稜的軍隊,占領了江北地區,又占據了歷陽(今安徽和縣)作為根據地。江淮之間的小支起義軍,大多聚集在杜伏威的周圍。隋的軍事重鎮江都受到了嚴重威脅。

在以上幾支起義軍的打擊下,隋軍只能困守長安、洛陽、江都幾座孤城,號稱「甲兵強盛」的隋朝統治,實際上已經土崩瓦解。

(曾增祥)

貞觀之治

西元617年,關中大地主李淵利用農民起義蓬勃發展、隋政權走向崩潰的形勢,在太原起兵。關中的地主紛紛起來反隋,響應李淵,他們的武裝隊伍配合李淵的軍隊,包圍了長安城。接著,李淵的軍隊攻占了長安。西元618年,隋煬帝在江都被部將殺死,李淵在長安做了皇帝,國號唐。

貞觀之治

在八、九年的時間裡，唐軍先後消滅了各地的起義軍和割據勢力，統一了全中國。西元626年，李淵把帝位讓給了次子李世民，李世民就是歷史上有名的唐太宗。從貞觀元年（西元627年）到貞觀二十三年（西元649年），是唐太宗統治的「貞觀」時期。在這一時期裡，政治比較清明，社會經濟得到迅速的恢復和發展。這種經濟上的恢復和政治上的相對安定，就是歷史上有名的「貞觀之治」。

貞觀之治的出現，根本原因是由於唐太宗和他的大臣們吸取了隋末農民起義的嚴重教訓。唐太宗曾對大臣們說：「一個好皇帝，必須讓老百姓能夠活下去。」曾經參加過瓦崗軍的大臣魏徵也曾對唐太宗分析過隋朝滅亡的原因，說：「隋煬帝無止境地役使人民，人民為了活下去，不得不起來反抗，隋政權就土崩瓦解了。」

基於這種認知，唐統一全國後，為了鞏固封建政權的統治，就實行了一系列對農民讓步的措施。西元624年，唐政府下令實行均田制和租庸調制。規定：在地多人少的地方，每個十八歲以上的男子，受田一百畝，其中八十畝在年老或死後要歸還政府，二十畝不需歸還。受田的農民從二十一歲到六十歲，每年要向政府繳納米二石（叫做「租」），絹二丈、棉三兩（叫做「調」），服勞役二十天。不服役的要用絹代替（叫做「庸」）。這些措施，使農民獲得了一定數量的耕地。政府按照規定徵收租庸調，又注意不在農忙季節徵發，這就對於農業生產的恢復和發展有著積極推動的作用。

貞觀時期，吏治也比較清明。在精簡機構方面，如對中央官員的裁減和對地方州縣的歸併，唐政府都做了很多工作。唐太宗很注意地方官吏的人選，他曾經把地方最高軍政長官的名字寫在屏風上，誰做了善事或惡事，就在他們的名下記上一筆，以便作為升降職位的參考。貞觀八年（西元634

年），唐太宗又派李靖等大臣到全國各地去巡察，升遷廉吏，懲罰貪官。

唐太宗還很注意提拔人才，他重用了一批出身於較低階層的人，如魏徵、戴冑、張玄素等。這些人都敢於說話，經常糾正太宗的過失，並且經常拿隋朝滅亡的教訓來提醒太宗不要重蹈隋亡的覆轍。此外，唐太宗時的著名賢相房玄齡、杜如晦，在訂立制度、整頓吏治方面，也發揮了重要的作用。

由於封建剝削較前減輕，政治比較清明，貞觀年間，社會生產得到了一定的發展。貞觀初年，全國戶數為二百多萬戶，到太宗死後不久，便增加到三百八十萬戶。牲畜也繁殖起來，甚至是「牛馬布野」。

貞觀年間，由於國家政權日漸穩固，唐朝的國防也比較鞏固。當時北方的東突厥很強盛，東突厥的騎兵經常侵入唐的北方邊境，破壞生產，搶掠人口和牲畜。貞觀四年（西元630年），唐軍打敗了東突厥，解除了唐朝北方邊境的威脅，使人民能夠在這些地方進行正常生產。

（張習孔）

魏徵

魏徵是中國歷史上的名臣，在唐太宗時，當過侍中（宰相）等官。他曾先後規勸唐太宗二百多事，對鞏固唐朝的封建統治，有著重要作用。

貞觀六年（西元632年），唐太宗在群臣的慫恿下，準備到泰山進行所謂「封禪」（祭祀天地）大典。這個大典是從秦始皇以來許多帝王最喜歡玩弄的一套把戲，統治者企圖用這個迷信的活動來麻痺人民，達到加強封建統治的目的。魏徵進諫說：「自從隋末以來，山東州縣殘破得很厲害，

皇帝車駕出行，必然要跟隨大批官吏和衛隊，這樣不僅浪費許多人力、物力，並且會帶給沿途州縣人民極大的痛苦。」他堅決勸阻唐太宗東封泰山。魏徵的話，引起了太宗對隋朝滅亡的回憶，他因而取消了這個計畫。

貞觀八年（西元634年），唐太宗下令修復洛陽宮殿。陝縣令皇甫德參上書，認為太宗大興土木，是勞民傷財。同時，皇甫德參還勸阻唐太宗不要苛斂百姓，並且指出，當時婦女流行梳很高的髮髻，是一種很不好的風氣，這是宮中傳出來的。唐太宗認為皇甫德參有意誹謗自己，惱怒地說：「這人要國家不役使一個人，不收取一文租，宮女都沒有頭髮，才稱心滿意呢！」魏徵知道了，諫阻太宗說：「自古以來，做臣下的上書，言語激切是不可免的；因為不這樣，便不能打動皇帝的心意。」太宗聽了，很是感悟，不但沒有責罰皇甫德參，反而賞賜給他絹帛二十匹。

魏徵曾告訴太宗，「兼聽則明，偏信則闇」，希望太宗處理問題時傾聽多方面的意見，不要只聽一面之詞。他不斷勸太宗「居安思危，慎終如始」。貞觀十三年（西元639年），他非常激切而誠懇地寫了一個書面意見給太宗，說他不像貞觀初年那樣能夠堅持儉約樸素、那樣體恤百姓、那樣孜孜求治、那樣虛心聽取意見了。唐太宗讀了魏徵的意見以後立即說：「我現在知道我的錯了，我願意改正。」

魏徵經常積極地向唐太宗提意見，要唐太宗吸取隋末農民起義的教訓，不要過重地剝削和壓迫人民。唐太宗把魏徵比作一面鏡子，認為透過他可以發現自己身上的缺點。魏徵死後，太宗對大臣們說：「我從此失去一面鏡子了！」

（張習孔）

第三編　盛世興替：隋唐到兩宋

文成公主

　　7世紀初，青藏高原上興起了一個強盛的吐蕃王朝。這個王朝的贊普（藏語稱國王為「贊普」）松贊干布是一位有雄才大略的英雄人物，他統一了高原上的許多部落，把都城遷到邏些（今西藏自治區拉薩市），勵精圖治，為吐蕃的多方面發展創造了條件。

　　唐太宗即皇帝位以後，松贊干布為了加強和唐朝的友好關係，曾經幾次派遣使臣，帶著貴重的禮物到長安向唐王室請婚。唐太宗最後接受了他的請求，答應把宗室女文成公主嫁給他。直到今天，藏族民間還流傳著許多關於請婚和許婚的動人故事。有這樣一則流傳比較廣的「五難婚使」的傳說。

　　吐蕃派到長安來請婚的正使是聰明機智、很有才幹的大相噶爾・東贊，唐太宗向噶爾・東贊提出了五件難做的事，並且把做好這五件難事作為迎娶文成公主的條件。這五件難事中的第一件便是要把一百匹母馬和一百匹馬駒的母子關係，分別地尋認出來。噶爾・東贊靈活地運用了吐蕃人民在牧業生產方面的知識，他先把母馬和馬駒分別圈起來，並且暫時斷絕了馬駒的草料和飲水供應，過了一天之後，再把母馬和馬駒同時放出來，一百匹馬駒很快地認出了自己的母親，依偎不離，難題被順利地解決了。

　　第二件難事是要把一條綿軟的絲線穿過一個孔道很細的九曲明珠。聰明的噶爾・東贊先將一條馬尾鬃拴在一只螞蟻的腰部，再把螞蟻放進九曲明珠的孔內，然後，用嘴不斷向孔道裡吹氣，一會兒，這隻螞蟻便拖著細細的馬尾鬃從明珠另一端的孔中鑽了出來；這時，再把絲線接在作為引線

的馬尾鬃上，只輕輕一拉，絲線便穿過了九曲明珠。難題又被順利地解決了。

就像這樣，接連的五件難事都被噶爾‧東贊分別解決，唐太宗非常高興，允許把美麗、智慧的文成公主嫁給吐蕃贊普松贊干布。這個傳說雖然不一定是歷史事實，但是它生動地反映了漢藏兩族人民在歷史上的親密關係。

貞觀十五年（西元 641 年），文成公主由唐朝禮部尚書、江夏王李道宗護送西行。松贊干布親自到柏海（在今青海境內）去迎接，並以女婿的禮節和李道宗相見。文成公主到邏些時，吐蕃人民穿著節日的盛裝，熱情洋溢地迎接了這位遠道而來的、連繫漢藏民族友誼的贊蒙（藏語稱王後為「贊蒙」）。為了尊重漢族的風俗習慣，松贊干布還特地在邏些為文成公主修築了居住的宮室。

松贊干布和文成公主聯姻以後，吐蕃和唐朝之間的親密友好關係有了很大的增進。太宗死後，唐高宗繼位，又以松贊干布為「駙馬都尉」，封「西海郡王」。松贊干布為了表示對唐太宗逝世的哀悼，還遣使來朝，向太宗的陵墓備禮致祭，同時上書表示效忠唐室。

文成公主嫁到吐蕃的同一時期，中原地區的農具製造、紡織、繅絲、建築、造紙、釀酒、製陶、碾磨、冶金等生產技術，和曆算、醫藥等科學知識也傳入了吐蕃。藏族人民傳說，文成公主帶到吐蕃去的糧食、蔬菜的種子有成百上千種，隨行工匠的人數是五千五百名，帶去的牲畜數是五千五百頭。這些傳說的數字雖然不見得確實，但卻反映了這一時期中原地區的先進文化大量傳入吐蕃的歷史事實。應該說，這種先進文化的傳入，對當時吐蕃的發展有著很大的促進作用，也對以後藏族經濟、文化的

發展有深遠的影響。

文成公主在唐高宗永隆元年（西元 680 年）逝世，她在吐蕃生活了近四十年。由於文成公主對吐蕃社會的進步和發展做出了貢獻，她的事蹟在藏族地區是家喻戶曉的。今天，藏族人民還能根據先輩口傳，指出文成公主曾在哪些地方教過藏族婦女紡織，在哪些地方刺繡過佛像。藏族婦女都說她們的紡織技術是文成公主傳授下來的。她們在講述這些故事時，對文成公主很是感激、懷念。藏族人民十分崇敬文成公主。她經過的地方，一直被認作聖潔的所在。藏族人民還特地定了兩個節日來紀念她。藏族的歷史也用了大量的篇幅來記載她的事蹟。直到現在，拉薩市的布達拉宮和大昭寺內，還供奉著松贊干布和文成公主的塑像；布達拉宮裡，還保存著她和松贊干布結婚時的洞房遺跡。

松贊干布和文成公主的聯姻，說明了早在 7 世紀時，漢藏兩族人民就已經建立了血肉相連的親戚關係，以及極其密切的政治、經濟、文化等方面的頻繁往來關係。

（王輔仁）

武則天

武則天，名曌（ㄓㄠˋ），是中國歷史上唯一的女皇帝。唐高宗（唐太宗的兒子）即位不久，她做了皇后。高宗病死後，她以皇太后身分臨朝執政。西元 690 年，她六十七歲，改國號唐為周，加尊號稱「聖神皇帝」。從三十二歲做皇后時開始參決政事起，到八十二歲病逝止，她前後掌握政權達五十年。由於她晚年的尊號稱「則天大聖皇帝」，所以歷史上叫她武

則天。

　　武則天從開始臨朝執政時起，就遭到了許多皇室貴族的反對。為了壓制這些政治上的反對派、培植自己的勢力、鞏固自己的政權，她發展了科舉制，增加了每次考取的名額數；除考選文官外，還考選武官。這樣，就為一般地主階級有更多的機會參加政權在客觀上創造了有利條件。

　　在唐高宗還活著的時候，武則天曾經向高宗提出減輕賦稅、振興農桑、消除兵災、節省徭役、廣開言路等許多有利於國計民生的建議。西元684年，她下令各地方官獎勵農桑，如果做到「田疇墾闢，家有餘糧」，就可以受到獎勵、提升官位；如果「為政苛濫，戶口流移」，就要受到貶降處分。

　　為了廣泛延攬人才，武則天常常要求各級官吏把有才能的人推舉出來，並且還允許有才能的人自薦，而加以破格任用。例如她聽說王及善有才能，便決定讓他出來擔任地方官。當召見時，她發現王及善果然有很好的政治見解，便又改變主意，把他留在中央，參與朝廷大計。

　　武則天在政治上很重視接受臣下的意見，她命令大臣們對朝政得失大膽地提出批評。在她所鑄造的四個銅匭（ㄍㄨㄟˇ，就是銅匣）中有「招諫」一匭，就是專門為了聽取臣下的不同意見而設的。狄仁傑是武則天時的宰相，也是當時最有膽識的政治家，他曾對武則天提出過許多建議和批評，諸如有關寬減刑獄、減輕徭役、懲辦不法的大臣等，都被武則天欣然接受。

　　武則天統治時期，政治是比較清明的，社會經濟是繼續向上發展的。不過在這裡，也應該指出：武則天大造佛像、佛寺，也造成生產的一定損失。她的破格用人，總體來講，意義很大，但是她信任像薛懷義那樣「用

財如糞土」的人，也在政治上造成了很不好的影響。

一千多年來，由於受封建統治階級的思想影響，人們一直存在著對武則天不正確的看法，甚至極力誣衊她。武則天敢於衝破種種阻撓，宣布自己是皇帝，不愧是封建社會女性中傑出的人物。

（張習孔）

唐代的長安

唐朝在西元 7 世紀初至 8 世紀中這一時期，是世界上最富強的國家之一。唐的首都長安，不僅是當時中國的政治、文化中心，也是當時國際性的大都市之一。

唐代的長安城，位居全城北面正中的是「宮城」；宮城的南面是「皇城」；從宮城北緣東西兩端向外延展，並從東、西、南三面把宮城和皇城包圍起來的是「外郭城」，也叫「京城」。

宮城分三部分：當中為殿閣，是皇帝和大臣們議事及國家舉行大典的地方；西部為掖庭宮，是皇帝和后妃居住的地方；東部是東宮，是太子居住和會見東宮官屬的地方。這座宮城是隋朝原有的建築。唐朝初年擴大宮殿，在城的東北面加建了一個大明宮。唐玄宗時，又興建了興慶宮。

皇城內南北有七條街，東西有五條街，唐朝中央政權組織各機關就分布在這一帶。管理官營手工業的各個專門機構，也設在這裡。唐代官營手工業是很發達的。在長安，官營手工業作坊很多，並且分類也很細。例如「少府監」的「織染署」就掌管十個織染作坊、五個組綬（貴族官吏用來承受佩玉的一種寬絲帶子）作坊、四個紃線作坊、六個練染作坊（一說「織

染署」只掌管做帽子的作坊）。官營手工業作坊的工匠，是從各地徵調來的。作坊的產品，只供皇室貴族用，不供一般平民用。

外郭城周圍有六十七里。城中有南北十一條街，東西十四條街，一百零八「坊」。正對皇城南面的朱雀門有一條寬闊的大街，叫朱雀門街，這條街恰好把外郭城分成了東西兩部，街東五十四坊，街西五十四坊。這裡是老百姓和一般官吏的住宅區，也是商業區。

長安有兩個著名的市場，一個是「東市」，一個是「西市」。東市在朱雀門街以東，西市在朱雀門街以西。東市南北占地二坊，有東、西、南、北四條街。街市上有各類私營手工業作坊和出售各種貨物的店鋪，也有專門賣飲食的酒肆和飯店。市的四周還有許多官僚豪富開設的「邸店」，邸店是供外地的轉運商客居住和存放貨物的地方；直接經營邸店的人被稱為「居停主人」或「牙人」，他們也替商客買賣貨物，從中取利，抽取傭錢。西市的規模和交易的情況，大體和東市相同，但比東市要更加熱鬧。

長安是一座很美麗的城市，街道修建得很整齊，布置得很有計畫。城裡有許多清池小溪，種有不少的梧桐、槐樹、白楊和垂柳。特別是城東春明門至曲江一帶，樓閣參差，水流曲折，景色格外豔麗；每年百花盛開的季節，這裡終日有遊人川流不息。

長安是當時全國人才集聚的地方，許多著名的學者、文學家、藝術家，都在這裡長期居住過，他們在這裡創作了不少優秀的作品。詩人李白和杜甫，就都在長安居住過。

唐代長安，外國商人、外僑和外國留學生很多，充分反映了長安作為一個國際性都市的特點。外商大多數集中在西市，他們有的來自今伊朗和中亞，有的來自今阿拉伯半島，有的來自今東南亞各國。他們從遠方帶來

香料、珠寶等貨物，來長安換取中國的絲織品和瓷器，唐朝政府允許他們開展正當的貿易，為他們創造了許多方便的條件，並且還允許他們在中國開設店鋪。

派遣留學生到中國學習的，主要有日本和朝鮮半島的新羅等國。留學生到長安學習唐朝的政治制度、經典、文藝和科學。不少外僑和留學生，在長安一住幾十年；也有許多留學生學成歸國，帶走大量中國的古籍經典。

透過各國商人到長安進行貿易往來，透過各國留學生到長安學習各種文化，唐朝的文化隨之遠傳到國外。同時，唐朝也從中吸取了各國文化的長處和優點。

（易惠中）

安史之亂

唐高宗（西元649年至683年在位）以來，邊疆一直有重兵屯戍；從睿宗年間（西元710年至712年）開始，唐政府又陸續在邊境設定了節度使；到玄宗（西元712年至756年在位）時期，節度使已增加到十個。節度使起初只管軍事，後來日漸發展成為全面掌握一個地區的軍事、財政和行政大權的封建割據勢力。

唐玄宗統治的後期，朝政先後被李林甫、楊國忠等人操持。他們驕縱跋扈，排斥異己，貪汙腐化，殘虐百姓，唐朝的政治日趨敗壞。天寶十四年（西元755年）冬，兼領平盧（治所在營州，今遼寧朝陽）、范陽（治所在幽州，今北京市）、河東（治所在太原，今山西太原市西南）三鎮節度使的安祿山，利用唐政權腐朽的機會，以討伐楊國忠為名，率所部兵十五萬

人，從范陽長驅南下。安祿山的軍隊沒有遭到什麼抵抗，很快地就渡過黃河，攻陷了洛陽。

唐政府臨時招募起來的軍隊一戰即潰，安祿山軍逼近了潼關。唐朝朔方（治所在靈州，今寧夏回族自治區靈武）節度使郭子儀、新任河東節度使李光弼進兵攻打河北；常山郡（在今河北省正定縣一帶）太守顏杲（ㄍㄠˇ）卿和平原郡（今山東省平原縣東北）太守顏真卿也在河北起兵，襲擊安祿山的後方，安祿山軍的軍心動搖。安祿山怕後路被切斷，一度打算放棄洛陽，回軍河北。但是唐政府沒有利用這種有利的形勢，進行有效的抵禦。

西元756年夏，安祿山的軍隊攻下了潼關，唐玄宗聞訊後，偷偷從長安逃往四川，走到馬嵬（ㄨㄟˊ）驛（在今陝西興平市）時，軍士們憤恨楊國忠禍國殃民，就殺死了楊國忠，連玄宗的寵妃楊貴妃也被逼縊死。此後，玄宗逃到四川，太子李亨逃到靈武，即皇帝位，就是唐肅宗。

安祿山的軍隊進入長安以後，大肆燒殺搶掠，遭到人民的強烈反抗，無法繼續西進。安祿山在攻陷長安以前，曾在洛陽稱帝，國號大燕。肅宗至德二年（西元757年），安祿山軍的內部發生分裂，安祿山在洛陽被他的大兒子安慶緒殺死。唐軍趁機反攻，並且憑藉回紇（ㄏㄜˊ）兵的幫助，於這年秋季先後收復了長安、洛陽。

肅宗乾元二年（西元759年），洛陽再度失陷。安祿山的舊部史思明進入洛陽，殺安慶緒，自立為大燕皇帝。

肅宗上元二年（西元761年），史思明被他的兒子史朝義所殺，史軍勢力漸衰。次年，唐政府再次依靠回紇兵，收復洛陽。史朝義逃往河北，他的許多部將都投降了唐朝。

第三編　盛世興替：隋唐到兩宋

　　代宗廣德元年（西元 763 年），史朝義在走投無路的情況下自殺。這場使人民的生命、財產蒙受了巨大損失的「安史之亂」才宣告結束。從此，唐朝由興盛進入了衰落時期。

（張習孔）

黃巢起義

　　唐朝末年，政治異常腐敗，皇帝、官吏、藩鎮、僧侶、地主、富商霸占了絕大多數的土地，揮霍掉大量人民以血汗創造的財富，過著荒淫腐化的生活。農民終日勞苦，仍然是「健兒無糧百姓飢」。儘管這樣，官府還是拚命催徵租稅，農民無法忍受，只好拿起武器進行反抗。

　　宣宗大中十三年（西元 859 年），裘甫帶領農民在浙東起義；懿宗咸通九年（西元 868 年），屯戍桂州（今廣西桂林）的戍卒因久戍在外不得歸家，共同推舉龐勛帶領起義。這兩次起義雖然很快就被鎮壓下去，但是此後不久，王仙芝、黃巢領導的農民大起義就爆發了。

　　僖宗乾符元年（西元 874 年）年底，王仙芝帶領數千人在長垣（今河南長垣縣東北）起義。起義軍釋出文告，痛斥唐政府官吏貪汙、賦稅繁重、賞罰不平，並且打出「天補平均大將軍」的旗幟。「天補平均大將軍」的意思是說，受天之命為大將軍來消滅人間的不平。農民紛紛響應，加入起義軍。西元 875 年夏天，黃巢率領數千人在山東冤句（ㄩㄢ ㄑㄩˊ，在今山東曹縣北）起義，響應王仙芝。起義軍的勢力更加壯大，幾個月裡發展到幾萬人。起義軍從山東轉戰到河南、湖北、安徽一帶，到處打擊政府軍，受到各地農民的歡迎和支持。

黃巢起義

西元878年，王仙芝戰敗犧牲，起義軍由黃巢統一指揮。黃巢帶領起義軍在淮河流域活動了一段時期之後，為了在策略上「避實擊虛」，於是橫渡長江，進入江西和浙江一帶；接著又在很短的時間裡，以驚人的毅力和速度，開闢了一條七百里長的山路，進入福建。第二年夏天，起義軍又攻下了廣州。

黃巢到達廣州後，一面休整，一面準備向北進攻。在出兵北征之前，黃巢以「義軍百萬都統」的名義釋出文告，宣布要進攻長安，推翻唐朝的黑暗統治。廣明元年（西元880年），黃巢的起義軍打到潼關，軍威極盛。長安城內的統治階級又慌又怕，百官分路逃竄躲藏，宦官田令孜倉皇地挾著皇帝逃往四川。

當起義軍的先鋒進入長安時，唐金吾大將軍（負責京都治安的最高長官）張直方率領文武官數十人到霸上投降黃巢。起義軍「甲騎如流，輜重（指軍用器械糧草等）塞途，千里絡繹不絕」。人民夾道歡迎，起義軍對他們說：「黃王起兵，本來為的是百姓，不像李家那樣不愛你們，你們安居樂業好了，一點不用害怕。」起義軍一方面拿出財物贈給貧苦的人民，安撫百姓；另一方面對那些富豪、宗室和不肯投降的官吏，恨之切骨，抓到的全都殺掉，並且焚毀他們的房屋，剝奪他們的財產。

黃巢在百姓的擁戴下做了皇帝，國號大齊，任命百官，建立了一個新的政府。

黃巢帶領的農民起義軍一直流動作戰，沒有建立鞏固的根據地。打進長安以後，又沒有徹底消滅唐政府的軍事力量。後來，唐政府收買了起義軍的叛徒，又勾結了沙陀人，對起義軍進行內外夾攻。起義軍抵擋不住，為了保存力量，退出長安。又經過一年多的戰鬥，起義軍最終失敗了。

（張習孔）

第三編　盛世興替：隋唐到兩宋

劉知幾、杜佑

劉知幾（西元661年至721年）是中國傑出的史學家。他鑽研過許多史書，閱讀過大量史料。西元710年，他寫成了一部在中國文化史上有重大貢獻的歷史批評著作——《史通》。

在《史通》裡，劉知幾提出了進步的歷史觀，闡述了他關於編寫歷史書的見解和主張，並對過去的史書做出了總結性的分析和批判。首先，劉知幾反對命定論的歷史觀，認為那種把歷史看作不是由人創造的而是由什麼天神來決定的觀點是錯的。他提出，歷史是人創造的，不能用命定或命運來解釋。他大膽地批判了《春秋》和《史記》中的命定論傾向。

其次，劉知幾反對復古主義的歷史觀，認為一切把古代社會描寫成為理想世界，想把歷史拉向後退、恢復古代社會制度的看法和想法，都是錯的。他列舉了很多資料，說明堯、舜時代並不是人類最美好的時代。有關堯、舜「盛世」的一些傳說，實際都是不可信的奇談。

最後，劉知幾反對曲解歷史，主張要以大膽批判的精神來寫歷史，記事要直言不諱。他大膽地指出傳統說法的不可信，指明了《春秋》的許多缺點。

此外，劉知幾還主張在編寫歷史時，要參考大量史料，並且要辨明真假，採用真實的史料。用他的話來說，就是要做到「博採」、「善擇」。他主張寫歷史的文字要樸素生動，並力求簡練。

總之，劉知幾揭露傳統的歷史觀的某些虛偽性，主張以實事求是的態度來對待歷史，這是進步的觀點。在一千二百多年前，他對歷史學能有這樣卓越的理解，是很可貴的。他這種主張，對開闊歷史學家的眼界，推動史學的發展，是有很大功勞的。

杜佑（西元735年至812年）在唐朝曾做過宰相，是著名的理財家。他是一個好學不倦的人，掌握了豐富的歷史史料。他以多年從政的經驗，結合歷代的史事來分析當時的政治，認為要挽救政府的危機，首要的事是安民，要安民就必須薄賦稅，要薄賦稅就必須節省開支，要節省開支就必須精選人才、裁減官吏。為了闡明這個論點，他用了三十年的時光，至德宗貞元十七年（西元801年），寫成了《通典》這部有名的著作。

《通典》共二百卷，分為「食貨」、「選舉」、「職官」、「禮」、「樂」、「兵」、「刑」、「州郡」、「邊防」九門。這部書對上自古代、下至唐玄宗天寶末年的經濟財政制度、政治制度、典章文物制度、兵法、地理沿革、邊疆民族及外國的風土習俗，都做了系統的、追源溯本的敘述和考證。杜佑極其重視經濟財政措施，在「食貨典」的最後，他特別對這方面做了總括性的敘述。

《通典》開創了歷史書的新體裁，它不但為中國制度史的編纂開了先例，而且保存了中國古代的大量文獻資料。

（曹增祥）

▌李白、杜甫

唐詩在中國古代詩歌發展史上，占有崇高的地位。就現在所知，僅見於《全唐詩》一書中的詩人就有兩千三百多位，流傳到後世的詩篇近五萬首。在這樣大量的詩人群中，還出現了像李白、杜甫這樣享有世界聲譽的大詩人。

李白（西元701年至762年），字太白，自號青蓮居士，生長於綿州

彰明縣青蓮鄉（在今四川省綿陽市北二十多里）。他是一個有政治抱負的人，常以諸葛亮等人自比。他曾因別人的推薦受到唐玄宗的徵召，但唐玄宗召請他，只不過是希望他做一個歌功頌德的御用詩人，並沒有使他得到實現政治抱負的機會。

李白鄙視那種「摧眉折腰事權貴」的生活，因此經常遭到讒言和誹謗的打擊。李白在這樣的境況下，在長安生活了三年，就憤然離去了。他的一生有不少時光是在漫遊、漂泊中度過的，他的足跡遍布了大半個中國。

李白的詩，自然、豪放、雄峻、壯美，具有真摯的感情和強烈的藝術魅力。他寫了許多描繪中國山河壯麗的詩章。

日照香爐生紫煙，遙看瀑布掛前川。

飛流直下三千尺，疑是銀河落九天。

這是一首描寫廬山瀑布的名詩。大意講：太陽照著香爐峰，升起了一層紫色的雲霧。遠遠看見一道瀑布掛下來，從幾千尺的兩山之間飛流直下，就像天上的銀河把全部的水傾注下來一般。這是多麼豐富的想像力！把廬山瀑布比作從天上落下的銀河，既說明了瀑布的磅礴氣勢，也形容了瀑布的美麗姿態。

黃河之水天上來，奔流到海不復回。

黃河西來決崑崙，咆哮萬里觸龍門。

西嶽崢嶸何壯哉！黃河如絲天際來。

黃河落天走東海，萬里寫入胸懷間。

這些詩句，是李白對黃河千古絕唱的讚歌。詩中只用了少量的字詞，就使這條波濤洶湧、曾經孕育過中國古代文明的偉大河流，呈現在人們

眼前。

李白還有許多抒發自己對國家的熱愛和對人民同情的光輝詩篇。他是親身遭逢過「安史之亂」的人，國家的殘破使他憂心如焚，他想起了晉朝祖逖「渡江擊楫」的史事，慷慨激昂地唱出了這樣的詩句：

過江誓流水，志在清中原。

他對安史之亂帶給人民的禍害，提出了強烈的控訴：

白骨成丘山，蒼生竟何罪！

李白的詩，充滿了正面的浪漫主義色彩（當然，他有些詩有時也流露出一些負面、落後的情緒，不過這絕不是主導方面），對唐代和後代的詩歌都產生過巨大的影響。唐代的著名文人賀知章，驚賞李白的詩，把他比作天上下凡的「仙人」。因此，後世人便把李白稱為「詩仙」。

杜甫（西元712年至770年），字子美，生於河南鞏縣（今鞏義市）一個沒落的官僚家庭。

他在二十歲到二十九歲的十年裡，曾兩次到江浙、山東一帶進行長期的漫遊。這是他平生最快意的一個時期。這期間，他所寫的詩留傳下來的不多。描寫泰山景色的〈望嶽〉，是其中著名的一首。

西元744年，他在洛陽見到了李白。從此，這兩位詩人結下了親如兄弟般的友誼。

西元746年，杜甫懷著一顆追求功名的心，來到了當時的政治中心──長安。他在這裡生活了將近十年，經常處在飢寒窮困的威脅中。長安的一切、統治階級的豪華生活、平民百姓的深重苦難，使詩人不得不對現實有所感悟。詩人的思想感情逐漸靠近了人民，詩人的筆觸開始從個人的憂憤

第三編　盛世興替：隋唐到兩宋

感傷中伸向了廣闊的現實世界。

西元 755 年冬天，他從長安出發到奉先縣（今陝西蒲城縣）去探望家屬。路上經過驪山，他不禁萬分感慨。這時，唐玄宗和楊貴妃正在驪山的華清宮過冬，盡情地歌舞歡樂，可是長安街頭和其他地方此刻不知有多少人受凍受餓，同樣是人，為什麼會有這樣大的區別呢？

他剛走進家門，便聽見一片哭聲，原來他未滿週歲的幼兒剛剛餓死。鄰居都為之嗚咽，做父親的哪能不悲哀？他根據這次回家探親的所見、所聞與所感，寫了一首題為〈自京赴奉先縣詠懷五百字〉的詩。在詩裡，詩人寫出了這樣的名句：

朱門酒肉臭，路有凍死骨。

有錢人家酒肉堆得發臭，而窮人無衣無食，凍餓死去，這正是封建社會裡剝削階級和平民百姓兩種截然不同的生活的寫照。詩人的這兩句詩，揭示出了封建社會的本質。

詩人不只是想到個人的不幸，他還想到那些窮苦無歸、失業的老百姓，對他們懷著深厚的同情，把他們的痛苦當作自己的痛苦。在這同一首詩裡，他寫道：

窮年憂黎元（百姓），嘆息腸內熱。

「安史之亂」發生後，杜甫個人的經歷發生了很大的變化。他飽嘗了逃亡的滋味，受盡了窮困的折磨，並且在戰亂中，還曾被一支軍隊俘虜過。後來，他雖然先後又做了兩年的小官，但不久即離開了官場，再次開始了漂泊流離的生活。

西元 759 年，是他一生中最艱困的一年，也是他的創作空前豐收的一年。他的代表傑作「三吏」（〈新安吏〉、〈石壕吏〉、〈潼關吏〉）與「三

別」（〈新婚別〉、〈垂老別〉、〈無家別〉），都是在這一年完成的。透過「三吏」、「三別」這六首詩，他描繪了凶狠的官吏抓丁服役，逼得人民家破人亡、妻離子散的慘痛情景，揭露了統治階級的貪殘暴虐，代表人民呼喊出了長期積壓在心頭的深沉哀痛，同時也表達了自己對國家危難深刻憂慮的心情，他勸那些防關的武將不要在敵人面前臨陣脫逃，還勸那些新婚的青年暫時拋棄個人幸福，為了國家的安危趕快穿上軍裝，「勿為新婚念，努力事戎行」。

這些詩，真實地反映了唐代由興盛走向衰落這一歷史轉折過程中的社會面貌，充滿了現實主義精神，把唐代詩歌在思想上的成就發展到了頂點。

西元 760 年，杜甫經過千辛萬苦來到了四川成都，在朋友和親戚的幫助下，在成都浣花溪畔築起了一座草堂，暫時得到了一個棲身的處所。在這裡，他和許多農民做了朋友，和他們建立真實的感情。大約是第二年秋天，有一次颳大風，把他草堂頂上的茅草都捲掉了，風定後接著又下起雨來，床頭屋漏沒有一塊乾處，杜甫一夜不能眠，他由自己的災難想到了天下流離失所的人們，寫下了一首動人的詩──〈茅屋為秋風所破歌〉。在這首詩裡，詩人唱道：

安得廣廈千萬間，大庇天下寒士俱歡顏，風雨不動安如山！嗚呼！何時眼前突兀見此屋，吾廬獨破受凍死亦足！

怎麼能得到千萬間寬廣的大廈，使天下的寒士在颳風下雨的日子，能住得安穩如山，個個歡歡喜喜！唉，我眼前什麼時候能出現這樣高聳的大廈，即使我個人的草堂獨破，我個人受凍而死，也很甘心！這就是杜甫的願望。這願望，表明了詩人開闊的胸懷和捨己為人的特質。

從西元 760 年到 765 年，這五年的時間裡，杜甫在成都草堂實際只住

了三年多,中間一度由於成都發生兵亂,他在外過了一年零九個月的流亡生活。西元765年夏天,他離開了心愛的成都草堂。此後數年,他輾轉流離到各地。最後,這位偉大的現實主義詩人,在飢餓、疾病、衰老的折磨下,在流離途中——湘江水上的一條小船裡,停止了呼吸。

杜甫的詩,自然、樸實、氣勢雄渾、絢麗含蓄,具有高度的思想性和藝術性,帶給後世的詩歌創作極為深遠的影響。歷代的人們,包括許多傑出的詩人在內,都把他的詩奉為學習的典範。人們都尊稱他為「詩聖」,對他表示永遠的紀念。

(易惠中)

▌白居易、元稹

在李白、杜甫之後的8世紀到9世紀期間,又出現了兩位著名詩人,就是元稹和白居易。由於他們兩人的文學主張完全一致,詩的風格又很接近,文學史上把他們兩人合在一起,稱作「元白」。

元稹(西元779年至831年)和白居易(西元772年至846年)認為,文學應該為政治服務,文學是一種社會鬥爭的工具和武器,應該有助於社會的進步和發展。白居易在他寫給元稹的信(〈與元九書〉)中提出:「文章合(應當)為時而著,歌詩合為事而作。」意思是說,文學必須反映時代,文學不能脫離政治。他們還強調詩歌的作用、內容與形式的統一。白居易在同一封信裡說:「詩者,根情,苗言,華聲,實義。」「情」和「義」就是內容,而「苗」和「華」就是形式。白居易最能表現這個主張的詩是《秦中吟》十首和《新樂府》五十首。

白居易、元稹

　　比如《秦中吟》中的〈重賦〉詩，描寫「兩稅法」實行以後，貪官汙吏藉機加重了對人民的剝削，向人民逼稅，逼得「幼者形不蔽，老者體無溫」，可是官庫的繒帛和絲絮卻堆積如山。〈買花〉詩描寫京城的富貴人家爭買牡丹，他們根本沒有想到「一叢深色花，十戶中人賦」。他的《新樂府》中的許多篇，也是有意諷刺和反映現實的作品。其中，著名的如〈杜陵叟〉，指斥在災荒年月裡「急斂暴徵」的官吏，簡直如同豺狼。在〈賣炭翁〉裡，詩人刻劃了一個「滿面塵灰煙火色，兩鬢蒼蒼十指黑」的老頭，穿著單衣冒著寒風，餓著肚子，駕著牛車在長安大街上賣炭，結果他的一千多斤重的一車炭竟被宦官用「半匹紅綃一丈綾」強買去了。

　　白居易的詩因為能夠揭露統治階級的黑暗，道出人民的痛苦，再加上文字平易淺近，老嫗能解，所以具有很大的感人力量。

　　元稹在文學理論上，和白居易的主張完全一致。他在做諫官時，和白居易一樣寫了很多諷喻詩。他非常推崇大詩人杜甫，在創作上有意識地繼承杜甫的現實主義傳統。元稹在詩中提出了許多深刻的社會問題，有揭露社會黑暗、諷刺橫徵暴斂與貪汙強暴的；有反映人民疾苦、揭發階級衝突的；有反對窮兵黷武的侵略戰爭以及刻劃商人投機取巧、唯利是圖的形象等等。

　　他的〈田家詞〉反映了在藩鎮割據的情況下，頻繁的戰爭所造成的人民苦難；〈織婦詞〉寫出了當時民間嚴重患苦的絲織貢賦：「蠶神女聖早成絲，今年絲稅抽徵早」；〈估客樂〉極其深刻地揭露了商人貪財求利的本質。

　　在詩歌的藝術性上，元稹的某些作品，往往結構比較鬆弛，形象不夠鮮明，這一點是不能和白居易相比的。

（張習孔）

第三編　盛世興替：隋唐到兩宋

■ 唐代著名書法家

　　唐代出現了很多書法家，其中著名的有歐陽詢、虞世南、褚遂良、顏真卿、柳公權等人。

　　歐陽詢（西元557年至641年），字信本，潭州臨湘（今湖南臨湘）人。他的字的特點是「骨氣勁峭，法度嚴整」，人們認為絕妙。代表作有〈化度寺塔銘〉等。不少人蒐集他的字跡，作為臨摹的範本。傳說高麗人很喜愛他的字跡，曾經有人專門到中國搜尋歐陽詢的字。

　　虞世南（西元558年至638年），字伯施，越州餘姚（今浙江餘姚）人。他的書法主要是吸取王羲之書法的優點，再加上自己的功力，而獨成一體。特點是用筆圓潤，寫的字結構疏朗，氣韻秀健。代表作有〈孔子廟堂碑〉。

　　褚遂良（西元596年至658年），字登善，杭州錢塘人，長於楷書、隸書。他曾經下過很大工夫臨摹王羲之的〈蘭亭帖〉（真本今已失傳）筆意，對歐陽詢、虞世南的書法，也有很深鑽研。他的字的特點是用筆方圓具備，寫的字瘦勁秀潤、氣勢清遠。代表作有〈三藏聖教序〉等。

　　唐太宗很愛好書法，收集王羲之的字帖甚多，但不能辨別真假，因而慨嘆說：「自從虞世南死後，再沒有人能夠和我談論書法了。」魏徵聽到後，就把褚遂良推薦給唐太宗。唐太宗叫褚遂良鑑別所存的王羲之帖，真假立刻辨出。可見，褚遂良對於書法的研究是多麼精到。

　　顏真卿（西元709年至785年），字清臣，京兆萬年（今陝西臨潼西）人。他在中國書法史上占有特別重要的地位。他的字從根本上改變了過去的風格面貌，其特點是把篆書的中鋒和隸書的側鋒結合起來，運用到楷書書法上。用筆勻而藏鋒，內剛勁而外溫潤，字的曲折處圓而有力。代表作

有〈顏氏家廟碑〉、〈麻姑仙壇記〉等。很多人寫字喜歡學顏真卿，南宋時陸游就說過，學字應該先從學顏入手，可見世人對顏字多麼重視。

柳公權（西元778年至865年），字誠懸。他的字汲取了歐、顏之長而自成一體。他下筆斬釘截鐵、乾淨俐落，寫的字謹嚴而又有開闊疏朗的神致。代表作有〈玄祕塔碑〉等。

（曹增祥）

唐代著名畫家

初唐時期，最有名的畫家是閻立德、閻立本弟兄。他們倆都擅長寫生和畫人物。閻立本畫過〈秦府十八學士圖〉和〈凌煙閣功臣圖〉，此外，還畫過〈唐太宗御容圖〉和〈歷代帝王圖〉。其中，〈歷代帝王圖〉至今尚留存。後人對他的畫評價很高。

盛唐時期的著名畫家有吳道玄（字道子）、李思訓（字建見）和王維（字摩詰）等。

吳道子年輕時繪畫就有盛名。他少年時期，曾向張旭、賀知章學過書法，學書沒有成就，後來才改學繪畫。他早期的作品行筆纖細，中年以後行筆磊落。他畫的人物、神鬼畫，都非常生動傳神。

吳道子除人物畫外，還擅長山水畫。據說，唐明皇（唐玄宗）在天寶年間（西元742年至755年），忽然思念起蜀道嘉陵江山水，就叫吳道子來畫。僅僅用了一天工夫，他就把嘉陵江三百里山水全部畫完，筆法灑脫秀拔，構成一種寫意派的風格。

李思訓是唐朝的宗室，是初唐、盛唐之際的人，開元（西元713年至

741年）中曾做過右武衛大將軍，人們都稱他為「大李將軍」（李思訓的兒子李昭道也是畫家，人們稱之為「小李將軍」）。傳說天寶年間，他曾和吳道子一起被唐玄宗召到大同殿畫嘉陵江山水圖。吳道子只畫了一天就完成，而他卻畫了幾個月才畫好。兩個人所畫的都是真實景物，吳是用概括的畫法，從畫中只令人得到一個概念，而李畫具體細緻，風格屬於工筆類。

據有關記載，李思訓死於開元八年（西元720年）以前，故絕不可能在天寶年間作畫。傳說他和吳道子一起在大同殿畫嘉陵江山水，是不可靠的。但這個傳說反映了他們兩人畫風的不同，就這點來論，傳說的本身是有意義的。

吳道子畫的特點，在於有大膽革新的精神。他的畫運用了凹凸法，有立體感。他作畫，不但要求形似，而且要求神似，因此他拋棄了工筆的畫法，採用了疏筆的畫法。李思訓的畫是以大青綠鉤金線繪成，帶有富貴氣象。他的畫派代表貴族，這是他畫風的特色。

王維是詩人，也是畫家，詩畫都非常好。他的詩富有濃厚的畫意，叫人一讀起就能聯想出一幅美麗的畫面，如「大漠孤煙直，長河落日圓」、「明月松間照，清泉石上流」等句，即是例子。王維所畫的水墨山水畫，山色平遠，別有風致。他畫的〈輞（ㄨㄤˇ）川圖〉最有名。〈輞川圖〉中山谷錯綜，雲水飛動，筆調清新灑脫，妙趣橫生。

王維所繪的畫，多從自然景物方面取材，他的畫題多是「雪景」、「曉行」、「捕魚」、「雪渡」、「村墟」等，充滿了抒情的田園恬淡和林谷幽深的情調。他的畫風和詩風是和諧一致的。他喜歡畫潑墨山水畫，這種畫在色彩上、風格上與內容都很和諧。看了他的畫，就像讀了一首清新俊逸的詩一樣。蘇軾說他「詩中有畫，畫中有詩」，實在是很中肯的。

盛唐（唐代興盛時期）、中唐（唐代中期）之際的重要畫家有張萱。他的仕女畫造詣很高。他畫的〈搗練圖〉和〈虢國夫人遊春圖〉，都有宋徽宗的摹本傳世。

稍晚於張萱的另一重要畫家周昉，也是盛唐、中唐之際的人。他的畫是張萱畫的發展，代表作有〈簪花仕女圖〉。他的畫的特點是設色濃豔而不俗、線條乾淨而有力。所畫的婦女，披的輕紗，叫人看了有薄如蟬翼、玲瓏剔透的感覺。

（曹增祥）

唐代著名的雕塑家、音樂家、舞蹈家

唐代的雕塑以人物像為主。洛陽的龍門石窟，今天還保留著不少唐代人物造像。西安的華塔寺也有不少唐代的石像。

唐朝最著名的塑像大師首推楊惠之。楊惠之是玄宗時人，曾跟隨吳道子學過畫。他塑造的人像線條分明、輪廓清楚、儀態大方、栩栩如生。傳說他曾經塑造過一個藝人像，放在長安大街上，塑像臉朝裡，背對著行人，行人竟以為是真人，有的還跑了過去想和塑像講話。

音樂在唐代也很盛行。唐時音樂人才輩出，其中有中原內地的音樂家，也有來自新疆等邊區地方的音樂家。

在長安城裡居住的曹保一家人，都是彈琵琶的能手。不但曹保本人能彈一手優雅動人的琵琶，他的兒子曹善才、孫子曹綱，也都以彈琵琶出名。他們教了很多徒弟，在長安很受人們歡迎。

從新疆來長安的著名音樂家有裴神符和白明達。裴神符是疏勒（今新

疆疏勒一帶）人，貞觀年間（西元 627 年至 649 年）曾在長安充當樂工。

他會彈奏各種樂器，尤以彈奏琵琶最出名。

白明達是龜茲（今新疆庫車）人，他擅長演奏龜茲樂器。唐高宗時，曾把他請到宮廷中表演過，他的技藝博得了大臣們的讚賞。

在唐朝的音樂家中，還有不少是善於吹觱篥（ㄅ一ˋ ㄌ一ˋ，龜茲樂器，近似嗩吶）和笛子的。有一個名叫安萬善的樂人，砍伐了南山的竹子做成觱篥，吹奏起來，各種音調併發，非常和諧。

還有一個叫李謩（ㄇㄛˊ）的樂人，善於吹笛，他吹奏的〈涼州曲〉很出名。傳說他有一次吹〈涼州曲〉，曲終時，一位叫獨孤生的聽眾跑來問他：「你吹的笛子真好聽，但聲調中夾雜有龜茲的音調，你一定有龜茲朋友吧？」李謩告訴他，他的師父就是龜茲人。在唐代，各民族的音樂對漢族音樂的影響真是巨大啊！

長於舞蹈的人在唐代原來很多，但傳名至今的卻很少。有一位女舞蹈家名叫公孫大娘，舞得最出色，尤善於舞劍器。她跳起舞來，姿態非常優美，她的舞技高出古時一般表演的人。長安有錢人家在舉行宴會時，都少不了約她來舞蹈。杜甫在少年時就曾觀看過她的舞劍，認為她舞的劍非常美妙，令人印象深刻。在大曆年間（西元 766 年至 779 年），他又觀看過一次公孫大娘的弟子李十二娘舞劍，很欣賞她的高妙技藝，經過詢問，才知道她的本領是從公孫大娘那裡學習來的。

（曹增祥）

孫思邈

　　孫思邈是隋唐時代傑出的醫學家,京兆華原(今陝西耀州)人,生於隋文帝開皇元年(西元581年),死於唐高宗永淳元年(西元682年),活了一百零二歲。他著有《千金要方》和《千金翼方》兩部有名的醫學鉅著。在這兩部書中,他不但吸收採納了前人醫學著作的精華,同時,自己還有重要的發明,提出了不少新的醫學理論和醫病方法。

　　孫思邈特別注意發揚中國古代醫師行醫的優良傳統和作風。他強調指出:為病人治病,不可有貪求財物和顧慮聲名的雜念;不論晝夜寒暑、飢渴疲勞,都要一心一意地替病人診治病症。

　　孫思邈在醫藥學上的重大貢獻有以下幾方面:

　　首先,他在醫療營養不良的病症方面,總結並發展了前人的方法。人們都知道缺乏維生素A會患夜盲病、缺乏維生素B會引起腳氣病、缺乏碘質甲狀腺就會腫大,造成所謂的「大脖子病」。但是人們了解這些知識,只不過是近幾百年的事。歐洲人第一次論述腳氣病是在西元1642年。孫思邈由於善於總結百姓的經驗,並有豐富的臨床經驗,早在7世紀時,就說:患夜盲和腳氣病,是由於飲食中缺乏必要的營養,患大脖子病是由於長期飲用山區裡一種不好的水造成的。

　　對於夜盲病,他用富含維生素A的動物肝臟,如羊肝、牛肝、豬肝等去治療;對於腳氣病,他主張人們用穀白皮(椿樹皮)煮粥吃來預防,或用杏仁、防風、蜀椒為病人治病,這些都是含有維生素B的東西;治療大脖子病,他常用羊或鹿的甲狀腺做藥物,或用含碘質豐富的海藻、昆布(海帶)來醫療,效果十分顯著。

當時孫思邈雖然還不懂得什麼是碘、維生素，但他能採取正確的醫療方法，這是十分難能可貴的。

其次，他很注重疾病的預防工作和婦幼衛生。他主張人們應以防病保健為主，平時要注意衛生，不要隨地吐痰；要常勞動，但不要過分疲勞；要吃熟食，吃時要細嚼緩咽，並且不能吃得過飽；睡眠時不要蒙被子；飯後要漱口，以保身體健康。這種以預防保健為主的醫學主張，是十分先進的。

他很重視婦女和小兒的疾病，主張把小孩病和婦女病分科。他在自己的著作中曾提出要注意孕婦的健康，不要使她受驚，臨產時要使孕婦安靜，接生的人和家人都不應有憂愁驚慌的表現。嬰兒生下要立刻除去口中汙物，剛出生的嬰兒如果不哭，要用蔥白輕輕敲打，或對口吹氣，或用溫水沐浴他，直到哭出了聲為止。他主張要讓小孩時常晒太陽、呼吸新鮮空氣。這些主張都很合乎科學原理。對於難產病、產後併發症，他也有獨到的醫療方法。

此外，孫思邈在醫治一些疑難重症方面，以及累積針灸治療經驗等方面，也有不少的貢獻。

由於孫思邈在醫藥學方面有傑出的貢獻，又富於救死扶傷的精神，所以他一直受到人民的崇敬。後世人都尊稱他為「藥王」。直到今天，陝西耀州還有孫思邈的祠堂，祠裡有他和他父母的塑像。

（曹增祥）

玄奘取經

玄奘，俗姓陳，河南緱（ㄍㄡ）氏（今河南偃師）人。他在青年時，讀過很多佛經譯本，並且到過長安、成都等許多地方，向著名的法師問過道。但是他覺得還有許多佛教的理論問題不能很好地解決，於是決定出國到印度等地去遊學。

當時是唐太宗貞觀三年（西元 629 年），唐朝和西突厥的關係還比較緊張，唐政府禁止人民從西北地區出境，玄奘一再申請到印度，都沒有得到批准。他志向堅決，就獨自一人西去。在過玉門關後經過大沙漠時，幾乎因缺水死去。

到高昌時，高昌王麴（ㄑㄩˊ）文泰留他講經，想讓他住下去。他拒絕了，繼續往西走。他戰勝了沿途的高山峻嶺、飛沙走石、荒坡野林、毒蟲猛獸、暴客偵卒、關卡國界等困難、障礙和危險，穿過了現在中國的新疆、中亞地區、阿富汗、巴基斯坦，到達了印度。

當時印度最主要的佛教學術中心是那爛陀寺（今印度比哈爾邦加雅城西北），玄奘在那裡跟隨廟中地位最高、學問最好的戒賢法師學習。此後，他繼續到各處遊歷求學。所有印度著名的學者，他幾乎都請教過。他的足跡幾乎踏遍了整個印度和巴基斯坦。有一次，他在曲女城（今印度北方邦雷利城）學術辯論大會上宣讀論文，進行論辯，這個大會有十八國的國王和無數的各派學者參加，大家都很佩服玄奘學問的精深。

玄奘在印度和巴基斯坦不僅以自己的學說豐富了佛教哲理，同時也將中原的友誼和文化帶給了印度和巴基斯坦人民。他回國後，又把中國古代的重要哲學著作——老子的《道德經》翻譯成梵文（印度古文字），介紹

給印度。

貞觀十七年（西元 643 年），玄奘攜帶了他歷年尋訪所得的佛經、佛像等，離開印度回國。貞觀十九年（西元 645 年）正月，玄奘回到長安。從這年春天起，他便專心一意地開始進行佛經的翻譯工作。經過將近二十年的辛勤勞動，玄奘把梵文佛經七十五部（總計一千三百三十五卷）譯成了漢文。

此外，玄奘的《大唐西域記》十二卷，還詳實地記載了當時唐朝國境以西的一些國家的歷史本末、風土人情、宗教信仰、地理位置、山脈河流、生產情況等。這部書成為研究這些地方和國家的古代歷史以及當時的中西交流的寶貴資料。

（張習孔）

敦煌藝術

在現在甘肅省敦煌市東南四十多里的地方，聳立著一座陡壁懸崖，崖壁上分三、四層排列著像蜂窩一樣的洞窟。這就是舉世聞名的莫高窟，也叫千佛洞。

敦煌很早就是中國跟中亞、西亞文化交流的要地。從 4 世紀到 14 世紀的一千多年間，人們在這個長約三里的莫高窟開鑿了一千多個洞窟。現在完好保存的有四百八十多個，其中十分之七是隋唐五代時開鑿的。洞窟裡保存到現在的塑像有兩千多個。如果把那裡面的壁畫一一連線起來，長度可達五、六十里。

敦煌莫高窟裡面的彩塑，最大的高達三十三公尺，和北京的前門樓高

度一樣。這些巨大彩塑都是石胎泥塑的，在鑿窟時就把佛像的體形輪廓鑿出，然後在外面再加泥塑。一般小的彩塑則是用泥做胎的。彩塑一般都是佛、菩薩、彌勒的塑像，也有力士的塑像。

這些塑像栩栩如生，精神煥發，如第194窟裡的菩薩塑像，面龐圓潤，眼瞼低垂，嘴微微張開，露出嫵媚的微笑，與其說它是神像，不如說是中國美麗婦女的造像。同窟的力士像，則昂頭張嘴，肌肉緊張，青筋暴露，活現出威嚴勇猛的性格。在這大量的塑像中，包羅有極為豐富多彩的藝術典型。有的塑像秀骨清神，有的豐肌腴頰，有的體態玲瓏，有的氣魄雄壯；所用的色彩也明暗不一，有的樸素，有的華麗。它們不但顯示出了中國古代彩塑匠師們的高度智慧和卓越的創造才能，同時也表現出了各時代的不同藝術風格。

莫高窟的壁畫，是先用泥摻雜碎麥草或麻筋塗平窟面，然後塗上一層薄石灰，再在上面著色繪製的。這些壁畫大多色彩絢爛、構圖宏偉、線條流暢，所畫的內容主要是佛教故事。

壁畫中有一部分是運用豐富的想像力來描繪西方極樂世界的（佛經說人死昇天堂，天堂在西方，那裡是極樂世界）。畫面中的西方樂土是殿閣嵯峨、池水清麗的地方。那裡有釋迦牟尼佛端坐在中央的蓮花寶座上，環繞在他周圍的有許多羅漢、菩薩和護法。上面祥雲繚繞，並有「飛天」和神鳥翱翔上下。

壁畫中，還有相當一部分是各種姿勢的菩薩像。其中，唐代的菩薩像最為優美並且富於變化。

另外，有些壁畫根據佛經，繪出釋迦牟尼在他無數世以前捨身行善的故事。有些壁畫畫的是佛講經說法的故事。

壁畫中的許多「飛天」——飛在天空中的美麗的小菩薩，拖著輕軟的飄帶，在空中上下迴旋，神采奕奕，姿態動人，最為人們所喜愛。

敦煌的壁畫、彩塑和藻井（彩繪的窟頂），美妙瑰麗，是中國優秀的藝術遺產，也是世界上最大、最著名的藝術寶藏之一。外國侵略者從莫高窟盜走了不少珍貴的壁畫、彩塑和藏在窟中的經卷。

（曹增祥）

五代十國

黃巢起義失敗後，唐政府名存實亡，許多新起的藩鎮互相攻伐，割地稱雄。當時盤踞在黃河流域的主要勢力有山西的李克用和河南的朱溫（全忠）。李克用是靠鎮壓農民軍壯大起自己力量的沙陀族首領，朱溫是農民起義軍的叛徒。

西元904年，朱全忠挾持唐朝皇帝到洛陽，操縱了中央政權。西元907年，朱溫代唐稱帝，改國號為梁，史稱後梁。後梁以汴（今河南開封）為都城。歷時二百九十年的唐朝正式結束，從此開始了「五代十國」的歷史。

西元923年，李克用的兒子李存勖（ㄒㄩˋ）在魏州稱帝，建國號叫唐，史稱後唐。不久，李存勖消滅了後梁，把都城遷到洛陽。

西元936年，後唐的河東節度使石敬瑭借契丹（後改號為遼）兵滅掉後唐。石敬瑭被契丹統治者冊立為「大晉皇帝」，建立起後晉。從此，燕雲十六州（在今河北與山西北部）被割讓給契丹，那裡的漢族人民長期處於契丹貴族的統治之下。

石敬瑭對燕雲十六州土地和人民的出賣，並不能滿足契丹貴族無止境

的貪欲。西元946年，遼軍攻入後晉都城開封，活捉了後晉皇帝石重貴（石敬瑭之姪），河北地區完全為契丹貴族所占領。契丹統治者派兵馬輪流到各處劫掠，稱之為「打草穀」。遼太宗耶律德光在開封即位稱帝，並改穿漢人服裝，以麻痺漢族人民。

北方人民非常痛恨契丹軍隊的殘暴行為，到處組織義軍，起來反抗。耶律德光見形勢不妙，在侵入中原後兩個月，就託名避暑，率軍北逃。後晉將領河東節度使劉知遠在太原建立政權，趁機領兵進入開封，宣布自己為漢皇帝，史稱後漢。後漢政權建立僅僅四年，就被其部將郭威所滅。

郭威殺死後漢的皇帝（劉知遠養子），建國號周，史稱後周，仍都開封。

這就是北方先後建立的五個王朝——後梁、後唐、後晉、後漢、後周，歷史上稱為「五代」。五代統治的地區，僅是黃河流域一帶（有時也包括四川在內）。至於淮水以南至廣東的地區，則先後為九個小國所分據。它們是：

1. 前蜀：王建所建，在今四川。
2. 後蜀：孟知祥所建，在今四川。
3. 吳：楊行密所建，在今淮河以南和長江中下游兩岸地區。
4. 南唐：吳的大臣李昪（ㄅㄧㄢˋ，即徐知誥）奪取吳的政權自立為王。
5. 吳越：錢鏐（ㄌㄧㄡˊ）所建，在今太湖流域和浙江一帶。
6. 閩：王潮、王審知兄弟所建，在今福建。
7. 楚：馬殷所建，在今湖南。
8. 荊南（南平）：高季興所建，在今湖北江陵一帶，是最小的一個政權。
9. 南漢：劉隱所建，在今兩廣一帶。

除南方九國外，還有一個割據太原的北漢。北漢是郭威滅後漢的時

候，河東節度使劉崇（後改名劉旻，「旻」音ㄇㄧㄣˊ）建立的，在今山西一帶。

以上就是所謂的「十國」。

在五代十國時期，北方的梁、唐、晉、漢等朝長期進行割據戰爭，帶給人民許多災難。除田賦外，統治者還野蠻地向農民徵收名目繁多的雜稅。農民的牛死了，政府出很少的錢硬把牛皮買來做軍用品，後來要了牛皮不給錢，最後還不管牛死沒死，也不管有沒有牛，都強迫農民出錢給政府，取名「牛皮錢」。

農民有農具要納稅、過橋要納稅、吃鹽要納稅，不管喝酒不喝酒都要納稅。田賦每一斛（當時以十斗為一斛）要加收兩斗，叫做「雀鼠耗」，說是要補償糧食存入糧倉後被麻雀和老鼠吃掉而造成的損耗。

地方官在他們管轄的地區內橫徵暴斂，方法更是多種多樣，如後晉歸德節度使趙在禮在宋州（今河南商丘）的行為很是殘暴，當他調職的時候，老百姓高興地說：「這回可拔去了眼中釘。」不久，他又調回來，便明目張膽地要宋州老百姓每人交納「拔釘錢」一千文。

吳、越、楚、閩、南漢等國還有所謂「身丁錢」（人口稅），這也是以前所沒有的。

（張習孔）

周世宗柴榮

五代十國時期，各地割據勢力紛紛稱帝稱王，互相戰爭，契丹貴族不斷南侵，燒殺搶掠，人民受盡剝削和壓迫，生活非常痛苦。到了後周時

期，社會情況有了改變。周太祖郭威即位後，進行了一些減輕人民痛苦的改革。戶口增加了，北方的經濟情況漸漸好轉。

西元 954 年，郭威病死，柴榮（郭威的養子）繼位，他就是周世宗。在經過長期混戰以後，人民急切要求恢復社會經濟，結束分裂割據局面，解除契丹侵擾的威脅。在這樣的形勢下，柴榮採取了各種措施，整頓吏治，發展生產，並在穩定內部的基礎上，進行了統一南北的工作。可從以下幾個方面來說明。

1. 社會經濟方面：柴榮即位後，進一步減輕了對人民的剝削，把部分官田和全部無主荒田分給農民耕種，來恢復農業生產。他還下令裁減境內的寺院，把原有的三萬三千多所寺院，裁減成兩千多所，從寺院收回了不少田產，解放了不少勞動力。在抑制寺院勢力以後，他又下令把民間的佛像、銅器一齊收集起來，由政府付給一定代價，然後把這些佛像、銅器銷熔鑄錢。

為了使農業增產，柴榮前後幾次下令興修水利工程，尤其是對黃河下游的各處決口，更加注意及時修補。長期淤塞的汴水，經過疏導以後，江淮的糧食貨物，都可以由這條水路集中運到京城開封。

2. 政治軍事方面：柴榮在位期間，屢次下詔求賢，提倡節儉，停止地方上貢，嚴懲貪官汙吏，調整州縣行政機構，裁併鄉村，整頓里甲，清查戶口。同時，他還進行了整頓軍隊的工作，嚴懲臨陣逃跑的將校，精選禁衛軍，整肅了軍紀，加強了中央的軍事力量。

3. 統一戰爭方面：柴榮在內部局勢取得相對穩定的情況下，開始進行統一全國的事業。西元 955 年，他派鳳翔節度使王景領兵進攻後蜀，連克秦（今甘肅天水）、成（今甘肅成縣）、階（今甘肅武都）等州。第二年，柴

榮親自率軍攻打南唐，前後花了將近兩年半的時間，打到長江邊，迫近南唐的都城金陵（今南京）。西元958年，他取得南唐的江北十四州，在策略上取得了絕對優勢。這時柴榮考慮到，要渡江南下，必須先解除北方遼的威脅。西元959年，柴榮率大軍北伐。所過之地，遼的守將望風歸降。出師僅四十多天，就連下三關──益津（今河北霸州）、瓦橋（今河北雄縣）、淤口（今河北霸州東），並收取了瀛（今河北河間）、莫（今河北任丘）、易（今河北易縣）三州十七縣。

正當後周軍隊繼續向北挺進，準備收取幽州（今北京市）之際，柴榮突然患病，全軍只得停止前進，退回開封。不久，柴榮就病死了。

柴榮雖然沒有能夠親身完成統一中國的大業，但在他在位的短短五年多的時間裡，他能夠致力於革新政治、恢復生產、整頓軍隊等工作，使社會秩序得到安定，階級矛盾趨於緩和，國家實力得到增強。他在結束五代十國長期紛擾割據的社會局面、使中國重新走向統一的歷史發展中，是很有功績的。

（張習孔）

陳橋兵變

周世宗柴榮死後，他的兒子柴宗訓繼位。柴宗訓這時年方七歲，他的母親符太后掌管政權。

這時，殿前都點檢（皇帝親軍的最高長官）趙匡胤，看到後周孤兒寡婦當政，就暗地裡和其他禁軍將領石守信等結拜為十兄弟，陰謀奪取後周的政權。

柴宗訓即位的第二年（西元 960 年）正月初一，當後周的君臣們正在大排筵宴、歡慶新年的時候，突然接到了緊急邊報，說北漢和遼合兵，大舉南犯。符太后和執政大臣們不辨真假，倉促派遣趙匡胤等率領禁軍前往抵禦。初三晚上，趙匡胤帶領大軍在陳橋驛（開封東北四十里）宿營。這天深夜，軍中一部分將官，在趙匡胤的弟弟趙匡義和謀士趙普的策劃鼓動下，發動兵變，聲言要擁立趙匡胤做皇帝。這時，趙匡胤假裝酒醉不醒。第二天天明，諸將直接擁進趙匡胤的寢所，把一件黃袍披在他的身上，都向他跪拜，高呼萬歲。

趙匡胤黃袍加身後，立即回師開封，廢掉了後周的皇帝，自己正式做了天子，改國號為宋，定都開封（稱為東京），歷史上稱為北宋。趙匡胤就是後世所稱的宋太祖。

（劉占文）

杯酒釋兵權

趙匡胤做了皇帝以後，首先考慮的是如何加強中央集權的問題。這是因為，從五代以來，武人跋扈專權，將士擁立主帥做皇帝的風氣很盛，如果不加強中央集權，新建立的政權就很難鞏固。事實上，宋政權建立不久，就先後有兩個節度使起兵叛亂。叛亂雖然很快就被平定，但是武將仍舊操縱著國家的軍事大權，這點正是讓趙匡胤寢食不安的大患。

為了加強中央的軍事實力，消滅可能叛變的地方武裝力量，趙匡胤採納了大臣趙普的建議，採取了一系列逐步削奪節度使軍權和財權的措施。

在集中軍權方面：建隆元年（西元 960 年），趙匡胤命令各州長官把地

方的精壯士兵選拔出來，送到京師，補作禁軍（禁軍是當時全國最主要、最精銳的軍隊）。同時，還創立「更戍法」。命令禁軍經常輪流到各地去守衛，表面上說是讓士兵「習勤苦，均勞逸」，實際上是利用這種辦法，以達到「兵不諳將，將不專兵」的目的。

建隆二年（西元961年）秋天，某日，趙匡胤舉行宴會，邀請掌管禁軍的節度使石守信、王審琦等一起喝酒。在大家酒興正酣的時候，趙匡胤屏退左右，對這些將領們說：「我若沒有你們的幫助，不會有今天。可是，做皇帝實在沒有做節度使快樂！」石守信等聽了，忙說：「陛下為什麼說這樣的話？現在天下已定，誰還敢有異心？」趙匡胤說：「哪個節度使不想做皇帝？就算你們不想，有一天部下逼著你們做，硬把黃袍加在你們身上，那時就不容你們不做了。」石守信等說：「我們斷不敢有這種夢想。」趙匡胤說：「人生不過幾十年，求富貴的人，不過是想多積金錢，好自己享樂，使子孫免於貧窮。你們何不交出兵權，到地方上去，多買些田地房產，為子孫長久打算；你們也可以多蓄養歌兒舞女，盡情享受，以終天年！如果能夠這樣，我可以和你們結為姻親，君臣之間，兩無猜疑，豈不是好！」石守信等聽了趙匡胤的話，當然明白是什麼意思，第二天都自動告病，並請求朝廷解除自己的軍職。趙匡胤都一一批准。這就是歷史上所說的「杯酒釋兵權」。

趙匡胤在解除了石守信等人的兵權後，不再設定殿前都點檢和殿前副都點檢的兵職，而把禁軍交給「三衙」（殿前司、侍衛馬軍司、侍衛步軍司）統率，並且任命自己比較容易駕馭的人來做禁軍的將領。

這樣，宋中央政府就直接掌握了禁軍，中央集權就大大地加強了。

在集中政權方面：乾德元年（西元963年），北宋政府命令各節度使所領的「支郡」都直屬中央政府，不再受節度使管轄。中央選派文臣去做各

州縣的長官。同時，又在諸州設立通判，名義上是幫助地方官辦事，其實是監視地方官。凡是州內有關兵民、錢穀、賦役、獄訟等政令，如果沒有通判的簽署，就不生任何效力。這樣，北宋朝廷就可以利用地方官和通判之間的相互牽制，收到中央控制地方的實效。

在集中財權方面：北宋政府為了糾正唐末藩鎮割據以來地方財政收入全歸節度使支配的積弊，命令各州，今後稅收金帛財物，都要上繳中央，地方官只可以酌情留一部分作為地方經費開支。

北宋政府在施行了上述一系列加強中央集權的措施以後，嚴重地削弱了地方的武裝勢力，改變了唐末、五代以來地方藩鎮勢力強大、中央不能指揮排程的局面。這些措施，對於安定當時社會秩序、發展生產以及抵禦外侮來說，都是有好處的。

（張習孔）

楊家將

北宋建國以後，經過將近二十年的時間，到宋太宗（趙匡義）太平興國四年（西元979年）滅掉北漢，最後才完成統一全國的事業。但是，被石敬瑭割讓給契丹貴族的燕、雲諸州，這時仍然沒有收復。

契丹族建立的遼政權，一直是北宋北邊最大的威脅。遼統治者經常派遣軍隊大規模南侵，燒殺搶掠，使中原一帶的生產遭到嚴重破壞。中原地區的人民，英勇不屈，長期和入侵的遼軍展開激烈的抗爭。楊家將的故事，就是在這樣一個歷史背景下產生的。

楊家將中最主要的人物是楊業（又名楊繼業），他作戰英勇，當時人

們給他一個很好的別號，叫做「楊無敵」。

雍熙三年（西元986年），宋太宗下令分東、西、中三路出兵攻遼。潘美為西路主將，楊業為副將。在北伐中，楊業屢立戰功。出兵僅僅兩個月，就收復了雲（今山西大同）、應（今山西應縣）、寰（今山西馬邑）、朔（今山西朔州）四州。可是，曹彬率領的東路軍，在岐溝（今河北涿州西北）吃了敗仗。宋太宗下令新收復的四州官民撤退，由潘美、楊業掩護。

遼統治者看見宋軍後退，迅速集中了十萬精兵，乘勢攻進寰州。楊業對潘美說：「現在敵人的實力很強，應當暫避鋒銳，不能冒險進攻，最好還是按照朝廷的命令，迅速掩護老百姓撤退，以免遭受巨大損失。」可是潘美堅持要楊業出兵雁門，收復寰州。楊業無奈，只得率領本部人馬去和遼軍交戰。臨行前，他和潘美約好，預先把一千名弓弩手埋伏在陳家谷口（今山西朔州南）兩側，等他把遼軍引到谷口時，前後夾擊，予遼軍以殲滅性打擊。

楊業率領少數軍隊和遼軍從拂曉戰至黃昏，果然把遼兵引到了谷口。但是，這時潘美早已離開了陳家谷。楊業身陷重圍，仍然奮不顧身，繼續與遼軍戰鬥。最後由於雙方兵力過於懸殊，宋軍傷亡很重，楊業的兒子楊延玉和七十三歲的老將王貴都壯烈犧牲，楊業本人身負數十處重傷，不能行動，被遼軍俘虜。被俘後，他不吃不喝，不屈而死。

根據史書記載，楊業有七個兒子，除楊延玉外，在歷史上有事蹟可考的是楊延昭，就是戲曲小說中的楊六郎。楊延昭在今河北一帶抗遼守邊二十多年。因為他智勇雙全，常常打勝仗，遼軍都很怕他。

楊六郎的兒子楊文廣，也是宋朝一位名將。他曾先後防守過陝西、河北等處，使西夏和契丹不敢大舉進攻。

有關楊家將的歷史記載雖然不多,但在戲曲傳說中,人們卻按照自己的想像和願望,豐富了楊家將的故事。《潘楊訟》、《清官冊》等戲劇,就是這樣編演出來的。

(張習孔)

澶淵之盟

宋真宗景德元年(西元 1004 年),遼政權的皇帝和他的母親蕭太后,趁秋高馬肥的時候,親率二十萬大軍,南下侵宋。

當遼軍南下,告急文書不斷傳到開封時,北宋君臣議論不一。大臣們有的主張遷都至金陵,有的主張避敵到成都。宰相寇準則堅決主張抵抗,並且要求宋真宗親自出征督戰。

南侵的遼軍,遭到了各地宋軍堅決抵抗。同年冬天,遼軍深入離開封以北不遠的澶(ㄔㄢˊ)州(今河南濮陽市)。怯懦動搖的宋真宗,在寇準和軍民積極要求抗戰的壓力下,勉強親自出征;車騎剛到韋城(今河南滑縣東南),在主和派的慫恿下,他又想往南逃了。寇準對宋真宗說:「現在敵人已經迫近國都,全國人心惶惶。陛下只可前進,不可後退。如果陛下的車子後退幾步,就會使前線受到影響。那時,敵人乘勢進攻,就是想保持江南半壁江山,也辦不到了。」

殿前都指揮使高瓊在旁,也說:「寇準說得對。願陛下趕快到澶州,臣等願以死報國,敵人並不難破。」宋真宗只好下令前進。

這時,孤軍深入的遼軍,到處受到宋軍和民兵的英勇反擊,他們的後方和軍事供應受到嚴重威脅。集結在澶州附近的宋軍逐漸增加到幾十萬,

士氣非常旺盛。遼軍先鋒蕭撻凜窺察澶州地勢,被宋軍用伏弩射死,遼軍的瘋狂氣焰受到了很大打擊。遼貴族認為勝利已無希望,轉而向北宋議和。

宋真宗本來沒有抗敵決心,見到遼有意議和,自然求之不得。抗戰派代表寇準主張拒絕和議,乘勝進軍,宋真宗卻拒絕採納抗戰派的意見。主和派極力打擊寇準等,誣衊他們主張抵抗是別有企圖。在主和派的策劃下,北宋政府終於在景德元年十二月(西元 1005 年 1 月)和遼國達成和議,訂立「澶淵之盟」。和議規定,宋每年給遼絹二十萬匹、銀十萬兩。

從此以後,宋朝政府年年向遼輸納銀、絹,使得人民又平添了一筆巨大的負擔。

(劉占文)

范仲淹

范仲淹(西元 989 年至 1052 年),字希文,吳縣(今江蘇蘇州)人,北宋時代的著名學者、政治家。「先天下之憂而憂,後天下之樂而樂」,這兩句至今仍被人們傳誦的名言,就出自他的〈岳陽樓記〉一文中。這兩句話,充分表明了范仲淹那種「以天下為己任」的開闊胸懷。

范仲淹在年輕的時候,由於家境貧寒,上不起學,一個人跑到一間僧舍中去讀書。他每天晚上,用糙米煮好一盆稀粥,等到第二天粥凝成了凍以後,就用刀劃成四塊,每天早晚各取兩塊來吃;沒有菜,就把用鹽水浸過的野菜莖,切成幾十段作為副食。

范仲淹二十三歲的時候,辭別母親到應天府(今河南商丘市)的一個

鄉學學習。在學舍中，他晝夜苦讀，從不浪費一分一秒。冬天夜裡，當讀書讀得疲倦時，他就用冷水洗一洗臉，讓頭腦清醒過來，然後再繼續讀下去，一直到深夜。一連好幾年，他從來沒有吃過飽飯，也沒有脫下衣服好好地睡一次舒服覺。他常常對別人說：「一個人如果不能讀書，立大志，即使能吃飽喝足，生活舒適，也沒有多大意義。」

在范仲淹的同學中，有一個是南京（當時的應天府）留守（管理、守衛京城的官）的兒子，他看見范仲淹每天吃兩頓稀粥充飢，很是感動，有一天回家把這件事告訴了自己的父親。他父親就叫他帶些酒肉飯菜去送給范仲淹。但是范仲淹並沒有吃，過了幾天，這些食物都放壞了。留守的兒子很奇怪，便去問范仲淹。范仲淹答謝說：「我並不是不感激令尊的厚意，只是因為我平常吃稀飯已經成為習慣，並不覺得苦；現在如果貪圖吃好的，將來怎麼能再吃苦呢？」

後來，范仲淹擔任過陝西經略副使。他在任期間，積極改革軍制，鞏固防務，對於防禦西夏的進攻，有著相當重大的作用。之後，他被調到中央，任參知政事，曾經向宋仁宗（西元1023年至1063年在位）提出厚農桑、減徭役、修武備、擇長官等改革方案；但因遭到大官僚地主的反對，沒有實行。

范仲淹的詩、詞、散文，都寫得很好。〈岳陽樓記〉就是他描寫洞庭湖風光的一篇很著名的文章。他的著作有《范文正公集》。

（張習孔）

第三編　盛世興替：隋唐到兩宋

包公

　　包拯（西元999年至1062年），字希仁，廬州合肥（今安徽合肥）人。他在做官期間，替負屈的老百姓申冤，做了不少有利於人民的事情。他曾做過龍圖閣直學士，因此，人們又稱他為「包龍圖」。

　　嘉祐元年（西元1056年），包拯升任開封知府。根據舊日的慣例，百姓告狀，不能把狀紙直接遞上公堂，須由衙役代轉。這樣，衙役就可以從中勒索，收受賄賂。包拯到任以後，下令廢除這項陋規，允許老百姓直接到公堂上辯理訴冤，受到開封老百姓的熱烈擁護。

　　有一年，開封惠民河漲潮，京師受到嚴重威脅。經過調查，包拯找出漲潮的原因，是由於當時京師有權勢的豪門，爭著在惠民河上修築園亭，影響了河道，以致年深月久，河水淤塞。為了全城人民的安全，包拯下令把惠民河上的建築全部拆毀，疏濬河道。因為這件事情，包拯得罪了不少權貴。有的權貴藉著包拯要他們呈驗地契的機會，偽改地契步數，包拯派人丈量屬實，上奏仁宗，請求依法處理。

　　包拯對那些殘害老百姓的貪官汙吏，一向主張嚴厲懲辦。他做右諫議大夫時，三次上書皇帝，奏請罷免宣徽南院使張堯佐。兩個違法的三司使（理財的官）因為他的糾舉被撤掉。他竭力主張節省公私開支，堅決反對奢侈浪費。他個人的日常生活非常節儉，自己雖然已做到開封知府，可是衣服、器用、飲食都和剛做官時一樣。

　　他曾經向仁宗皇帝建議：停止修建一切不急需的大工程，廢除所有正稅以外的苛捐雜稅。開封上清寺失火被焚，仁宗準備動工重建。包拯立即上奏諫阻，認為國庫不充，邊境未寧，不應當首先辦理這樣無關緊要的事

情。包拯還常常反對仁宗任意賞賜大臣和內臣錢帛,反對臣僚們亂用公款、鋪張浪費等等。

包拯這種不避權貴,甚至敢於對皇帝直諫的正直作風,在小說、戲曲中,經過人們的想像、發揮,被編成許多動人的故事。人們最熟悉的《鍘美案》、《打龍袍》等劇,就是這樣產生的。至於有些舊小說、戲曲中,說他還到所謂「陰間」去審案,則是封建迷信的、完全虛構的。

包拯做官三十多年,一直以剛嚴的態度來執行封建國家的法紀,對於強宗豪族的專橫不法,按公處斷,絲毫不留情面,彈劾和壓制豪門貴族,深受人民的愛戴。

(張習孔)

王安石

北宋統治者設定了龐大的官僚機構,盡量吸收地主階級分子參加。官僚們除領取國家優厚的俸祿外,還享有減免賦稅、徭役的特權。職責不清,人員龐雜,這不僅大大削弱了行政的效率,而且嚴重地增加了國庫的開支。

北宋時期,除北方的遼不斷對宋侵擾外,西北党項族(羌族的一支)建立的西夏,也經常對宋進攻。在遼和西夏的威脅下,北宋政府不斷地擴充兵額。宋仁宗時期,軍隊的數目已經增加到一百二十五萬多人,養兵的費用占了國家財政支出的很大一部分。

此外,加上統治階級的奢侈浪費,以及每年送給遼和西夏大批的絹帛和白銀,北宋政府的財政陷入了極端困難的境地。北宋統治者為了擺脫危

機，拚命地向農民榨取賦稅。據記載，仁宗時就已形成「凡百賦率，增至數倍」、「下至果菜，亦皆加稅」的局面。

農民起義不斷爆發，統治階級恐慌起來。一些比較有遠見的人，如范仲淹、歐陽脩等，針對當時的局勢，先後提出了改革政治的主張。但是由於頑固派的反對，他們的主張都未能得到實行。

宋神宗在位（西元1068年至1085年）時，北宋社會的危機更加嚴重。在這樣的情況下，宋神宗任用王安石做宰相，來實行變法。

王安石（西元1021年至1086年），字介甫，撫州臨川（今江西臨川）人，出身地主家庭。他早年在浙江做過地方官，很有政治才能。仁宗時，他上過萬言書，主張改革政治，沒有被採納。

神宗熙寧二年（西元1069年），他被任為參知政事，次年被任命為宰相，積極展開變法活動。王安石變法的目的，在於富國強兵，緩和階級矛盾。為了變法，他先在中央政府設立了一個機關——「制置三司條例司」，來制定新法的各項條例。

新法主要有下列幾項：

1. 農田水利法——開墾荒地，興修水利，積極發展農業生產。五、六年之內，興修了水利工程一萬多處，灌田三十六萬多頃。

2. 方田均稅法——丈量土地，按土地的數量、肥瘠等情況徵收賦稅。實行方田均稅法後，前後丈量出地主官僚隱瞞的土地二百多萬頃，迫使豪強地主不能不繳納賦稅，並且不許他們將賦稅轉嫁給農民。這樣，既增加了國家賦稅的收入，也相對地減輕了農民的負擔。

3. 均輸法——過去地方「上供」物品，都由各地分散購置，富商大賈往往趁機操縱物價，囤積居奇。均輸法改為由朝廷設「發運使」統一購

置，一方面既免去了富商大賈從中操縱的弊端，另一方面也收到了「便轉輸，省勞費」的效果。

4. 青苗法 —— 每年青黃不接時，政府以較低的利息貸現款或實物給農民，收百分之二十的利息，叫做「青苗錢」。青苗法的實行，限制了高利貸者盤剝農民的行為。

5. 免役法 —— 北宋時差役繁重，服役人受苦不堪。免役法規定：凡服役人戶按等第出「免役錢」，就可以不再充役；享受免役特權的官僚地主，也要按財產多少出「助役錢」；由國家用免役錢和助役錢僱人充役。實行免役法，減輕了人民服役的痛苦，同時也使大地主官僚的特權受到了一定的限制。

6. 市易法 —— 政府設「市易司」，平衡物價，小商販也可向市易司借貸資金或賒購貨物，年息二分。這樣就使大商人不能壟斷市場，並且增加了政府的收入。

7. 保甲法 —— 組織民戶，十家為一保，五十家為一大保，五百家為一都保。一家有壯丁兩人的，出一人為保丁。保丁在農閒時集中進行軍事訓練，平時擔任巡邏、放哨，維持地方治安，戰時保衛疆土。諸路（「路」是行政區域的名稱，當時全國分二十三路）保甲後來還代官府養馬，以備戰爭之用。保甲法的實施，加強了國防的力量。

由於新法觸及了大官僚、大地主、大商人的利益，變法一開始就遭到了以司馬光為首的守舊大臣們的反對。新法的實行，從熙寧二年（西元1069年）到元豐八年（西元1085年），前後共十七年。神宗死後，新法被完全推翻。

（劉占文）

第三編　盛世興替：隋唐到兩宋

梁山好漢

《水滸傳》是一部著名的長篇古典小說，它著重描寫了北宋末年農民反抗地主官僚的英勇抗爭，塑造了一百零八位梁山好漢的形象。書中提到的英雄人物的名字，雖然不完全見於正史，但是書中敘述的這一抗爭，在歷史上卻是有根據的。

北宋徽宗時（西元1100年至1126年在位），蔡京、王黼（ㄈㄨˇ）、童貫、梁師成、李彥、朱勔六人專擅朝政，結黨營私，賣官鬻（ㄩˋ）爵，荼毒百姓，當時被人們稱為「六賊」。宋徽宗在蔡京等大官僚的慫恿下，大動土木，還在江南搜尋名花異石，用船運到京師（運送花石的船隊叫做「花石綱」）。在各地官府的大規模搜刮下，中等以下的人家，很多都因此破產。人民沒法生活，不斷起來反抗。

徽宗政和（西元1111年至1117年）年間，宋江等三十六人以梁山泊（在今山東梁山縣境內）為根據地，帶領農民起義，反抗統治階級的暴政。宣和元年（西元1119年），北宋政府採取欺騙辦法，下詔「招撫」起義軍，沒有達到目的。宋江等三十六人帶領著起義隊伍，同幾萬官軍搏鬥，屢次把官軍打得大敗。宣和二年（西元1120年）冬，起義軍的聲勢愈益壯大，他們轉戰於山東、河北、河南、安徽北部和江蘇北部一帶，嚴重地打擊了各地的官僚、地主。

當宋江等領導的起義軍在北方活動時，方臘領導的起義軍在今浙江也展開了鬥爭。宋朝的官僚侯蒙向宋徽宗獻計，要朝廷「招撫」宋江，讓宋江去進攻方臘，陰謀使起義軍彼此殘殺。宋徽宗認為這是個好辦法，任命侯蒙為東平知府，去辦理這件事情。可是侯蒙沒等到任就死去，所以這次

招撫詭計又沒有實現。

　　宣和三年（西元 1121 年），宋江進攻淮陽軍（今江蘇邳州市東），進入楚（今江蘇淮安）、海（今江蘇連雲港市）二州交界的地方。據史書說，宋江「轉掠十郡，官軍莫敢攖（一ㄥ，觸犯）其鋒」。宋朝統治者慌忙命令海州知府張叔夜來對付起義軍。

　　張叔夜先以敢死隊一千人，埋伏在海州城附近，又以一部分壯卒隱伏在大海邊，接著派出輕兵一支向宋江等誘戰。等到宋江領軍前來時，伏兵趁機而起，四面合圍。在戰鬥中，宋江的副將被俘。起義軍死傷很重，宋江失敗，時間約在宣和三年（西元 1121 年）夏秋之交。

（張習孔）

方臘起義

　　方臘，青溪（今浙江淳安縣）人，北宋末年的農民起義領袖。宣和二年（西元 1120 年）冬，他在睦州（今浙江建德市）利用明教，動員、組織群眾，帶領農民起義。

　　明教是一種民間宗教，北宋時，在中國東南一帶流行。教徒崇拜光明之神，提倡素食、戒酒，講究團結互助，主張平等。這些信條，反映了農民反抗壓迫、要求平等的意志。

　　起義開始時，方臘向一千多個貧困不堪的農民，無情地揭露了北宋統治階級的殘暴荒淫、腐朽無能，號召農民武裝起來，進行抗爭。他的講話，激發了受盡剝削壓迫的農民強烈的階級仇恨。起義爆發後，方臘自號「聖公」，建年號為「永樂」。起義軍砍伐了大量毛竹，削尖了作為武器；在

一、兩個月的時間裡,連破青溪、睦州、杭州等地。警報傳至開封,北宋政府非常驚惶。宋徽宗命令童貫等統率十五萬大軍,前往鎮壓。

第二年(西元1121年)春,起義軍又連續攻占婺(ㄨˋ)州(今浙江金華)、衢州(今浙江衢州市)、處州(今浙江麗水)等地。童貫到東南後,採取軟硬兼施的辦法:一面下令把辦理「花石綱」的「蘇杭應奉局」撤銷,並且請求宋徽宗把主辦「花石綱」的朱勔父子免職,以緩和人民的情緒;一面迅速調集軍隊,水陸並進,向起義軍大舉進攻。

起義軍在杭州和官軍展開激戰,方臘為了保存力量,從杭州撤退,回到根據地睦州。接著,雙方又在睦州附近的桐廬展開激戰,起義軍失敗。官軍加緊進攻睦州,堅守睦州的起義軍由於軍糧不足、武器缺乏,最後退守青溪的幫源洞和梓桐洞。童貫率軍進逼,重重圍困起義軍,斷絕起義軍的一切接濟。

西元1121年夏,方臘等起義軍首領五十多人在苦鬥中被俘;起義軍七萬餘人,英勇戰鬥,糧盡援絕,全部壯烈犧牲。這年秋天,方臘在東京(開封)被宋統治者殺害。

方臘領導的農民起義,雖然遭到失敗,但起義軍堅持了將近一年,不屈不撓,抗爭到底,給封建統治者以沉重的打擊。

(張習孔)

契丹

契丹族最初住在今內蒙古自治區東境遼河上游西拉木倫河(遼代稱為潢河),是一個游牧兼漁獵的民族。4世紀中,遷往今河北省圍場縣北到內

蒙古自治區克什克騰旗一帶。4世紀末,其中一部分仍返回西拉木倫河、老哈河的北面,分大賀氏等八部。八部各有首長,叫做「大人」,共推選一名大人為首領。

從6世紀末年開始到10世紀初(隋到唐末),契丹社會隨著生產的發展,私有財產制逐步得到確立。大賀氏、遙輦氏、耶律氏等八部大人,不斷為爭奪八部首領的地位而爭鬥。

五代後梁太祖開平元年(西元907年),耶律阿保機取代遙輦氏的地位,成為契丹各部的首領。從西元907年至916年,阿保機逐步地統一了契丹各部落。五代後梁末帝貞明二年(西元916年),阿保機正式稱帝(後世稱為遼太祖),建立了契丹政權。這個政權的建立,代表著契丹族的社會歷史開始進入了一個新的階段。契丹族社會的經濟和文化,在契丹政權建立以後,更加有了發展。

契丹政權統治的範圍,在它最強盛時期,今天中國東北、內蒙古自治區、河北省北部及山西省的一部分,都包括在內。契丹全國行政區,以五「京」轄五個「道」,即上京(今內蒙古林西縣)、東京(今遼寧遼陽縣)、中京(今河北平泉市)、南京(又名燕京,即今北京)、西京(今山西大同)以及同一名稱的「道」。每「道」下又分「府」、「州」、「縣」各級。

西元926年,耶律阿保機死,他的兒子耶律德光繼位(後世稱為遼太宗)。西元946年,契丹出兵攻滅後晉。滅後晉的次年,契丹政權改號為「遼」。耶律德光死後,遼統治階級內部矛盾加深,勢力日弱,但到11世紀初時,遼勢又復振,成為北宋北方最大的威脅。

11世紀末,居住在松花江流域一帶的女真族日益興盛起來。女真族長期受遼的壓迫和剝削。12世紀初,女真族建立金政權以後,起兵抗遼,屢次打敗遼兵。北宋政府採取聯金攻遼的政策,和金共同出兵攻遼。宋徽宗

宣和七年（西元1125年），遼為金攻滅。

遼的貴族耶律大石在遼亡後率領一部分人西遷，在今新疆及中亞一帶，建立了西遼國（又稱黑契丹）。

（程溯洛）

女真

女真本是黑水靺鞨（ㄇㄛˋㄏㄜˊ，古族名）的後人。「女真」這個名稱是10世紀初才出現的。當時，女真受遼的壓迫和剝削，遼國統治者為了削弱女真族，把其中一小部分受漢族文化影響較深的人遷徙到遼陽以南，編入遼的戶籍，稱作「熟女真」；其餘大部分女真人則仍留居在粟末江（今松花江）之北及寧江州（今吉林扶餘市）之東，不入遼戶籍，稱作「生女真」。

生女真散居在河流沿岸或山谷之中，過著游牧狩獵的生活，尚處於原始氏族社會的階段。大約11世紀初，生女真中的完顏部已定居於按出虎水（今阿什河），學會種植五穀，並且還能刳（ㄎㄨ，挖空）木為器、製造舟車、修建房屋。以後，生女真便以按出虎水的完顏部為核心，迅速發展起來。

11世紀中期，完顏部酋長烏古迺兼併了周圍許多部落，形成了女真人的部落聯盟。這時，女真社會已有貧富不同和自由民與奴隸的區別，氏族制度正在崩潰瓦解。11世紀末，烏古迺的兒子盈歌和孫子阿骨打進一步完成了女真各部的統一。女真族內部統一以後，女真的社會經濟有了進一步發展，財富增加，兵源充裕，力量一天天壯大。

女真

　　西元 1114 年，女真族在他們雄才大略的領袖阿骨打的率領下，起兵抗遼。軍隊所向，勢如破竹，遼軍節節潰退。第二年，阿骨打便正式建立女真政權，號為「金」（因按出虎水而得名，「按出虎」是女真話「金」的意思）。此後，金與漢族封建文化的接觸日益頻繁，它的社會性質也迅速地向封建社會轉化。北宋朝廷看見金的勢力日益增強，幾次派遣使者和金聯繫，相約夾攻遼。約定滅遼後，原被契丹侵占的燕雲十六州由北宋收復，北宋則將原來每年送給遼的「歲幣」轉送給金。

　　西元 1125 年，遼在宋、金的聯合進攻下滅亡。但滅遼以後，金卻不肯歸還燕雲十六州，並且藉故向宋挑釁，興師南侵。

　　在金兵深入進擾的情況下，宋政府內部分成了抗戰、主和兩派。抗戰派以李綱、宗澤、种（ㄔㄨㄥˊ）師道等為代表，主和派以李邦彥、張邦昌等為代表。百姓和士兵堅決支持和擁護李綱等抗戰派，誓死抵抗金的進犯。但是，北宋的最高統治者——徽宗、欽宗兩位皇帝，卻一味苟且偷安，情願向金妥協。

　　西元 1126 年春，金兵進逼北宋首都開封，李綱等率領開封軍民堅決抵抗。各地人民紛紛自動組織起來，四處襲擊金兵，金兵北退。不久，李綱被主和派排擠出開封，种師道的實際兵權被解除。這年秋天，金兵再度南侵，主和派壓制人民的抗戰活動，只顧向金求和。

　　西元 1127 年 1 月（欽宗靖康元年閏十一月），金兵侵占開封。因為各地義軍紛紛起兵抗金，金兵在開封不敢久留，最後被迫退走。臨走時，將徽宗、欽宗及趙氏宗室、后妃、公主等一併俘虜北去，北宋政權滅亡。同年 6 月，欽宗的弟弟康王趙構在南京（應天府，即今河南商丘）即位，他就是宋高宗。從此宋政權開始南遷，歷史上稱為南宋（西元 1127 年至 1279 年）。

西元1153年，金遷都燕京（今北京）。遷都以後，女真貴族迅速學會了歷朝漢人的統治經驗，大體仿照宋朝制度建立了一套剝削管理機構，同時還大量吸收漢族和契丹族中地主階級的代表人物加入金的統治集團。

女真貴族對他們統治下的各族人民，特別是對漢族人民，實行野蠻的民族壓迫政策，並且不斷大舉興兵南犯，因此激起了各地人民的激烈反抗。南宋統治區域的漢族人民，在抗戰派的岳飛、韓世忠等人的帶領下，也展開了堅決的抗金鬥爭，沉重打擊金統治者。

蒙古族強大以後，金在蒙古族鐵騎的進攻下開始衰落。西元1234年，金在南宋和蒙古的聯合進攻下滅亡。

（之明）

宋代臨安

宋高宗即位後，把國都遷移到臨安（今浙江杭州）。從此臨安作為南宋的首都有一百五十多年。

隨著宋高宗的南渡，皇室貴族和大小官僚也紛紛逃到南方。南宋統治者把臨安作為偏安一隅的「樂園」，把中原的失地和人民忘得乾乾淨淨。

臨安在北宋時就是一個大都市，人口有四十多萬。南宋在這裡建都後，人口很快就增加到七、八十萬（一說有一百多萬），市面顯出了空前的繁榮。城內，有各種手工業作坊，如油作、木作、磚瓦作、玉作、翠作、腰帶作等，產品種類極多，品質也很好。特別是郊區鳳凰山下所燒的瓷器，精緻瑩澈，馳名全國。大街上，有賣金銀珠寶的商店，有賣彩帛布匹的商店，也有賣飲食的、賣鐵器的、賣雜貨的，各種店鋪，應有盡有。

並且還有許多官僚開設「長生店」（當鋪），用高利貸來盤剝城市貧民。

值得注意的是，臨安的海運交通非常發達。宋政府在這裡設有市舶司，專門管理海舶出入登記，發給公據、公憑，徵收貨稅及收買舶貨等事。錢塘江口經常有裝載各種貨物的船隻往來出入。外國商人以珍寶、香料來換取中國的絲綢、瓷器和手工藝品。據說，那時和南宋通商的國家有五十多個。不難想見，到臨安來的外國商人一定不少。

南宋統治階級，一方面向金屈辱講和，來換取苟安局面；一方面加緊壓迫剝削人民，來維持自己豪華享樂的生活。宋高宗在臨安城大修宮殿，在宮內修建假西湖，用金銀製成水禽和魚類放在湖裡觀賞。寧宗時，大臣韓侂冑（ㄙㄨㄛ ㄓㄡˋ）在臨安長橋南修蓋了華麗的樓臺亭園。理宗時，大臣賈似道在西湖葛嶺修建了規模巨大的別墅──半閒堂。他們窮奢極欲，醉心淫樂，置國家於不顧。無怪詩人林昇憤慨地說：「山外青山樓外樓，西湖歌舞幾時休？暖風薰得遊人醉，直把杭州作汴州（指開封）！」

（曹增祥）

八字軍

南宋政權在建立初期，一直處在漂泊移徙、動盪不定的情況下。為了取得人民對新政權的信任，宋高宗起用了堅持抗戰的李綱做宰相。李綱堅決反對議和，向宋高宗提出了施政的十項建議，積極準備北伐。李綱能夠看到當時北方人民抗金的力量，主張聯合各地的義軍來夾擊金軍。為了收復中原，他派張所為河北招撫使、傅亮為河東經制使，分別在大名（今河北大名縣南）、陝州（今河南陝縣）設立招撫司，專門辦理招集義軍的

工作。

女真統治者在滅遼以後,進一步對黃河南北各族人民——特別是對漢族人民,加緊武裝掠奪和民族壓迫。黃河兩岸各地的人民,紛紛團結起來,展開自衛的戰爭。靠山的結為山寨,傍水的結為水寨,其中最著名的是太行山區的「八字軍」。

八字軍為了表示他們抗金的決心,每個人臉上都刺著「赤心報國」等八個字,所以人們稱他們為八字軍。八字軍的首領王彥,原來是宋朝的都統制,曾經隸屬於張所的部下。西元1127年秋天,張所派王彥率領部將岳飛等部眾七千人渡過黃河,抗擊金兵,收復了新鄉。後來不幸被金兵包圍,八字軍部眾潰散,王彥便率領餘部退到太行山。從此,王彥便領導了八字軍。

由於八字軍英勇頑強的抗爭,各地的忠義民兵,如傅選、孟德、劉澤、焦文通等十九寨義軍,都自願接受王彥的帶領。他們的聲勢不斷擴大,由七百餘人迅速發展到十萬餘人。他們在太行山上,建成綿亙數百里的山寨,尋找機會,邀擊金兵;等到金兵大舉進攻時,他們就「且戰且行」,轉移陣地。他們和金軍打了一百多次仗,給了金軍沉重的打擊。

有一次,金軍統帥命令他的部將們一起向八字軍進攻,這些部將們都跪下哀告,說:「王都統(王彥)的營壘像鐵石一樣堅強,根本沒有辦法攻克,如果你一定要逼著我們去,就請你把我們處死吧,我們是沒有膽量去進攻的。」金軍統帥沒有辦法,只得改變策略,派遣騎兵去截斷義軍的糧道。王彥聽到了這一軍報,親自率領義軍在中途邀擊,大敗金軍。八字軍的聲勢從此更加壯大,成為金軍後方一支非常活躍的抗金力量。

(張習孔)

黃天蕩之役

宋高宗建炎三年（西元 1129 年）春天，金軍大舉南侵，直逼揚州，宋高宗從揚州逃往江南。西元 1130 年 1 月，南宋防守長江防線的杜充兵潰投降，金兵渡過長江，占領了建康，攻陷了臨安。宋高宗逃到越州（今浙江紹興）、明州（今浙江寧波）、定海，最後被逼乘船逃到海上，在浙江沿海漂泊了三、四個月。

當金兵南侵時，南宋的人民紛紛奮起抵抗，到處襲擊敵人，截斷敵人的糧道。金兵統帥兀朮（ㄨˋ ㄓㄨˊ）感到自己留在江南的兵力太單薄，害怕腹背受敵，不得不於西元 1130 年春天從江南往北撤退。

當時，韓世忠正駐防在今上海松江一帶，他探知金兵有北撤的企圖，隨即帶領八千人馬移駐鎮江，在長江的金山（山在江中）一帶險要地方布防，準備截江阻擊金兵。

金兀朮調動全部兵力，打算強渡長江。韓世忠和他的夫人梁氏指揮宋軍在鎮江附近的黃天蕩嚴密戒備，截斷金兵歸路。金軍到來以後，宋軍奮勇殺敵，梁氏擂鼓助戰，士氣異常高漲。金兀朮無法渡江，被韓世忠的部隊嚴密地封鎖在黃天蕩。

金兀朮覺得渡江不得，戰又不利，派人來向韓世忠求和，表示願把掠奪的財物全數留下，希望宋軍讓他們渡江北歸，韓世忠不許。金兀朮無計可施，要求和韓世忠當面談判。韓世忠提出兩個條件：一是歸還金軍侵占的全部土地；二是把擄去的宋朝皇帝徽宗、欽宗立刻送還。

金兀朮看到求和不成，於是在黃天蕩一帶搶劫了一千多條民船，準備趁黑夜突圍，結果遭到了宋軍的堅強反擊。金兵在黃天蕩被韓世忠軍阻截

了四十八天，後來，金兵偷偷地開鑿了一條通往長江的大渠，在一個夜晚，駕著小船，一面縱火，一面放箭，在宋軍防守薄弱的地方突出重圍，倉皇逃去。

（張習孔）

岳家軍

宋代岳飛（西元1103年至1142年）的抗金事蹟，數百年來在人民心中留下了不可磨滅的印象。

西元1129年至1130年，金兀朮率領大兵南下，長驅直入長江以南沿海地區，原想一舉消滅南宋政權，但是遭到了各地人民的英勇抵抗，受到了嚴重的打擊。岳飛率領的部隊，在廣德（今安徽東南）一帶，屢次挫敗金兵，取得很大勝利。西元1130年，「岳家軍」在常州（今江蘇南部）一帶打了好幾次勝仗，金兵被迫退到鎮江以東地方。

在各地人民的沉重打擊下，占領建康（今江蘇南京）的金兵打算從靜安鎮（今江蘇江寧西北）渡江逃跑。岳飛探明敵人撤退的情況後，隨即率領部眾直趨靜安，在清水亭，又把金兵打得大敗，並且乘勝收復了建康城。

岳家軍轉戰各地，紀律嚴明，即使在糧草接濟不到的時候，也不侵犯民間一草一木。他們的口號是：「凍死不拆屋，餓死不鹵（劫奪）掠。」岳家軍對人民秋毫無犯，受到了人民的熱烈擁護和愛戴。

岳家軍是南宋初年抗金的一面旗幟。在長期戰鬥中，他們在敵人面前，充分表現了有進無退的精神；即使敵兵常常使用排山倒海之力，也不

能把他們的陣營稍稍動搖，因而在敵人軍營中對岳家軍也有了這樣的評語：「撼山易，撼岳家軍難！」

（張習孔）

■ 郾城大捷

宋高宗紹興十年（西元 1140 年）夏天，金兀朮再次興兵南侵，戰線東起淮河下游，西到陝西。南宋政府派岳飛帶兵到河南去抵抗。這時，在東路，南宋將領劉錡在順昌（今安徽阜陽市）大敗金兵主力；在西路，另一南宋將領吳璘，堅守扶風（今陝西扶風縣），金兵屢攻不下；北方的民兵，在金兵後方異常活躍。

岳飛北上以後，把大本營屯駐在郾城（今河南郾城）。在大舉進攻之前，岳飛一面派遣部將牛皋（ㄍㄠ）、張憲等人，分路收復河南各地；一面又派遣義軍首領梁興等人重返太行山區，組織和領導河北地區的民兵，策應北上的軍隊。

在很短的時期裡，宋軍先後收復了穎昌（今河南許昌）、鄭州、洛陽等地。宋軍的聲勢震動了中原。金兀朮為了阻止岳飛的進攻，親率精銳的「鐵塔兵」和「枴子馬」一萬五千餘騎，從開封南下，向郾城反撲。鐵塔兵是兀朮的侍衛親軍，士兵「皆重鎧全裝」，看起來好像鐵塔一般；枴子馬指的是左右翼騎兵。兀朮每次作戰，照例以鐵塔兵列在正面，枴子馬布列兩側，一齊衝鋒。岳飛看見兀朮親自率兵來攻，於是命令自己的士兵，和敵人騎兵交戰時，各人都手持麻扎刀、大斧，上砍敵人，下砍馬腿。雙方自申時（指下午三點到五點）鏖（ㄠˊ）戰到天色昏黑，金兵大敗而逃，岳家

軍取得了輝煌的勝利。

　　郾城大捷，鼓舞了北方人民抗金的勇氣。中原地區的人民，爭先恐後地為岳家軍運糧食、做嚮導、送情報。在人民的支持下，岳家軍乘勝攻下了朱仙鎮（在開封附近）。岳飛看到汴京快要收復，興奮地對戰士們說：「我們很快就要直搗敵人的老巢──黃龍府，到那時，為了慶祝勝利，我要同大家痛飲一場！」

（張習孔）

▎秦檜

　　為了紀念英雄岳飛，人們在杭州西湖風景秀麗的棲霞嶺南麓，特意營建了一座岳王墓；墓前，還有一對用生鐵鑄成的秦檜夫婦跪像。

　　秦檜是陷害岳飛的奸臣。北宋末年，金兵第一次南侵時，宋統治集團中的主和派主張與金謀和，秦檜自告奮勇當了求和「使者」。後來秦檜被金兵俘虜，他就和金貴族拉上了關係。

　　西元1129年，金大將撻懶帶兵由山東向南侵犯，秦檜被派作他的軍事參謀，一同隨軍南下。金兵圍攻楚州（今江蘇淮安市）時，所釋出的勸說楚州軍民投降的文告，便是秦檜寫的。

　　西元1130年，秦檜攜帶全家大小從金占領區回到南宋。當時有很多正直的官員都紛紛議論，說秦檜是奸細；可是由於秦檜的賣國活動和宋高宗的投降意圖正相吻合，因此他得到了宋高宗的信任，在回到南宋後的第二年就當上了宰相。

　　當岳飛在郾城大敗金兵取得決定性勝利時，秦檜認為這對自己的投降

政策很不利，便急忙下令要岳飛迅速班師。岳飛拒絕執行這個命令，堅請進軍北伐。秦檜就下令先將其他各路軍撤退，然後以「孤軍不可久留」為藉口，迫令岳飛退兵。在這種情況下，岳飛不得不忍痛撤兵。他憤慨地高叫道：「十年之功，廢於一旦！所得諸郡，一朝全休！社稷江山，難以中興！乾坤世界，無由再復！」中原一帶的老百姓都攔住岳飛的馬痛哭留阻。岳飛拿出詔書給百姓看，說：「我不能違抗命令！……」

一年以後，岳飛遭到秦檜的誣陷，被逮捕下獄。紹興十一年十二月末（西元1142年1月），審理岳飛案件的官吏遵照秦檜的指示，硬誣陷岳飛有謀叛朝廷的罪名，將他毒死。岳飛臨死前，什麼話也沒有說，只在奸臣們事先擬好的「供狀」上寫了八個大字：「天日昭昭！天日昭昭！」他的部將張憲和長子岳雲同時被害。

在岳飛被害前不久，南宋統治者和金人訂立了屈辱的和約。和約規定：宋對金稱臣，並將東自淮河西到大散關（今陝西寶雞西南）以北的土地劃歸給金；每年宋給金二十五萬兩銀和二十五萬匹絹。

和議告成後，秦檜愈加專橫無忌。凡是主張抗金或同情岳飛的人，無不遭到他的陷害。有一個保衛商州十年之久，名叫邵隆的軍官，在州城割讓給金以後，常常祕密派兵化裝出外襲擊金兵。秦檜知道了以後，把他調到內地，用毒酒害死。岳飛的愛將牛皋年已六十一歲，秦檜還是對他放心不下，竟指使自己的黨羽利用宴會機會把他毒死。

紹興二十年（西元1150年），有一個名叫施全的軍士，趁秦檜上朝的機會向他行刺，沒有刺中，施全被捕。秦檜親自審問，施全慷慨激昂地說：「全國人民都想殺金兵，只有你一個人偏偏不肯，所以我就要刺死你！」

（張習孔）

第三編　盛世興替：隋唐到兩宋

唐宋八大家

　　唐宋時期，在中國散文領域出現了一個嶄新局面，產生了許多有名的作家，其中最著名的有：唐代的韓愈、柳宗元，宋代的歐陽脩、王安石、蘇洵、蘇軾、蘇轍、曾鞏，文學史上把他們合稱為「唐宋八大家」。

　　魏晉南北朝時，文風日益趨向綺靡華豔，文壇上占統治地位的駢體文，只注重聲韻和諧、對偶整齊和辭藻的華麗，不注重內容。一些比較進步的文人，相繼起來反對這種浮豔的文風。到了唐代，韓愈等人更加大力從事「古文」（指先秦兩漢時候的散文）的宣傳和寫作。於是，古文的寫作，漸漸成為一種社會風尚。

　　韓愈（西元768年至824年），字退之，鄧州南陽（今河南南陽）人。他是古文運動的倡導者，也是中國歷史上著名的古文家。他提倡古文，反對駢文，要求文學有思想內容。他所寫的散文內容豐富，形式多樣，氣勢磅礡，說理透闢。在語言運用上，他善於創造性地使用古代詞語，推陳出新，句法靈活，有很強的表現力。尤其是他的雜文，短小精悍，感情充沛，對許多社會現象進行了大膽辛辣的諷刺。他的著作有《韓昌黎集》四十八卷。

　　柳宗元（西元773年至819年），字子厚，河東（今山西永濟）人。他是古文運動的積極支持者。他的寓言、諷刺散文和山水遊記，最富有創造性。他的文章充滿了強烈的愛憎感情。比如在〈黔之驢〉一文中，他辛辣地諷刺了官僚社會中那些徒有其表、虛張聲勢之徒，其蠢如驢，他們恃寵而驕、得意忘形，結果遭到自取滅亡的下場。再如在〈捕蛇者說〉一文中，他深刻地揭露了賦稅的毒勝過蛇毒，具體地描寫了人民在封建剝削下的無比痛苦。他的山水遊記，文字清新秀美，內容不僅僅是純客觀描繪自然，也滲透著自己痛苦的感受和對醜惡現實的不滿情懷。他這方面的代表

作是《永州八記》。

歐陽脩（西元1007年至1072年），字永叔，號醉翁，廬陵（今江西吉安）人。他的文章明暢簡潔，豐滿生動；無論寫人、寫事、寫景，都能以簡練的筆墨，渲染出十分濃郁的抒情氣氛。他的〈醉翁亭記〉、〈秋聲賦〉等文，最能表現這種獨特的藝術風格。他還寫過許多結構謹嚴、語言明快的政論性文章，如〈與高司諫書〉、〈朋黨論〉等。

王安石在宋神宗時，擔任過宰相。他不但是一位大政治家，也是一位大文學家，他的文章，以政治和學術的論說文居多。尤其是他的政論文，在唐宋八大家中，是最突出的。他的文章的特點是：結構謹嚴、論辯透闢、語言簡練有力、概括性強。例如〈上仁宗皇帝言事書〉和〈答司馬諫議書〉等一類為變法服務的作品，不但表達了作者的進步思想，也顯示了作者在政論文方面的優異才能。

蘇軾（西元1037年至1101年），字子瞻，號東坡居士，四川眉山人。他和父親蘇洵、弟弟蘇轍，被合稱「三蘇」。蘇軾有多方面的文學才能，古文、詩、詞都寫得很好。由於他在政治上不得意，大部分時間被貶謫，有機會接觸人民的生活，因此寫出了許多具有一定現實內容的作品。他的筆記文《志林》，文字簡練，情趣生動，在藝術上具有很顯著的特色；他寫的亭臺記，如〈喜雨亭記〉等文，筆觸輕鬆，明朗流暢。蘇洵和蘇轍在文學方面也有相當貢獻，但都不如蘇軾的成就大，這裡就不詳細介紹了。

曾鞏（西元1019年至1083年），字子固，江西南豐人。他的政治態度比較保守，曾在神宗面前批評過王安石；不過在文學見解上，卻和王安石很接近，也反對形式主義的文章。他的散文結構謹嚴，風格樸實，語言簡潔犀利，曾給後代以相當影響。他的著作有《元豐類稿》。

（張習孔）

第三編　盛世興替：隋唐到兩宋

宋初四大類書

　　類書，就是摘取群書，分門別類編排而成的書籍。宋初編修的四部大型類書是《太平御覽》、《太平廣記》、《文苑英華》和《冊府元龜》。

　　《太平御覽》是太平興國二年（西元977年）春，宋太宗命令大臣李昉等編撰的。到太平興國八年十二月（西元984年1月）完成，前後歷時近七年。這部書初名《太平總類》，書成後，宋太宗每天閱讀三卷，一年的工夫全部讀完，於是改名為《太平御覽》（簡稱《御覽》）。全書共分「天」、「地」、「州郡」、「封建」、「治道」、「時序」、「人事」、「刑法」、「服用」、「疾病」、「工藝」等五十五門，共一千卷，徵引古書多至一千六百九十種。

　　《太平廣記》專門收集自漢代至宋朝初年的野史、小說。因為成書於太平興國年間，又和《太平御覽》同時編纂，所以名為《太平廣記》。這部書也是李昉等人奉宋太宗的命令集體編纂的。從太平興國二年（西元977年）春天開始，到第二年秋天完成，共五百卷，目錄十卷。全書按題材分為九十二大類，一百五十餘細目。

　　《太平廣記》給了後世研究戲曲、小說史的人很大幫助。據記載，南宋時的「說話人」（就是後來的說書人），從小都得學習《太平廣記》；宋元時人編的話本、雜劇，就經常以《太平廣記》中的故事為題材；明清時人寫的小說、戲曲，也有很多取材於這部書。

　　《文苑英華》也是宋太宗時命令李昉等人編修的，這是一部詩文總集。南北朝時，梁昭明太子蕭統曾編選過《昭明文選》。《文苑英華》就是繼《昭明文選》以後，包括從梁到唐的另一部詩文彙編。這部書從太平興國七年（西元982年）修起，到雍熙四年（西元987年）修成，前後共費時

五年。全書共一千卷，書中存留了大量古代詩文，為以後明代編成的《古詩紀》、清代編成的《全唐詩》、《全唐文》等重要總集所取材。南宋彭叔夏考訂了書中的錯亂重複，寫成《文苑英華辨證》十卷，可以作為使用這部大書時的參考。

《冊府元龜》共一千卷，約九百萬字。宋真宗景德二年（西元1005年），下詔令王欽若、楊億等編修一部有關歷代君臣事蹟的書。大中祥符六年（西元1013年）書成，真宗親自題名為《冊府元龜》。

「冊府」意思是書冊的府庫，「元龜」就是大龜。按照古人迷信的說法，龜卜可以知未來，所以凡是可以作為借鑑的事，就稱為「龜鑑」。《冊府元龜》的意思就是：這書是一部古籍的彙編，可以作為君臣的鑑戒。

《冊府元龜》可以算一部大型的史料分類彙編，從上古到五代，按人事、人物，共分三十一部，一千一百零四門。書中對於唐、五代各朝史事，記載尤為詳備，不但可以校史，而且可以補史。

（張習孔）

《資治通鑑》

北宋司馬光（西元1019年至1086年）領導編撰的《資治通鑑》（簡稱《通鑑》），是中國著名的歷史書之一。全書二百九十四卷，另附目錄及考異各三十卷，上起戰國，下迄五代，所載史實歷一千三百六十二年。這書的編修目的，從書名就可以知道：「資」是「為」，「治」是「統治」，「通」是「從古到今」，「鑑」是一面「鏡子」；合起來的意思就是，供給統治階級從中吸取統治人民、治理國家的經驗教訓，所以這部書對於歷代「治亂興

衰」的重大史實敘述得很詳細。

參加編撰這部書的人，除司馬光外，還有劉攽（ㄅㄢ）、劉恕、范祖禹等人。劉攽擔任兩漢部分的撰寫任務，劉恕擔任魏、晉、南北朝部分的撰寫任務，范祖禹擔任唐、五代部分的撰寫任務，最後由司馬光總其成。司馬光的兒子司馬康擔任文字的校對工作。從英宗治平三年（西元1066年）開始編寫，到神宗元豐七年（西元1084年）修成，前後共歷時十九年。

在《通鑑》的編修過程中，司馬光付出了最大的勞動。據范祖禹說，司馬光每天很早起床開始工作，一直到深夜才就寢。他每天修改的稿紙就有一丈多長，而且上面沒有一個草字；等到《通鑑》修完，在洛陽存放的未用殘稿，就堆滿了兩間屋子。司馬光在他的進書表上說，「平生精力，盡於此書」，看來並不是虛語。

《資治通鑑》的編修共分兩個時期：從西元1066年至1070年在開封編撰，為一個時期，這五年中，編完了周、秦、漢、魏幾朝的歷史，共七十八卷；從西元1071年至1084年在洛陽編撰，為另一個時期，這十四年中，編完了晉至後周幾朝的歷史，共二百一十六卷。

《通鑑》這部書自宋朝以來就為歷史學者所推崇，並且有很多人模仿它，寫成同樣體裁的史書，如宋李燾的《續資治通鑑長編》、清畢沅的《續資治通鑑》等。

司馬光等人在編撰《通鑑》時，除取材「正史」外，還採用了「雜史」三百二十餘種。為了考辨異同真偽，一件事往往採用三、四種書，要求做到求真求是。書中所記內容，大體平實可信。

《通鑑》一書在編寫上，按年代順序，排比史實（這種體裁叫做「編年

體」），敘事簡明扼要，文字精練生動；不但可以作為歷史著作讀，也可以當作古典文學作品讀。

（張習孔）

▍《夢溪筆談》

《夢溪筆談》的作者為北宋時人沈括，他是錢塘（今浙江杭州）人，生於仁宗天聖九年（西元1031年），死於哲宗紹聖二年（西元1095年）。

沈括做過沭（ㄕㄨˋ）陽（今江蘇沭陽）縣的主簿（主管文書簿籍的官），在「昭文館」擔任過編校書籍的任務，也做過專門管理天文、曆法的工作。西元1075年，他一度充當劃定宋、遼邊界的外交使者。後來，他做鄜（ㄈㄨ）延路經略安撫使，成為一方的軍政長官，在抵抗西夏入侵的鬥爭中，為國家立了很大功勞。

沈括在政治上一貫支持王安石的新法，因而遭到守舊官僚的痛恨。王安石罷相以後，那些頑固官僚們不斷藉機攻擊、排擠沈括，使他對官場生活感到十分厭倦。西元1088年，他到潤州（今江蘇鎮江）隱居。在這裡，他埋頭研究學術，專心從事《夢溪筆談》的著述。

《夢溪筆談》共二十六卷，另有《補筆談》三卷，《續筆談》一卷，是用筆記體裁寫的，總計六百零九條。這部書的價值可以歸納為下列幾點：

1. 對自然科學方面的貢獻。沈括曾用三個月的時間，來觀測北極星的位置，並繪製了二百幅圖，結果證實北極星和北極相距三度多。他對虹的成因，做了科學的解釋，他認為虹是由於日光照射雨點發生折射現象產生的。他在曆法方面，主張取消閏月，定一年為十二個月，大月三十一天，

小月三十天。這個辦法可以避免計算和安排閏月的麻煩。在《夢溪筆談》中，還記載了用木料製作立體模型地圖和用比例尺繪製天下郡縣圖的方法。在地質學方面，沈括發現太行山的崖壁上有許多蚌殼，因而提出了這一帶在古代可能是海岸的推理。

2. 對歷史學方面的貢獻。《夢溪筆談》中有很多對於重要歷史事件的記載，可以補史書之不足。比如有關宋代慶曆年間（西元 1041 年至 1048 年）畢昇發明活字印刷術的事實，書中就有很詳細的敘述。特別是對西元 993 年四川王小波、李順所領導的農民起義一事，記載尤為詳實。據該書講：王小波等起義失敗後，李順在民間隱藏了三十多年。這個記載和一般官書所說不同，它揭穿了官修史書上所稱李順被官兵捕獲的謊言。

3. 對文學、藝術方面的貢獻。《夢溪筆談》內容豐富，包括有遺文舊典、小說家言，後人可以從中取得豐富的資料。書中還有專門討論音樂和美術的篇章，議論都很精闢，反映了作者的獨到見解。

《夢溪筆談》記錄了沈括的科學研究成果，它是中國古代一部很重要的學術著作。

（張習孔　曹增祥）

李清照

北宋末年，詞壇上出現了一位傑出的女詞人，她就是李清照。李清照（西元 1084 年至 1155 年），號易安居士，歷城（今山東濟南）人。

她的父親李格非，是學者兼散文作家；母親也長於寫文章。李清照自幼受家庭的教養，年輕時就有很高的文學修養。她的丈夫是太學生趙明

誠，夫婦兩人都喜歡收藏金石書畫，他們合著的《金石錄》，對考古學有一定貢獻。

　　金兵南下，先後占領了河北、山東一帶，李清照夫婦逃難到江南。在混亂的局勢中，趙明誠病死在建康。此後，李清照便一個人漂泊於台、越、衢、杭諸州（均在今浙江省），在顛沛流離的生活中，度過了寂寞困苦的晚年。

　　李清照是個多才多藝的女作家，她的詩和文都寫得很好，尤其精於填詞。她的作品裡，描繪的形象很生動具體，富於感情，語言也很精練。她在南渡以前，過的是比較安逸寧靜的生活，這時她的詞的主要內容是描寫對愛情的要求和對自然的喜愛。在風格上，她的詞的特點是婉約清新。

　　南渡以後，李清照面對著苦難的現實遭遇，所填的詞感情極為沉痛，風格上也漸趨向蒼涼悽楚。例如，她的〈聲聲慢〉一詞，一開始就運用了「尋尋覓覓，冷冷清清，悽悽慘慘戚戚」七對疊字，來抒寫自己悲愁寂寞無法排遣的痛苦。末尾兩句「這次第，怎一個愁字了得？」更反映出作者愁緒的錯綜複雜。這種愁苦的情感，是由許多方面的原因造成的；它所包含的內容，不光是個人的不幸，而是帶有時代和社會的因素的。

　　李清照生平著作，據《宋史・藝文志》所載，有《易安居士文集》七卷、《易安詞》六卷，可惜這些集子後來都散逸了。現在還留存的《漱玉詞》是後人輯錄的，收有五十首左右的詞，僅僅是李清照作品的一小部分。

（張習孔）

第三編　盛世興替：隋唐到兩宋

▎辛棄疾、陸游

　　辛棄疾（西元 1140 年至 1207 年），字幼安，號稼軒，歷城人。他出生的年代正是北宋亡後的第十三年。他二十一歲時，組織了一支抗金的隊伍，第二年，他帶著這支隊伍參加了耿京帶領的抗金義軍。後來耿京為叛徒所殺，辛棄疾親自率領五十多人襲入金軍營中，將叛徒活捉，縛送到建康。他這種英勇的愛國行為，受到了人民的熱烈讚揚。

　　辛棄疾投歸南宋後，屢次向朝廷提出收復失土的主張，都未被接受。

　　他對南宋統治階級的庸弱表示憤慨，對淪陷在金貴族統治下的人民表示關懷；他時時刻刻不忘失土的收復，希圖根本改變宋朝衰弱的處境。他把自己這種憤激、壯烈的感情，寫進了許多詞裡：

渡江天馬南來，幾人真是經綸手？長安父老，新亭風景，可憐依舊。

夜半狂歌悲風起，聽錚錚、陣馬簷間鐵。南共北，正分裂。

道男兒到死心如鐵，看試手，補天裂。

　　他責問南宋君臣，有幾個真正是治理國家的能手？他指出，國土淪喪，山川風景固然依舊，可是卻無人關心受難的北方父老。半夜風起，掛在屋簷下的「鐵馬」（薄鐵片，有風吹動，就相互碰擊出聲，人們用來測風）錚錚作響，不禁激發起一個具有愛國心腸的人的萬千感慨。美麗的山河，「南共北，正分裂」，難道可以允許這種現象長期存在下去嗎？「看試手，補天裂」，作者滿懷著雄心壯志，發出了多麼豪邁的聲音！

　　何處望神州？滿眼風光北固樓。千古興亡多少事？悠悠，不盡長江滾滾流。年少萬兜鍪（ㄇㄡˊ，「兜鍪」為頭盔），坐斷（占據）東南戰未休。天下英雄誰敵手？曹劉。生子當如孫仲謀。

這首詞借古喻今，表達了作者晚年時對國事深刻關懷的悲憤心情。作者透過對孫權這樣一個奮發有為的歷史人物的思慕，間接地對南宋最高統治者那種屈辱妥協的行為進行了抨擊。

辛棄疾流傳下來的詞，共有六百多首。他的許多詞，在思想內容上和藝術造詣上，都達到了很高的層級。

陸游（西元1125年至1210年），字務觀，號放翁，越州山陰（今浙江紹興）人。他比辛棄疾大十五歲，但比辛棄疾晚死三年。陸游留下了近萬首詩，全面深刻地反映了他所處的時代。他的很多詩篇，充滿了慷慨激昂的愛國感情，如「汴洛我舊都，燕趙我舊疆」、「幅員萬里宋乾坤，五十一年仇未報」等類句子，在他的詩集裡，舉不勝舉。

陸游痛恨殘暴的金貴族統治者，深刻同情處於苦難中的人民，熱切渴望宋朝已失國土的收復。在一首詩裡，他這樣寫道：

> 三萬里河東入海，五千仞（古時以八尺或七尺為一仞）嶽上摩天。遺民淚盡胡塵裡，南望王師又一年。

這詩的大意是：祖國的山河無比雄偉壯麗，在金貴族占領的地區，人民正遭受著無盡的痛苦。可是南宋政府卻從來沒有收復失地的打算。人們年年「南望王師」，年年感到失望。

陸游為祖國歌唱了一生，直到臨死的前夕，他還念念不忘收復失地的事業，寫出了一首感人至深的〈示兒〉，詩道：

> 死去原知萬事空，但悲不見九州同。王師北定中原日，家祭無忘告乃翁。

（張習孔）

第三編　盛世興替：隋唐到兩宋

宋朝四大書法家

　　中國的書法藝術，到宋朝有了很大發展。宋代書法家很多，其中最著名的是蘇軾、黃庭堅、米芾（ㄈㄨˊ）、蔡襄四人，他們被稱為宋代的「四大書法家」。

　　蘇軾不僅在文學上有很高成就，在書法方面也有很高成就。他的書法藝術風格的特點是瀟灑豐潤、豪放活潑。他長於行書，他的字受到唐代大書法家顏真卿和五代時書法家楊凝式書法的影響。他為了精研書法，曾下過苦功。他揣摩古人的筆意，推陳出新，突破了晉、唐以來書法的傳統，創造了自己獨特的風格。存世的蘇字真跡，有〈黃州寒食詩帖〉、〈赤壁賦〉、〈祭黃幾道文〉等。

　　黃庭堅（西元1045年至1105年），字魯直，號山谷道人，洪州分寧（今江西修水縣）人。他的楷書、行書、草書都好，風格雄健秀美。他學習晉代大書法家王羲之和唐代大書法家張旭的筆意，加以變化，自成一格。存世的黃字真跡，碑刻有〈狄梁公碑〉，墨跡有〈松風閣詩〉、〈王長者史詩老墓誌銘〉、〈華嚴疏〉等。

　　米芾（西元1051年至1107年），字元章，號海嶽外史。因為他長期住在湖北襄陽，所以人們又稱他「米襄陽」。他曾做過禮部員外郎的官，古時把禮部的郎官稱為「南宮舍人」，所以人們又稱他「米南宮」。他的行書、草書都自成一家。他對書法藝術的看法，主張在繼承傳統的基礎上發展創造，既不墨守成規，也不否定傳統。他認為書法貴乎天真自然，流露個性，反對矯揉造作，裝腔作態。米芾學習書法十分刻苦認真，據說他沒有一天不專心臨摹所藏的唐人真跡。他除了是一位大書法家外，還是一位

名畫家，他慣用大小墨點，畫雲山雨樹。米芾的畫，人們稱之為「米家雲山」，是山水畫中的一個新流派。米芾的墨跡，存世的有〈蜀素帖〉、〈米芾二帖冊〉、〈法書三種〉等。

蔡襄（西元 1012 年至 1067 年），字君謨，福建仙遊人。他的書法學習唐顏真卿，兼取法晉人。他的草書參用「飛白法」，寫得非常精妙。所謂「飛白」，是寫出來的字筆畫中露出一絲一絲白道，像枯筆寫成的一樣。他傳世的真跡，碑刻有〈萬安橋記〉、〈晝錦堂記〉，墨跡有〈謝賜御書詩〉等。

（蔣震）

宋朝著名的畫家

繪畫到了宋朝，進入了一個新的發展階段。這時山水、花鳥畫由於比較正確地體現了現實主義的優良傳統，已經可以和人物畫分庭抗禮了。更重要的是，寫生畫和水墨畫受到了足夠的重視。至於繪畫的題材，也比過去更為廣闊得多。

宋朝開國便設有「翰林圖畫院」（封建帝王御用的繪畫機構），羅致了全國的畫家，按照他們才藝的高下，分別給予不同的職銜，這對專業畫家的培養有著一定的作用。翰林圖畫院的畫家，現在有名可考的有一百七十多人，其中著名的有李成、范寬、李唐、劉松年、馬遠和夏珪。此外，還有以畫人物著名的李公麟和擅長界畫（用界尺作線，畫成宮室樓臺，謂之「界畫」）的張擇端等人。

李成（西元 919 年至 967 年），字咸熙，先世為唐宗室。他的山水畫，

最初師法唐末畫家荊浩，後來加以發展變化，創出與荊浩不同的風格。他落筆簡練，墨法精微，能「掃千里於咫尺，寫萬趣於指下」。他的作品有宋代摹本〈讀碑窠石圖〉。

范寬（西元950年至1032年），名中正，字中立。畫山水初學荊浩、李成，後來感到「與其師人，不若師諸造化」（意思是說不如向真實的大自然學習），於是遷居終南山，對景造意，寫山真貌，自成一家。存世作品有〈溪山行旅圖〉、〈雪山蕭寺圖〉等。

李唐（西元1066年至1150年），字晞古。他的畫風對整個畫院中的山水畫派，有很大影響。他的存世作品有〈晉文公復國〉、〈江山小景〉、〈萬壑松風〉、〈清溪漁隱〉等圖。

劉松年（約西元1155年至1218年），南宋傑出畫家，錢塘人。他的山水畫，筆墨精嚴，設色妍麗，善於表現山明水秀的江南景色。存世作品有〈四景山水〉、〈溪亭客話〉等。

馬遠（約西元1140年至約1225年），原籍河中（今山西永濟市），生長於錢塘。他的山水、人物、花鳥畫，在宋畫院中負有盛名。他生長的時代是宋室南渡以後，所以他畫山水多作殘山剩水，具有深刻的含意，世人稱之為「馬一角」。他存世的作品有〈踏歌圖〉、〈水圖〉等。

夏珪（生卒年不詳），字禹玉，錢塘人。他的山水畫，筆力遒勁，墨氣淋漓。構圖多突出近景一角，風格與馬遠相近，後人並稱「馬夏」。存世作品有〈溪山清遠〉、〈西湖柳艇〉等。

以畫人物著名的李公麟（西元1049年至1106年），字伯時，號龍眠山人，舒州（今安徽舒城縣）人。他畫人物、佛像，廣取前人之長，發展了東晉畫家顧愷之、唐代畫家吳道子等各家的特長，運筆如雲行水流，自成

風格。他畫的白描羅漢非常有名。「白描」是用墨勾線條，不著色，他是這種畫法的創始者。存世作品有〈維摩演教圖〉等。

　　開始重視現實習俗生活的描繪，打破過去畫家專畫歷史人物與貴族生活的局限，這是宋代繪畫的一個很大變化。北宋傑出畫家張擇端（生卒年不詳）的〈清明上河圖〉就是這種新題材的代表。張擇端選擇清明日汴京東門外一段繁盛地區的街景為題材來作畫。在畫中，可以看到汴河裡船隻往來、虹橋上車馬不絕、街道上店鋪林立的景象。可貴的是，畫中突出了各業人民各種勞動生活的場面。這幅畫至今還在北京故宮博物院中保存著，它是中國繪畫史上不朽的傑作。

（蔣震）

第三編　盛世興替：隋唐到兩宋

第四編

王朝更迭：元明清興起

　　本編從元代講到鴉片戰爭之前。明清時期是中國封建社會由盛轉衰的轉型期，中央集權的君主專制制度空前強化。這一時期是中國小說史上的繁榮期，其中最具代表性的就是四大名著。

第四編　王朝更迭：元明清興起

元朝忽必烈

　　13世紀初，蒙古族的領袖成吉思汗，統一了蒙古各部，在蒙古地區正式建立了政權，並且同東南的金朝、西南的西夏，展開了多年的戰爭。西元1227年，成吉思汗病死，他的兒子窩闊台繼為大汗。當時，南宋和金正處於南北對峙的局面。窩闊台即汗位後，繼續對金作戰，並且約南宋出兵夾攻金。

　　西元1234年，金在蒙古軍和南宋軍聯合夾攻下滅亡，蒙古貴族統治了中國北部。

　　金亡後，南宋朝廷希圖收回黃河以南的土地，調兵進入開封，並從開封分兵進駐洛陽。宋軍剛進洛陽城，蒙古兵即南下向宋軍進攻。宋軍大敗，開封、洛陽得而再失。此後，蒙古統治者又從今青海一帶進攻四川。另外，還在今湖北及長江、淮河之間，向南宋發動全面的攻勢。

　　蒙古軍遭到了南宋軍民的堅決抵抗。南宋人民紛紛組織民兵，奮起保衛家鄉。南宋的孟珙（ㄍㄨㄥˇ）、王堅等將領，依靠人民，在今湖北、四川一帶，長期堅持英勇的保衛戰。

　　西元1258年，蒙哥汗（成吉思汗之孫）親自率領軍隊攻入四川，企圖一舉滅宋。不料，第二年，蒙哥在圍攻合州（今四川合川）時負傷，死在軍中（一說為病死）。這時，蒙哥的弟弟忽必烈正圍攻鄂州（今湖北武昌）。南宋的奸臣、妥協派首領、宰相賈似道，統率各路大兵來鄂州援救，暗中卻派人向忽必烈求和，願意納貢稱臣，割讓北地，要求雙方以長江為界。

　　忽必烈本來不想議和，後來知道蒙哥已死，蒙古貴族內部有人要擁立

別人做大汗，他為了爭奪汗位，就答應了賈似道的議和條件，匆匆撤圍北還。而賈似道卻向宋朝廷謊報軍情，聲稱前線得勝，已經把蒙古兵打退。南宋統治者依然過著荒淫腐化的生活，根本不做戰守的準備。

忽必烈回到開平（今內蒙古自治區多倫東南），廢除了由蒙古貴族會議選舉大汗的制度，西元 1260 年自立為大汗。同時，他的弟弟阿里不哥也在別的地方即了汗位，並且聯合了一部分貴族和他作對。這樣，蒙古統治集團內部便爆發了長達四年之久的內訌。

忽必烈為了增強自己的力量，依靠、利用漢族地主武裝，起用一批漢族官僚，終於在爭奪大汗的爭鬥中，獲得了勝利。西元 1264 年，他遷都燕京（今北京）。西元 1271 年，正式定國號為「元」，改稱燕京為大都。後世稱他為元世祖。

忽必烈在北方穩定了自己的統治，又經過了幾年的準備，便大舉進攻南宋。在元軍的進攻面前，南宋的軍隊一觸即潰，各地大小官僚多半望風迎降，只有姜才、李庭芝、張世傑、陸秀夫、文天祥等少數文武大臣，帶領江南人民進行了誓死不屈的抗爭。西元 1279 年，南宋滅亡，元統一了全中國。

忽必烈不僅是一位出色的軍事統帥，也是一位有魄力的政治改革家。在建立了元朝以後，他的政權承襲了宋、金以來中國封建政權組織的全部體制，並根據當時的需求加以變化、發展，對以後明、清兩代有相當影響。

忽必烈廢除了蒙古族地方長官的世襲制度，整頓了地方豪強的混亂統治，對蒙古諸王在封地內的專擅行為，也進行了某些限制。此外，他還採取了一系列保護和恢復農業生產的政策，並先後組織人力開鑿了會通河

（今山東東平縣至臨清市的運河）和通惠河（自大都至通州）。這些措施，對安定久經戰亂後的社會秩序和發展生產、繁榮經濟來說，發揮了一定的正向作用。

忽必烈統治時期，結束了 12 世紀以來宋、金對峙的局面，完成了全國的統一。

（之明）

文天祥

文天祥（西元 1236 年至 1283 年），廬陵（今江西吉安）人。在他少年時，南宋的政治已是非常腐敗，國家的局勢也一天比一天危急。文天祥從小就有救國的抱負。西元 1256 年，他在參加進士考試的時候，就大膽地提出了改革政治的主張。西元 1259 年，蒙古軍隊進攻鄂州。南宋的宦官董宋臣主張遷都逃避。文天祥就上書南宋皇帝，要求殺掉董宋臣，並且提出了禦敵的方案，但是沒有被採納。

忽必烈建立了元朝以後，派大軍攻打南宋。西元 1275 年，元軍在安徽蕪湖大敗宋軍，順流東下，逼近南宋的京城臨安（今浙江杭州）。這時，文天祥正在贛州（今江西省內）做知州。為了挽救危局，他立即號召人民起來抵抗，並且拿出自己的全部家產，積極招募士兵，組成了一支軍隊。他領著這支義軍，趕去保衛臨安。可是腐朽的南宋政府正在準備投降，對文天祥的抗元活動，不但不支持，反而給了許多限制和打擊。

西元 1276 年，元軍攻到臨安城郊。南宋政府不得已，任文天祥為右丞相，派他去元營談判。文天祥在元營中，不怕威嚇，當面指責元軍的主

帥，要元軍退兵議和，結果被扣留。就在這時，南宋政府卻向元軍投降了。元軍進入臨安，俘虜了南宋的皇帝和許多王公大臣。

十多天以後，元軍把文天祥押解去大都。在途中，文天祥趁機逃走，經歷許多艱險，到了永嘉（今浙江溫州）。不久，張世傑、陸秀夫在福州另立趙昰（ㄕˋ）為皇帝，召文天祥前往。文天祥來到後，和張、陸同心協力，重新組織軍隊，繼續抗元。西元 1277 年，他進軍江西，收復了好幾處州縣，後來被強勢的元軍打敗。但是，文天祥並不氣餒，他退到廣東，堅持抵抗。

西元 1278 年，趙昰死去。張世傑、陸秀夫又立趙昺（ㄅㄧㄥˇ）為皇帝，並且把政府遷到厓山（在廣東新會縣以南海中）。文天祥則領兵在廣東潮陽一帶駐守。不久，元將張弘範率領大軍攻入廣東。在一次戰鬥中，文天祥兵敗被俘。

文天祥被俘以後，張弘範押他一同到厓山，要他寫信去招降張世傑。文天祥堅決拒絕，並且寫了一首詩表明自己不屈的意志。詩的最末兩句是：「人生自古誰無死，留取丹心照汗青。」

西元 1279 年春，張世傑、陸秀夫率領宋軍，在海上同元軍展開大戰，結果宋軍戰敗。為了不被敵人俘虜，陸秀夫背起趙昺投海而死。張世傑召集殘軍繼續戰鬥，兵敗突圍，遇到颱風，坐船被巨浪打翻，他不幸落海犧牲。南宋至此滅亡。

西元 1279 年冬，文天祥被押送到大都，關進了監牢。元朝統治者千方百計地對他進行威逼利誘，要他歸降。但是，他都堅決拒絕，毫不動搖。他在獄中寫下了許多光輝的詩篇，來表明自己寧死不屈的決心。其中最著名的，就是〈正氣歌〉。文天祥在這首詩中，引述了歷史上許多英雄

第四編　王朝更迭：元明清興起

人物的事蹟，來證明正氣的不可屈辱，表示了對元朝統治者的蔑視。詩中每一字句，都包含了作者高貴的愛國感情，它深深地打動了人們的心弦。

西元 1283 年，文天祥在大都柴市（今北京交道口南）從容就義。

他死後，人們在他的衣帶裡，發現他預先寫好的贊文，最後幾句說道：「讀聖賢書，所學何事？而今而後，庶幾（將近、差不多）無愧！」這首贊文，充分表現了文天祥臨死不懼、視死如歸的精神。

（張習孔）

元曲

元曲是中國文學發展史上一支鮮豔的花朵，它是元代新興的一種韻文文學，分散曲和雜劇兩類。散曲是一種由詩詞變化發展來的新詩體，雜劇是一種包括歌唱、音樂、舞蹈和完整故事情節的綜合性藝術。在元代短短的幾十年間，產生了大批優秀的作品，湧現出不少偉大的作家。在這些作家中，最著名的有關漢卿、王實甫、白樸和馬致遠。

關漢卿，大都人，是元代雜劇的奠基人。他一生共寫了六十多個劇本，可惜大部分都已經散逸。現在流傳下來的曲、白（對話）俱全的劇本有十二個，科（動作）、白殘缺的有三個，只留存著單支曲詞的有兩個。這些劇本，題材廣泛、內容豐富，其中有的寫被壓迫婦女的冤屈，有的寫受迫害的人民與貪官惡吏的抗爭，有的寫歷史上的英雄人物，有的寫社會上的公案故事。由於關漢卿長期和下層人民在一起，對人民的痛苦生活有比較深刻的了解，因此，在他的劇本中，充滿了對統治階級的仇恨和對受壓迫人民的同情。

《竇娥冤》是關漢卿雜劇的代表作品，也是現存的元代最好的雜劇之一。這個劇本描寫了在黑暗統治下含冤而死的竇娥的悲慘命運，塑造了一個反抗強暴、至死不屈的女性形象。竇娥在被綁赴法場的路上，因為不甘於向命運低頭，大膽地向古代人所認為的世界的主宰──天和地，發出了斥責和呵罵：

天地也，做得個怕硬欺軟，卻原來也這般順水推船。地也，你不分好歹何為地？天也，你錯勘賢愚枉做天！

這是對暗無天日的封建統治秩序所表示的懷疑，也是對當時正義得不到伸張的現實社會所提出的控訴。作者透過劇中的主角──竇娥一生坎坷不平的遭遇，對封建社會的殘酷現實做了無情的鞭撻，充分表明了作者的社會政治觀點，敢於揭露當時社會的黑暗。

《救風塵》是一齣優美動人的喜劇。在劇中，關漢卿描寫了機智、正直的趙盼兒，她用非常巧妙且合乎人情的計策，與花花公子周舍展開爭鬥，把自己的同伴妓女宋引章從災難中救了出來。

《單刀會》是關漢卿寫的一齣歷史劇，它描寫了三國時吳蜀兩國的一場政治鬥爭：吳大臣魯肅企圖從蜀大將關羽手中索取荊州，設宴邀請關羽，想用威脅的辦法達到目的。關羽毫無所懼，單刀赴會，凜然不屈。最終，魯肅的計謀落空。

一百年以前，《竇娥冤》就已被譯成法文，傳到了歐洲。在亞洲其他國家，包括日本，也曾大批地翻譯過關漢卿的作品。1958 年是關漢卿戲劇創作的七百週年，世界各國許多城市都為他舉行了紀念活動。

王實甫也是大都人。他的代表作《西廂記》，在元代雜劇中有著很高的地位。劇中描寫了張生和崔鶯鶯的戀愛故事，歌頌了青年男女爭取戀愛

自由、向封建禮教抗爭的勝利,具有強烈的現實意義。

白樸,隩(ㄠˋ)州(今山西河曲附近)人。《牆頭馬上》是他最出色的作品,也是元代雜劇中著名的四大愛情劇之一(另外三個著名的愛情劇是關漢卿的《拜月亭》、鄭光祖的《倩女離魂》和王實甫的《西廂記》)。劇中透過敘述一對青年男女的戀愛故事,盡力宣揚男女自由結合的合理性,表現了一種要求婚姻自主、反對封建禮教束縛的抗爭精神。這個劇在思想性和藝術性上都很成功。

馬致遠,大都人。他的名著《漢宮秋》,是一部具有特殊藝術風格的歷史劇。它描寫的是漢元帝時宮女王昭君的故事。作者透過這個劇本,強烈地表達了他自己反對當時元代蒙古貴族實行嚴重的民族壓迫政策的想法。《漢宮秋》所突出的這種主題思想帶有強烈的現實意義,但這部作品的感傷情緒比較多。

元曲中的散曲,也叫「清曲」,包括「小令」、「套數」兩部分。「小令」和詞差不多,原是民間流行的小調;「套數」又叫「套曲」,是合一個宮調中的許多曲子而成的。元代散曲作家有作品流傳下來的有兩百多人,在眾多的作品中也有不少傑出的篇章。

(張習孔)

郭守敬

郭守敬(西元1231年至1316年),字若思,順德邢臺(今河北邢臺)人。他在天文方面很有成就,是個著名的儀器製造家和天象觀測家。他製作的儀器很多,著名的有自動報時的「七寶燈漏」,觀測恆星位置以定時

刻的「星晷定時儀」、「日月食儀」等近二十種。這些儀器，比起前代來，有許多獨創的地方，製法簡易，使用方便，精準度高。可惜其中大部分原作已經失傳。此外，他還建立了北京的司天臺（天文臺），並實測了各地的經緯度。

《授時曆》是郭守敬在曆法上的最大貢獻，相比過去的曆法有很大改進。它推算出一年的天數，比地球繞太陽一週的實際時間只相差二十六秒，和現行公曆的一年的週期相同。《授時曆》從西元1281年起使用了四百年。它的開始使用，比現行公曆的確立還早三百年。

在水利事業方面，郭守敬的貢獻也很大。西元1291年春，他擔任元政府都水監的官職，帶領整修大都至通州的運糧河。經過一年多的時間，運河修通，定名通惠河。原本北京至通州間運河的開鑿，是從金開始的，金開鑿這條運河的目的在於把由大運河運到通州的糧食繼續轉運到京師。元在北京建都後，金開鑿的運河已經荒廢，如何解決大都漕運的問題，被提上了日程。在這方面，郭守敬發揮了卓越的才能。他根據自己勘測的結果，除了決定引用金曾經利用過的甕山泊（今北京頤和園昆明湖）和高梁河（今北京西郊紫竹院水）的水源以外，還引用昌平城東南鳳凰山山麓的白浮泉水和西山山麓的其他泉水，來解決水源不足的困難。經過精密的勘測，他設計了一條長達三十公里的河渠。這樣，漕糧船隻就可直接從通州駛入大都城的積水潭了。

在郭守敬的主持下，元政府還修復了黃河沿岸的許多主要的古代河渠，其中著名的有長達二百公里的唐來渠和長達一百二十五公里的漢延渠等。這些渠道的修復，對於當時西北地區農業生產的發展，發揮了重要的作用。

（張習孔）

第四編　王朝更迭：元明清興起

黃道婆

　　黃道婆生於宋末元初，出生在一個貧苦的家裡。據說她少年時當童養媳，在黑暗的封建家庭裡，備受虐待和屈辱。後來她實在忍無可忍，不惜離鄉背井，一個人流浪到了海南島的崖州。當時崖州的棉紡織技術很出名，當地黎族婦女所織的布，上面有各種花紋，非常精巧。她在崖州居住的時候，虛心向黎族人民學習，掌握了棉紡織的全部操作方法。西元1295年至1296年間，黃道婆懷念家鄉，便從海南島搭上一艘商船重返故鄉。

　　大約在東漢時代，棉花就從國外傳入中國雲南，居住在這個地區的少數民族哀牢人，那時便能生產出一種名叫「白迭花布」的紡織品。13世紀中期以後，棉花逐漸由福建、廣東地區傳入長江流域。松江一帶的老百姓對於棉種的輸入，很是歡迎。棉紡織業在松江一帶興起很快。不過，那時去籽和軋棉的方法，都非常原始，紡織的技術也不高，生產的效率很低，因此，人民還不能普遍地穿著棉織品。要想適應社會日益增長的需求，改進紡織工具和提高紡織技術顯然是一個急待解決的問題。

　　就在這個時候，黃道婆帶著黎族人民的先進紡織技術回來了。她一回到烏泥涇，就把在崖州學來的技術傳授給家鄉的人民。她教會家鄉婦女們製造捍、彈、紡、織等工具。捍，就是攪車，又名軋車或踏車，應用簡單的機械原理，利用兩軸間相互碾軋，將棉籽從棉絮內部排擠出來，使軋棉的生產效率大為提高。

　　彈，就是彈鬆棉花的椎弓。13世紀後期，江南地區彈棉使用的小型竹弓，僅有一尺四五寸，還要用手指來撥彈，弓身短小，彈力輕微，並且用線做弦，很不堅韌。黃道婆製造了四尺多長的大弓，弦用繩子，比起以前

所用的線弦，彈力要大得多。

紡，就是紡車。松江地區最初紡紗使用的是一個紡錠的手搖車，黃道婆將這種紡車加以革新，創製了一種可以同時紡三個紗錠的足踏紡車。使用這種紡車，速度快、產量多、生產效率高。

織，就是織布機。在黃道婆回鄉以前，人們使用的是一種構造簡單、操作方法笨拙的投梭織機，生產效率不高。

黃道婆對於織機改革的詳細情況，由於文獻資料不足，已經不得而知。據說她創製的提花織機，可以織出各種美麗的花布，這確實很了不起。

黃道婆回鄉以後，除了傳授棉織技術以外，還把崖州黎族人民織造提花被單的技術也帶了回來，傳授給烏泥涇鎮的婦女。一時間，「烏泥涇被」成為全中國聞名的精細織品，受到各地人民的歡迎。據史書記載，那時烏泥涇人民依靠紡織為業的就有一千多家。此後，黃道婆所傳授的紡織技術，很快又傳入上海及周邊地區，對於這些地區的棉紡織業，有著很大的推動作用。

（張習孔）

紅巾軍

元順帝時（西元 1333 年至 1368 年），社會階級衝突和民族壓迫日益深重，人民反抗元朝封建專制統治的抗爭也越來越激烈。各地的起義前仆後繼，終於發展成為以「紅巾軍」為主力的大規模的農民戰爭。

元順帝至正十一年（西元 1351 年），元政府以賈魯為總治河防使，徵發河南、河北等十三路民夫十五萬人及廬州（今安徽合肥）戍軍兩萬人，

第四編　王朝更迭：元明清興起

開掘黃河故道，整修黃河堤岸。在元朝官吏的鞭笞下，治河民夫日夜在泥淖地帶辛苦工作。政府發給民夫少得可憐的一點工糧，又被治河官吏層層剋扣，民夫們怨聲載道，群情沸騰。

白蓮教（一種祕密宗教組織）首領韓山童、劉福通等，便利用這個有利時機，以白蓮教組織群眾，在民夫中積極活動，宣傳「明王出世」的思想，並散布童謠說：「石人一隻眼，挑動黃河天下反。」同時暗地裡製造了一個獨眼的石人，埋在治河民夫集中勞動的黃陵崗（今河南蘭考縣東北）。一天，治河民夫們在這裡挖出了這個石人，大家都驚詫不已，彼此輾轉相告，沒有多長時間，就傳遍了整個工地。劉福通等看到起義時機已經成熟，便在河北永年聚集了三千人，殺白馬黑牛宣誓，編成起義軍，擁立韓山童為明王，宣布起義。參加起義的人都用紅巾包頭，作為標誌。人們把他們稱作「紅巾軍」。

但是，起義布置得不夠周密，元政府事先得到消息，派兵鎮壓，韓山童被捕犧牲，這次起義沒有成功。後來，劉福通等逃往潁州（今安徽阜陽），正式舉起反元的大旗，繼續帶領「紅巾軍」猛烈打擊元軍，攻下潁州，占領河南南部許多州縣。全中國各地農民到處響應「紅巾軍」，「紅巾軍」在短期內很快發展到了十多萬人。

（張習孔）

朱元璋

朱元璋（西元1328年至1398年），濠州（今安徽鳳陽）人，出身於貧農家庭，幼年時為地主家放過牛。他十七歲時，安徽北部發生嚴重的災

荒,瘟疫流行,他的父母和大哥都先後染上瘟疫死去。朱元璋孤苦無依,無法生活,不得已到皇覺寺當了和尚。不到兩個月,寺裡的住持因為荒年沒有吃的,把徒弟們都遣散了。朱元璋無處存身,只好去做遊方僧,討飯度日。

不久,朱元璋又回到了皇覺寺。全國反元農民大起義爆發後,元兵認為寺廟裡容易隱藏起義軍,放火燒了皇覺寺。朱元璋在生活逼迫、處境危險和友人的勸說下,參加了農民起義軍。西元1352年,他投奔到「紅巾軍」領袖郭子興部下,當了一名親兵。

朱元璋參加起義軍後,由於作戰勇敢、吃苦耐勞、善於團結部眾,很得郭子興賞識,也深為同伴們欽佩和愛戴,因此逐漸成為農民起義軍中的領袖。

西元1355年,郭子興病死,他的部眾全歸朱元璋統率。第二年,朱元璋率領水陸大軍攻下集慶(今南京),將集慶改名為應天。集慶是元在東南一帶軍事和政治的重要據點。集慶的攻占,對於進軍攻占整個江南地區有著重大的策略意義。在這以後的數年裡,朱元璋擊潰了江南元軍的主力,先後攻占了現在江蘇、安徽南部和浙江的大部地區。他常常告誡部下說:「毋焚掠,毋殺戮。」他的軍隊紀律嚴明,所到之處受到人民的歡迎和擁護。

朱元璋攻下徽州的時候,召見了儒生朱升。朱升建議說:「高築牆,廣積糧,緩稱王。」朱元璋採納了這個意見。從此,他便在江南有計畫地網羅地主階級知識分子,用禮聘、威逼、軟硬兼施的手段,羅致了宋濂、劉基(伯溫)和葉琛等人。這些人引經據典,用孔孟儒家學說幫助朱元璋來策劃建立政權。

第四編　王朝更迭：元明清興起

　　朱元璋攻下江蘇、浙江、安徽地區以後，又集中兵力先後打敗了割據一方的陳友諒和張士誠，並及時而正確地決定了北伐進軍的重大策略。西元1367年，他命徐達、常遇春率兵二十五萬分路北伐。西元1368年，在北伐進軍的勝利聲中，朱元璋即皇帝位，國號明，年號洪武，定都南京，正式建立了漢族封建政權。朱元璋就是後世所稱的明太祖。這年9月，元順帝從大都逃走，徐達等人率領大軍進入大都（後來明朝把大都改名叫北平），元朝滅亡。

　　朱元璋順應了當時人民反元運動的歷史趨勢，他一方面依靠反元人民大起義的力量，一方面取得漢族地主階級的極力支持，成為當時反元抗爭最後勝利的組織者和領導者。

（徐健竹）

靖難之變

　　朱元璋即皇帝位後，叫他的許多兒子學習兵事，分封他們到全國各地去做藩王。除了將長子朱標立為太子以外，其餘的兒子分封為秦、晉、燕、周等王。開始分封的時候，雖然不讓他們干涉政治，可是後來在與蒙古貴族殘餘勢力鬥爭的過程中，邊境幾個藩王的兵權逐漸壯大了起來，以致發生了爭權奪位的現象。「靖難之變」就是明朝皇室內部的一次爭奪皇位的鬥爭。

　　朱元璋死後，太子朱標的兒子朱允炆以皇太孫的身分繼承皇帝位（朱標早在朱元璋死之前就已死去）。朱允炆以建文為年號，歷史上稱他為建文帝。建文帝即位後，感到各藩王都是他的叔父，又都擁有重兵，對自己

的威脅很大，於是採用齊泰、黃子澄等人的建議，開始實行削藩政策。他首先頒布親王不得節制文武官員的禁令；接著把周王朱橚（ㄙㄨˋ）、岷王朱楩（ㄆㄧㄢˊ）廢為庶人，把代王朱桂囚禁在大同，齊王朱榑（ㄈㄨˊ）囚禁在南京，並逼迫湘王朱柏自殺。這樣，在不到一年的時間裡，便一連削廢了五個藩王。當削藩威脅到了強大的藩王──燕王朱棣（ㄉㄧˋ）時，皇室內部的矛盾便由暗地的勾心鬥角變成了公開的武裝鬥爭。

建文元年（西元1399年）秋天，朱棣指責當時掌握朝廷大權的齊泰和黃子澄為奸臣，從北平起兵反抗中央政府。他稱自己的兵為「靖難軍」，意思是說皇帝受到奸臣的包圍，遭遇大難，他是出兵來解難的。建文帝聽說朱棣起兵反抗，先後派耿炳文和李景隆率兵北伐，結果都被燕王打得大敗。

第二年，燕王軍從山東南下，被建文軍盛庸、鐵鉉等部阻擊，兩軍在山東及中原一帶展開了拉鋸戰。

第三年，燕王在夾河（在今安徽碭山縣）打敗了盛庸軍，並把勢力推進到淮河流域，準備和建文帝的軍隊決戰。

西元1402年，燕王攻下揚州。進而從揚州渡過長江，進逼南京。谷王朱橞和李景隆開金川門迎降，燕王占領南京，建文帝不知下落。燕王用武力奪得了皇位，改年號為永樂。朱棣就是後世所稱的明成祖。

這一歷時三年的皇位爭奪戰爭，因為是在「靖難」的名義下進行的，所以歷史上稱為「靖難之變」。

（徐健竹）

第四編　王朝更迭：元明清興起

遷都北京

明朝初年，退居漠北的蒙古貴族不甘心失敗，隨時都在準備南下反攻，企圖恢復舊日的統治。朱元璋為了加強北方的防禦力量，封他的第四個兒子朱棣為燕王，鎮守北平。同時，還封了其他兒子為藩王，鎮守在長城線上，和北平互相呼應。因此，北平成了當時的政治中心和軍事重鎮。

燕王透過「靖難之變」奪得皇帝的位置後，為了鞏固自己的統治地位，也採取了削藩政策。削藩的結果是解除了各藩王的兵權，各藩王有的遷徙了封地，有的廢除了封號。這樣做，固然使君主集權的封建國家得到了進一步的鞏固，可是另一方面，卻出現了一個新的問題。原來擔負北方邊防任務的各藩王都被撤銷了，北方的邊防也就變得十分空虛。而這時，蒙古貴族的騎兵時時入侵，對明的北方邊境造成了嚴重的威脅。在這種情況下，明成祖決定把都城遷到北平，採取以攻為守的政策，來加強北方的防禦力量。

永樂元年（西元1403年），明成祖把北平改名為北京。從第二年起，開始大規模營建北京。他派大臣到四川、湖廣（包括今湖南、湖北）、江西、浙江、山西等地，去採伐粗大的木材，開鑿巨大的白石，作為建築材料。各種木材、白石、磚瓦、顏料以及金銀、黃銅等物料，紛紛被運到北京。大批具有各種建築技能的優秀工匠和上百萬的民工，也從各地被徵集來，參加勞役。

經過千百萬人的辛勤勞動，到永樂十八年（西元1420年），宮殿的主要部分和城牆完工了。就在這一年，明政府遷都北京並詔告全國。

（徐健竹）

土木之變

「土木之變」是指正統十四年（西元 1449 年）明英宗在土木堡（在今河北懷來縣境內）被瓦剌軍俘虜的一次事件。

瓦剌是蒙古族的一支。15 世紀中期，瓦剌控制了整個蒙古高原，瓦剌的首領也先，經常率領騎兵騷擾明的邊境，掠奪人口和財物。

西元 1449 年秋，瓦剌分兵四路向明進攻，也先親率主力進攻大同。明軍在大同北面的貓兒莊被瓦剌軍打得大敗。

瓦剌攻入的消息報到北京，專權的太監王振因為家在蔚州（今河北蔚縣），靠近大同，恐怕家鄉被瓦剌軍占領，便竭力唆使英宗在沒有應戰準備的情況下，親自率軍阻擊。兵部尚書鄺埜（ㄎㄨㄤˋ ㄧㄝˇ）、兵部侍郎于謙等，都不同意王振的主張，竭力勸阻。但英宗受了王振的慫恿，不聽大家的勸阻，他命令他的弟弟郕（ㄔㄥˊ）王朱祁鈺留守北京。鄺埜隨從率軍阻擊，于謙代理兵部事務。他限令兩天內把出兵的事情準備齊全。隨後，英宗和王振率領五十萬大軍倉促從北京出發。

8 月中旬，大軍到大同，遇上狂風暴雨，兵士又冷又餓，夜間自相驚擾，軍中一片混亂。這時，明軍在北邊各戰場上到處失利。大同鎮守太監郭敬祕密地把各地慘敗的消息告訴王振。王振驚惶失措，趕快退兵。明軍退到宣府（今河北宣化），被瓦剌軍追上，大敗。這月末，明軍退到離懷來西南只有二十多里的土木堡，為等候王振的一千多輛輜重車，沒有進城，英宗等人夜間就留駐在土木堡。第二天，瓦剌軍追到，包圍了土木堡。土木堡地勢很高，挖井兩丈多深仍不能得到水，南邊十里多路以外有一條河，也被瓦剌軍控制了。明軍被圍兩天，人馬得不到水喝，處境萬分

第四編　王朝更迭：元明清興起

危急。

9月1日，瓦剌軍假裝退走，並派人來講和。王振不知是計，一面派人議和，一面下令移營到河邊去。正在明軍陣勢移動的時候，瓦剌騎兵突然從四面八方衝殺過來。明軍兵士亂跑，秩序大亂，自相踐踏。結果英宗被俘，隨行的大臣死了幾百人；五十萬大軍死傷一半，騾馬損失二十多萬頭，盔甲、器械、輜重全被瓦剌軍奪去。護衛將軍樊忠用鐵錘打死禍首王振，最後他自己也在突圍苦鬥中犧牲。

（徐健竹）

于謙

明英宗在土木堡戰敗被俘的消息傳到北京，明朝統治集團亂成一團。這時北京城裡只剩下不到十萬老弱殘兵，而且十個人中就有九個沒有盔甲武器。

英宗的弟弟郕王朱祁鈺奉太后諭監國（代皇帝管理國事），召集文武大臣商議國家大計。大臣們都束手無策，有的甚而公開主張逃跑。兵部侍郎于謙（西元1398年至1457年）主張堅決抵抗。他挺身而出，憤怒地斥責那些打算逃跑的人。他向郕王提出誓死保衛北京的建議，他的建議得到了一部分大臣的支持，並為郕王和皇太后所採納。不久，于謙升任兵部尚書，他勇敢地擔負起了保衛京師的重任。

西元1449年9月下旬，朱祁鈺即位做了皇帝，年號景泰，以第二年（西元1450年）為景泰元年。他就是歷史上所稱的明景帝。

為了加強京師的防務，于謙下令調集各地軍士來守衛北京，並派人分

頭到各地去招募民兵。他一方面加緊訓練軍隊，嚴飭紀律；另一方面命令各地的工匠日夜趕造盔甲武器，號召人民獻納穀草，充實軍備。在人民的熱烈支持下，北京的防禦力量大大地加強，守城的軍隊很快就增加到了二十二萬人。

瓦剌見明朝另立了新皇帝，沒有屈服講和的意思，又大舉進攻。也先挾持著明英宗，攻破紫荊關（在河北易縣西八十里），直撲北京城。

在這緊要關頭，于謙召集各將領討論對策。都督石亨主張退守城內，堅壁清野，避開敵人的鋒芒，于謙則主張出城迎戰。他把兵部的事情交給兵部侍郎吳寧代理，自己親自率領軍隊布陣在德勝門外，準備迎擊瓦剌的主力軍。他激勵兵士們說：「大片國土已經喪失，京城也被敵人包圍，這是我們的恥辱，全體將士都應該不怕犧牲，替國家報仇雪恥！」將士們很受鼓舞，士氣十分旺盛。

10月27日，瓦剌軍逼近北京。于謙派高禮、毛福壽在彰義門（今廣安門）外土城北迎戰，殺死瓦剌軍幾百人。當天夜間又偷襲瓦剌軍營，取得勝利。

10月29日，瓦剌軍又進攻德勝門。于謙派石亨率領一部分精兵，埋伏在城外民房裡，又派一小隊騎兵去挑戰，假裝失敗，誘敵深入。瓦剌軍不知是計，一股氣攻到城邊。于謙命令神機營用火器轟擊，副總兵范廣率兵衝殺過來，石亨的伏兵也殺了出來，前後夾攻，瓦剌軍大敗，也先的弟弟孛羅被火炮打死。瓦剌軍又進攻西直門，都督孫鏜在城上守軍炮火的幫助下，奮勇抵擋，石亨的援軍適時趕到，瓦剌軍一看形勢不妙，狼狽地逃走了。

10月30日，于謙派副總兵武興、都督王敬率領軍隊到彰義門外和瓦

第四編　王朝更迭：元明清興起

剌軍作戰，把瓦剌軍殺得大敗。這時有個監軍太監想要爭功，領著幾百騎兵搶先衝過去，結果把自己的隊伍衝亂了。瓦剌軍趁機反撲上來，武興不幸中了流矢，壯烈犧牲。瓦剌軍跟著攻到土城邊。彰義門外的老百姓爬上屋頂，用磚頭石塊向瓦剌軍投擲，吶喊助威，聲震天地。正在這時，于謙派來了援兵。瓦剌軍看到援軍旗幟，不敢再戰，倉皇逃走。

經過五天激烈的戰鬥，瓦剌軍死傷慘重，士氣低落。前面是堅固的北京城，後面到處受到民兵的襲擊，又聽說各地明軍的援兵就要到來，也先恐歸路被截斷，只好帶著英宗和殘兵敗將偷偷地向紫荊關方向逃去。

當瓦剌軍狼狽逃跑時，于謙命令石亨帶兵連夜追擊，取得大勝。范廣、孫鏜等在追擊時，奪回被擄的老百姓一萬多人和牲畜無數。

（徐健竹）

戚繼光

元朝的時候，日本政府和元政府禁止兩國的人民互相通商往來。明朝初期，明政府與日本建立了貿易關係。後來，日本的一些在國內混戰中失敗的武士，勾結日本浪人和走私商人，帶著貨物和武器，一方面走私，另一方面不斷搶掠中國沿海地區的居民。這些進行走私活動與在沿海搶劫的日本浪人和走私商人，明朝人叫他們「倭寇」。

嘉靖二年（西元 1523 年），有兩批日本商人在寧波發生了武裝衝突。他們焚掠寧波、紹興一帶，綁走了明朝的官吏，於是明政府廢除了寧波、泉州兩個市舶司，停止了與日本的貿易。

但是，日本的浪人和走私商人仍不斷來福建、浙江沿海一帶走私劫

戚繼光

掠，並且和中國地方的大官僚、大地主勾結，甚至中國的奸商也參加了倭寇的海盜活動。這樣，倭寇之患便越來越厲害。

嘉靖三十二年（西元1553年），倭寇大規模地登陸侵擾，到處劫奪財物，屠殺人民，擄掠人口。中國東南沿海的人民遭受到了很大的災難。西元1555年，明政府調戚繼光到浙江駐防。

戚繼光（西元1528年至1587年），山東東牟（今山東萊蕪）人，武藝出眾，治軍嚴明。他到任以後，看到當地官軍腐敗，就親自到義烏招募了三千多人，主要是礦夫和農民，經過兩個多月的訓練，編成一支新軍。隨後他又在台州等地招募漁戶，編成水軍。戚繼光的軍隊紀律嚴明，對百姓秋毫無犯，人們稱之為「戚家軍」。

根據江南的特殊地理情況，戚繼光還創造了一種適合在多水湖澤地帶作戰的陣法——「鴛鴦陣」。這種陣法以十二人為一個作戰單位，長短兵器相互配合，指揮靈活，常在戰鬥中取勝。

西元1561年，將近兩萬的倭寇焚掠浙江台州。戚繼光率領大軍在台州附近和倭寇一連打了一個多月的仗，在當地人民的協助下，侵犯台州的倭寇遭到殲滅性的打擊。

台州大捷後，戚繼光升任都指揮使，負起更大的海防責任。他又增募義烏民兵三千人，使戚家軍的精銳部隊增加到六千人。

西元1562年，倭寇又大舉侵入福建，到處燒殺搶掠。戚繼光奉命率領精兵從浙江到福建，他身先士卒，到福建第一仗就收復了被倭寇侵占達三年之久的橫嶼。接著，他乘勝進軍，攻克了牛田、興化（今莆田市），搗毀了倭寇的巢穴，取得了很大的勝利。援閩的戰鬥告一段落，戚繼光班師回浙江。

第四編　王朝更迭：元明清興起

　　戚繼光離開福建不久，又新來了大批倭寇，搶掠福建沿海各縣，攻占了興化城、平海衛（在莆田）等地。明政府命令俞大猷擔任總兵官，戚繼光為副總兵官，讓他們兩人火速開往前線。

　　嘉靖四十二年（西元1563年），戚繼光從浙江率領新補充的戚家軍一萬多人，趕到福建和俞大猷會師，把敵人打得大敗，收復了平海衛和興化城。戚繼光因功升為總兵官。西元1564年，戚家軍又大敗倭寇於仙遊城下，替被圍五十天的仙遊城解了圍。殘餘的倭寇紛紛逃跑，福建的倭寇全被驅逐。西元1565年至1566年，戚繼光又配合俞大猷肅清了廣東的倭寇。東南沿海的倭患至此完全解除。

（徐健竹）

澳門被占

　　15世紀的時候，歐洲許多國家為了向海外尋找殖民地，都鼓勵航海事業，葡萄牙是其中的一個。

　　明弘治十一年（西元1498年），葡萄牙人達伽馬率領葡萄牙武裝商隊繞過非洲南端的好望角，到達印度西南海岸的古里。不久，強占了果阿，將之作為在東方經營商業和政治活動的根據地。接著，葡萄牙又用武力強占了當時東方國際貿易的中心馬六甲（在馬來西亞半島西南）。

　　明正德六年（西元1511年），葡萄牙的武裝商隊闖進了中國廣東東莞的屯門島。不久，他們又派使臣到北京要求通商，但遭到了明朝政府的拒絕。此後，他們的武裝商隊賴在屯門島不走，在那裡做著搶劫商人、掠賣人口的罪惡勾當。

嘉靖元年（西元 1522 年），葡萄牙海盜商人到廣東新會西草灣地方搶掠，遭到中國軍隊的迎頭痛擊，被趕下海去。他們離開屯門島後，轉到福建、浙江沿海一帶，勾結倭寇進行搶劫，又被明軍擊潰，隨後又逃回廣東，盤踞在浪白港。

葡萄牙商人千方百計想在中國沿海找到一個據點，以便對中國進行海盜式的通商活動。嘉靖三十二年（西元 1553 年），他們藉口在海上遇到大風浪，浸溼了船上的貨物，請求明地方官借廣東的澳門海灘讓他們晾晒貨物。他們用行賄的辦法得到了廣東海道副使汪柏的許可。就這樣，他們在澳門搭起帳篷住了下來。過了幾年，他們又透過行賄的方法騙取了正式居住的權利。之後，他們更得寸進尺，一步一步地建造了房屋和市街，還修築了城牆和炮臺，並且擅自設定官吏，居然把澳門視為己有。這是澳門被葡萄牙殖民主義者騙占的開始。

萬曆元年（西元 1573 年），葡萄牙商人以向明朝政府交納地租的辦法訛取了澳門的租借權。起初，澳門的行政、司法、收稅等權，還仍然歸廣東地方政府掌握。到後來，這幾種主權便逐漸被侵奪。

清光緒十三年（西元 1887 年），清政府被迫簽訂《中葡條約》，承認葡萄牙占領澳門。澳門就是這樣被葡萄牙殖民主義者騙占的。

（徐健竹）

東林黨

明朝後期，宦官把持朝政，瘋狂地掠奪人民，同時也嚴重地損害了地主階級地方勢力的利益。江南地主中有很多人兼營商業和手工業，或者和

第四編　王朝更迭：元明清興起

工商業有聯繫。神宗萬曆年間，礦監、稅監的貪婪劫掠，嚴重地侵犯了他們的特權，這就使江南地主集團與宦官集團之間的矛盾尖銳起來。江南地主階級以及代表他們的官僚士大夫為了維護自身的特權，結合起來，反對宦官集團的專橫跋扈。明末「東林黨」和「閹黨」的鬥爭，就是這種統治階級內部矛盾的反映。

萬曆二十二年（西元1594年），吏部郎中（官名）顧憲成被革職以後，回到自己的家鄉無錫（今江蘇無錫），在東林書院講學。遠近許多地方被排擠因而閒住在家的官吏都來聽講，學舍幾乎容納不下。他們聚在一起，一方面聽講論學，另一方面議論朝政，批評當政的人物。在朝廷裡的一些比較正派的官員，也和他們互通聲氣。東林書院成了當時輿論的中心。這些人便被稱為「東林黨」。

東林黨反對宦官獨攬朝政，顛倒是非，迫害善良；反對礦監、稅監的瘋狂掠奪；反對苛重的賦稅和徭役。把持朝政的宦官集團當然不會滿意，就對他們進行各種打擊迫害。

天啟元年（西元1621年），朱由校（明熹宗）做了皇帝以後，明朝政治腐敗、黑暗達到極點。宦官魏忠賢與熹宗的乳母客氏狼狽為奸，無惡不作。他掌握了政府官吏的任免權，從中央到地方，都安插了他的爪牙。朝中一些大臣都投靠在他門下，有的甚而認他為義父、乾爺。閹黨大官僚崔呈秀等號稱「五虎」，此外還有所謂「十狗」、「十孩兒」、「四十孫」等，他們相互庇護，結為死黨。

閹黨為了排除異己，進一步加強了錦衣衛、東廠等特務組織。魏忠賢自己掌管東廠，他的乾兒子田爾耕等掌管錦衣衛。他們把東林黨人的名字編成〈東林點將錄〉、〈同志錄〉等黑名單，根據這個名單，有計畫地對東林黨人進行迫害和屠殺。

天啟四年（西元 1624 年），東林黨的著名首領左副都御史楊漣向皇帝上書彈劾魏忠賢二十四大罪。不久，楊漣、左光斗、周順昌、黃尊素等東林黨領袖先後被捕下獄，受酷刑死去。其他東林黨人，有的被殺害，有的被放逐，有的被監禁。許多非東林黨人，但反對閹黨的人士，也都遭到排斥、免職和殺戮。魏忠賢又下令毀掉全國一切書院，企圖以剿滅東林黨的名義來摧殘所有反對閹黨的人士。

魏忠賢等閹黨迫害東林黨後，氣焰更高，不僅專制朝政，而且誣殺守邊大將，冒圖軍功。魏忠賢的乾兒義孫、遠近親戚，都做了大官。他自稱為「上公」，閹黨官僚稱他為「九千歲」，有的竟稱他為「九千九百歲」，向他獻媚，爭先恐後為他建立生祠，供他的像。建立一個生祠，要用掉老百姓幾萬兩、幾十萬兩白銀。地方官每年春秋要到魏忠賢生祠祭祀，凡是不建祠或入祠不拜的都要被殺。

魏忠賢的專權暴虐，使人民遭受到嚴重的禍害，民憤越來越大。熹宗死後，朱由檢做了皇帝（崇禎皇帝），殺了魏忠賢和閹黨的重要人物。但閹黨的殘餘勢力仍舊存在，與東林黨的爭鬥也仍舊沒有停止。

（徐健竹）

《永樂大典》

永樂元年（西元 1403 年），明成祖為了整理歷代文獻典籍，命令解縉（ㄐㄧㄣˋ）編修一部類書。解縉接受任務後，第二年就編成了一部《文獻大成》。成祖嫌這部書編得太簡略，永樂三年（西元 1405 年），又加派姚廣孝協同解縉，選儒士曾棨（ㄑㄧˇ）等二十九人重修，並動員大批善於寫

字的文人擔當書寫任務。當時直接或間接參加編修工作的有兩千多人。皇家藏書處文淵閣所收藏的各種書籍是這次編修的基本資料。

另外，明政府又派人到各地徵購各類古今圖書七、八千種。負責編修的人把這些書依照《洪武正韻》韻目，整部整篇或整段地按韻編次。永樂六年（西元1408年）冬，全書編成，共兩萬兩千九百三十七卷（其中有凡例、目錄六十卷），一萬一千零九十五冊（明清以來對卷數、冊數記載均不一），定名為《永樂大典》。

《永樂大典》是在南京編成的，後來明成祖遷都北京，這部大書也隨之被運到北京。該書自編成後，只有精寫本，沒有刻版印刷。嘉靖四十一年（西元1562年），皇宮失火，《永樂大典》差一點被燒掉。為防萬一，明世宗命令禮部選儒士程道南等另抄寫《永樂大典》正副本兩部。穆宗隆慶元年（西元1567年），正副本抄寫完成。自此以後，《永樂大典》就有了三部：第一部是永樂原本，第二部是嘉靖正本，第三部是嘉靖副本。原本存放南京，正本存北京文淵閣，副本存北京皇史宬（ㄔㄥˊ）。後來，南京原本盡毀。

清初，正本被移放乾清宮，副本被移放翰林院，缺失兩千四百多卷。清嘉慶二年（西元1797年），乾清宮失火，正本全毀。藏翰林院之副本，以後又陸續有遺失。清光緒二十六年（西元1900年），八國聯軍侵占北京，《永樂大典》遭受浩劫，劫後所存，僅三百餘冊。這些被搶掠去的《永樂大典》，現都分藏在一些中國的公、私圖書館。

《永樂大典》在中國學術史上占有很高地位，它輯錄古書，直抄原文，保存了今已散缺或已失傳的許多重要資料，對研究中國古代文化遺產具有極高的參考價值。

經過北京圖書館的努力蒐集，現在藏在該館的《永樂大典》共有

二百一十五冊。連同該館從國外各國圖書館徵集到的一部分複製本（照片和顯微膠捲），合計七百一十四卷。

（徐健竹）

李時珍

李時珍（西元 1518 年至 1593 年），字東璧，蘄（ㄑㄧˊ）州（今湖北蘄春縣）人，是明朝中期的醫學家和藥物學家。他的父親是當時的名醫，很喜歡研究藥物。李時珍童年時，常常跟著父親到山中去採藥，從小就培養了研究藥物的興趣。他幼年體弱多病，深刻體會到生病的痛苦，從而堅定了學醫的決心。從二十歲起，他就跟著父親學醫了。

李時珍診病和用藥都十分仔細，他參考前人的藥書時，常常能發現書中有不少缺點，於是立志要把舊有的藥書加以整理，寫成一部完備的藥物學著作——《本草綱目》。

為了寫這部書，他花了很大的精力來閱讀前人有關醫學的著作。在近三十年的時間裡，他研讀了八百多種書。除了鑽研醫藥書外，他還閱讀了許多歷史書、詩文、小說、筆記以及像《芍藥譜》（劉貢父著）、《海棠譜》（沈立著）、《菊譜》（范成大著）、《竹譜》（戴凱之著）等一類的書籍。從這些書籍裡，他收集了有關醫藥的資料，並利用這些資料來考證各種藥物的名實。

不僅如此，他還很重視實地調查。他走遍了自己家鄉的山野，還到過江西、安徽、江蘇一帶的許多地方，考察了各地特產的藥物，採集了許多有價值的標本。他走了上萬里的路，訪問了千百個老農、漁民、樵夫和獵

人，虛心地向他們請教，從他們的口中知道了很多有關藥物學的寶貴知識，打聽出了很多醫病的有效祕法和單方。李時珍經過這樣長時期的刻苦學習，為編寫《本草綱目》打下了深厚基礎。

萬曆六年（西元1578年），李時珍六十一歲，《本草綱目》這部書終於寫成了。這部書從嘉靖三十一年（西元1552年）開始編著，中間經過了三次大的修改（小的修改直到他死一直未斷），前後一共用了二十七年的時間。

《本草綱目》共五十二卷，記載了一千八百多種藥物（比過去增加了三百七十四種），分成十六部，六十二類。對各種藥物做了科學的分類，訂出系統的綱目，改正和補充前人關於藥物記載的錯誤和不足，這是《本草綱目》在藥物學上的一個重大貢獻。書裡對每種藥物，都寫出它的名稱、別名、形態、產地、氣味、性質、功用和採製過程，並且附錄了許多醫方，使人看了十分清楚。為使讀者更易明白，作者還把一些形狀複雜的藥物繪成圖畫，全書的插圖就有一千多幅。

《本草綱目》一書，在中國古代藥物學史上，以及世界植物形態分類學史上，都占有極其崇高的地位。

（徐健竹）

潘季馴

明代治理黃河專家潘季馴（西元1521年至1595年），字時良，烏程（今浙江湖州）人。他從四十四歲時起，到七十三歲退休時止，前後四次受命治理黃河，為治理黃河工程工作了二十多年。

潘季馴

根據歷史記載，黃河下游在三千多年中，氾濫和決口一千五百多次，重要的改道二十六次，其中大的改道有九次。黃河氾濫時，中原一帶，常常是千里澤國，無數村莊和城市被淹沒，造成人民生命財產極嚴重的損失。治理黃河，自古以來就是中國百姓跟水患進行抗爭的重大事情。

嘉靖四十四年（西元1565年），潘季馴奉命治理黃河。他到達黃河沿岸以後，親自視察河道，訪問河堤附近的農民，邀請有經驗的治河民夫談話，仔細研究治河的辦法。他還閱讀前人有關治河的各種文獻和著作，拿它們跟當前的情況進行參證、比較。這樣，他逐漸摸清、掌握了黃河水患的規律，從而制定出了一套治河的原則和方法。他四次治理黃河，都取得了卓越的成績。

潘季馴治河的原則是：「挽水歸漕，築堤束水，以水攻沙。」這意思就是說，修築堅固的堤岸，約束河身，藉著奔騰的水流沖走泥沙、刷深河漕，避免淤積。他根據黃河水流泥沙過多的特點，認為必須維持河道的整一，不要讓它分流；兩岸河堤的距離不要太寬，要緊緊地約束住河身。因為河道一寬，水勢就緩，泥沙就會淤塞河床，河水就容易氾濫成災。相反的，如果河道不太寬，水流很猛，就能沖刷淤泥、刷深河床，洪水就不易漫出。

潘季馴一生的治河經驗，都總結在《河防一覽》這部書裡，如怎樣築堤、怎樣保護堤防等，都有詳細的說明。書裡還繪製了詳細的黃河全圖，標明治河的地形和水勢。每個險要的河段，都畫出了堤防和巡守的「鋪」。「鋪」是供巡防人員駐守和休息用的一種草屋。「鋪」的旁邊豎起高竿，白天掛旗，晚上掛燈。有了緊急情況，巡防人員就敲鑼告警，附近農民就可以趕去搶救。

（徐健竹）

第四編　王朝更迭：元明清興起

徐光啟

徐光啟（西元 1562 年至 1633 年），字子先，上海人，是中國明朝末年的科學家，著有《農政全書》六十卷。

《農政全書》是一部有關農業科學的鉅著。全書分「農本」、「田制」、「農事」、「水利」、「農器」、「樹藝」、「蠶桑」、「蠶桑廣類」、「種植」、「牧養」、「製造」和「荒政」十二章，總共五十多萬字。這部書的價值可以從下列幾方面來說明。

1. 它彙集了歷代有關農業的各類著作，發揮了總結中國古代農業科學遺產的作用。書中引用各種農業著述約一百三十種，引用時，有的有刪節，有的有補充，有的則為批判性的選輯。

2. 它記錄了古代和當時農民們寶貴的生產經驗。徐光啟常常深入農村，訪問老農，有好的經驗便記下來，編入他的書中。例如在「木棉篇」中，他根據農民的生產經驗，詳細記述了棉花的種植方法和紡織方法；在「除蝗疏」中，他根據老農提供的資料，記錄了蝗蟲生長的過程。

3. 它介紹了製造各種農具和修建水利工程的方法。書中詳細地記述了各種農具的製法，並且附有精細的插圖。在談水利的這一章裡，不僅介紹了中國西北水利、東南水利的情況，還介紹了外國的水利建設方法。

4. 它記敘了著者本人對農業研究的心得和試驗的成果。例如，在「樹藝」、「蠶桑」、「蠶桑廣類」等章裡，就記錄有著者自己種植烏桕（ㄐㄧㄡˋ）樹和桑麻的經驗。

5. 它介紹並提倡了有關國計民生的農作物。例如，茶葉在當時國際市場上異常暢銷，「茶葉篇」中就詳加介紹了茶葉的採摘、收藏、製造、飲

用等方法。又如，甘薯（蕃薯）剛從外國傳來不久，書中指出它有十幾個優點，畝產量大、色白味甜、營養豐富、種植容易、可以釀酒、切片晒乾可作為糧食和餅餌等，因此大力提倡種植。

《農政全書》總結了中國人民在農業生產技術上的豐富經驗，保存了大量有價值的農業科學資料，同時還反映了中國十六、七世紀農業生產所達到的水準。它是中國現存研究古代農業生產發展史的一部重要參考書籍。

（徐健竹）

明朝著名畫家

明朝初年，著名的畫家是戴進。明朝中期，沈周、文徵明、唐寅和仇英，稱為「明朝四大家」。明朝末年，著名的畫家是董其昌和陳洪綬。

戴進（西元 1389 年至 1462 年），字文進，號靜庵，錢塘人，南宋畫院山水畫的繼承者。所畫山水畫，取景用筆，千變萬化。他臨仿古人的畫，能讓行家也難分辨真假。他畫的人像也很出色。據說，有一次他去南京，僱了一個挑夫挑行李，走在人多的地方，兩人被擠分散了。他到處找不到挑夫，沒有辦法，便畫了那個挑夫的樣子，拿著畫像到處向人打聽，結果挑夫終於被找到了。

沈周（西元 1427 年至 1509 年），字啟南，號石田，長洲（明時屬蘇州府）人。他的山水畫汲取了唐宋著名畫家的長處，加以融會變化，自成一家。他用筆很有勁，筆墨豪放，沉著雄渾。他畫的花卉和人物也很有神采。

文徵明（西元 1470 年至 1559 年），字徵仲，也是長洲人，擅長畫山

水。他是沈周的學生。他的畫當時全國聞名,很受人們歡迎。各地求他作畫的人很多,但是有錢有勢的人卻很難請動他,他尤其不肯為藩王、太監和外國人作畫。

唐寅(西元1470年至1523年),字子畏,又字伯虎,吳縣(明時亦屬蘇州府)人。他最初向周臣學習山水畫,同時鑽研宋元著名畫家的畫法,汲取各家的長處,自成一家,成就超過了他的老師。他畫的水墨花鳥,活潑俊俏;人物仕女,生動嫵媚,不落舊套。他在「明朝四大家」中享有最大的聲名。

仇英(西元1494年至1552年),字實父,號十洲,太倉(明時屬蘇州府)人,油漆工匠出身的傑出畫家,也是周臣的學生。他臨摹的唐宋名畫,可以亂真。當時的人很稱讚他的畫,說他的畫「獨步江南二十年」。

董其昌(西元1555年至1636年),字元宰,華亭(今上海松江)人。他是大書法家,也是大畫家。他的字初學米芾,後來融合唐宋各著名書法家的優點,自成一派。他的山水畫集宋元諸家之長,下筆瀟灑生動,清潤明秀,具有獨特的風格。

陳洪綬(西元1599年至1652年),字章侯,號老蓮,諸暨(明時屬浙江紹興府)人。他在幼年時,就顯示出繪畫的才能,得到畫家藍瑛的賞識。後來,藍瑛收他為徒弟。他的花鳥山水畫,構圖新奇,色彩濃麗,富於裝飾情趣。他的人物畫最精采,造型誇張,線條細緻,著重思想感情的刻劃。他畫過《水滸英雄》、《西廂記》的插圖。畫過〈歸去來圖〉,勸他的朋友周亮工學習晉人陶淵明「不為五斗米折腰」的精神,不要去做清朝的官。這些都表明了他的政治立場和見解。他的畫風對後世的影響很大。

(徐健竹)

李自成

　　明朝末年，大量土地集中在以皇帝為首的大貴族、大官僚、大地主的手裡。到處是皇帝的「皇莊」和貴族官僚們的「莊田」，失去土地的農民越來越多。有的農民失去了土地，還要照舊交納田賦。有的地主勾結官吏，把自己的田賦暗地裡分攤在農民頭上。

　　萬曆末年，明政府為了跟東北新起的建州女真作戰，把全部戰爭費用完全加在農民身上，向農民加派「遼餉」。農民本來就窮困到極點，在沒有「遼餉」時，一年所獲已是一半納糧，一半餬口；加派「遼餉」以後，連餬口也難以做到了。崇禎時，明政府甚而將鎮壓農民起義的軍費也加派在農民頭上，又增添所謂的「剿餉」和「練餉」，使得農民的負擔更加沉重。據記載，天啟末年至崇禎初年，陝西北部發生災荒，農民「爭採山間蓬草而食」，蓬草採盡後「則剝樹皮而食」，樹皮剝光後「則又掘其山中石塊而食」。

　　天啟七年（西元1627年），陝西北部飢餓的農民紛紛起義，揭開了明末農民大起義的序幕。

　　起義初期，戰爭主要在陝西北部和中部進行。崇禎四年（西元1631年）以後，起義軍轉移到山西，組成三十六營，勢力漸漸壯大起來。後來，他們在河南、陝西、四川、湖北四省邊界地區流動作戰，屢次挫敗官軍。經過五、六年的苦鬥，起義軍裡鍛鍊出了高迎祥、張獻忠、李自成等幾位著名的農民軍領袖。

　　李自成（西元1606年至1645年），陝西米脂縣人，幼年時為地主牧過羊，二十多歲時當過驛卒和邊兵。崇禎二年（西元1629年），他參加了起

義軍，之後在闖王高迎祥部下做了闖將。

西元1635年，高迎祥等十三家七十二營的首領，在河南滎陽開會，商量反抗官軍圍攻的辦法。大家採納了李自成提出的「宜分兵定所向」的作戰計畫，把軍隊分作四路：北路、西路、南路以防禦為主，東路積極進攻；另一部分軍隊往來策應。李自成提出的作戰計畫，不但增強了大家抗爭的信念，更重要的是表明了起義軍首領們已經懂得聯合起來作戰的必要，改變了過去分散作戰的方法。這次大會把明末農民戰爭推到了一個新的階段。

西元1636年，高迎祥在陝西戰死，李自成繼承了闖王的名號。他帶領起義軍轉戰四川、河南等地。當地的饑民紛紛參加起義軍，李自成的隊伍很快擴充到了幾十萬人。在農民革命急遽發展的形勢下，李巖、牛金星等地主階級知識分子也參加了李闖王的隊伍。

起義軍針對當時土地高度集中和賦役極端嚴重的情況，提出了「均田」、「免賦」的抗爭口號。起義軍打到哪裡，就宣布哪裡「三年免徵」或「五年不徵」、「平買平賣，蠲（ㄐㄩㄢ）免錢糧」，還到處宣傳「迎闖王，不納糧」。起義軍受到了人民的熱烈擁護和支持，這是李自成迅速取得勝利的主要原因。

西元1641年，起義軍攻破洛陽，殺死河南人民最痛恨的福王常洵，並且把王府中收藏的從民間搜刮來的金、銀、糧米散給饑民。在此後一、兩年裡，李自成領導的起義軍在河南連續大敗官軍主力，占領了今河南全省和湖北省的大部地區，人數壯大到百萬左右。

西元1644年春，李自成在陝西西安正式建立政權（在取西安前，已在今湖北襄陽初步建立了政權），建國號大順，改元永昌，擴大了在襄陽時

的政權組織。接著，起義軍發動了對明朝封建統治的最後衝擊。起義軍迅速占領太原、大同、宣府、居庸關（今屬北京市），直逼北京。

西元1644年4月，李自成領導的起義軍攻破北京城，崇禎皇帝在景山自殺，腐朽的明朝封建統治終於被農民革命力量推翻。李自成進入北京城，殺掉了一批人民痛恨的明朝貴族和官僚，釋放了關在監獄中的囚犯。

但起義軍進入北京後，李自成以下的一些領導者，被這巨大的勝利衝昏了頭腦。他們滋長了驕傲輕敵的情緒，自以為天下大勢已定，失去了對敵人的警惕。劉宗敏等將領在財貨聲色的誘惑下，甚至腐化墮落起來，醉心於享樂，厭倦爭鬥。也有不少士兵在他們的影響下，產生了太平麻痺和享樂腐化的想法。這樣，就大大地削弱了起義軍的力量，影響了人民對起義軍的熱情支持。

至於丞相牛金星之流，原就是混進起義軍內的人，他們這時不但縱情享樂，而且為了擴張自己的權勢，篡奪農民革命的勝利果實，更陰險地在起義軍內進行了謀害、破壞的活動，引起了起義軍內部的嚴重分裂。

山海關的明守將吳三桂降清，引清兵入關，攻打李自成。在清軍和吳三桂軍隊的夾攻下，李自成的軍隊失敗了。為了保存力量，李自成從北京撤退到西安，後來又從西安轉戰到湖北。西元1645年，李自成在湖北通山縣九宮山，在地主武裝的襲擊下犧牲了。

（徐健竹）

第四編　王朝更迭：元明清興起

張獻忠

　　張獻忠（西元 1606 年至 1646 年），陝西延安人，出身貧苦，做過捕快，也當過兵。崇禎三年（西元 1630 年），他聚集陝西米脂十八寨的農民起義，自稱「八大王」。「滎陽大會」後，他和高迎祥、李自成等部擔當東征的任務。他們以疾風掃落葉的聲勢，在短時間內，打下了明朝的發祥地——鳳陽，燒毀了明朝皇帝的祖陵。

　　後來，張獻忠和高迎祥、李自成兵分兩路，高、李等率兵進攻陝西；張獻忠則率兵南下攻入安徽，轉戰於湖北、陝西等省。高迎祥犧牲後，張獻忠所部在起義軍中勢力最為強大。

　　西元 1638 年，農民革命暫時處於低潮，他以「受撫」為名，在湖北谷城一帶休養兵力。次年，再度起義。明朝政府派楊嗣昌督師向張獻忠進攻。

　　西元 1640 年，張獻忠突破楊嗣昌的包圍，進入四川，並在軍事上以流動作戰的戰術爭得了主動。

　　西元 1641 年，張獻忠由川東順流東下，由四川到湖北，攻占襄陽，殺掉了襄王朱翊銘。楊嗣昌兵敗後，憂懼自殺，張獻忠勢力大振。

　　西元 1643 年，張獻忠率領起義軍攻破武昌，稱大西王。第二年，又攻入四川，占領重慶，攻破成都。這年冬天，他在成都即皇帝位，國號大西，改元大順。

　　西元 1646 年，清政府派肅親王豪格和吳三桂軍配合當地地主武裝，猛攻張獻忠。張獻忠失敗，率部北走，在西充鳳凰山被清軍射傷犧牲。

（朱仲玉）

努爾哈赤

明朝初年，住在中國東北地區的女真族（滿族的祖先），分為許多部落。各部落的女真奴隸主為了掠奪奴隸和財物，經常發動對其他部落的掠奪戰爭，弄得人民不得安身，在這樣的情況下，女真人都渴望有一個統一的和平局面。

努爾哈赤就是應了當時的社會需求而崛起於赫圖阿拉（今遼寧新賓老城）的一位英雄。他領導部眾戰勝了各自分立的各個奴隸主集團，建立了一個統一的政權。直到今天，在東北的滿族老人中間還流傳著許多有關「老汗王」的故事。「老汗王」就是滿族人對努爾哈赤的稱呼。

努爾哈赤姓愛新覺羅，史書上稱清太祖，出身於建州部女真奴隸主家庭，祖輩多次受明朝的封號。他幼年喪母，受繼母虐待，十九歲時與家庭分居，自己過獨立生活。他曾到過漢人地區，受漢族文化影響較深，據說他通曉漢語漢文。

西元 1583 年（明萬曆十一年），努爾哈赤團結內部，聚眾起兵，開始了統一女真各部的戰爭。他以赫圖阿拉為根據地，出奇制勝，逐步兼併周圍的部落。從西元 1583 年到 1588 年的五年之間，他逐步兼併了周圍的蘇克素護河、渾河、王甲、董鄂、哲陳等部。

西元 1587 年，當戰爭還在進行的時候，努爾哈赤於費阿拉（新賓舊老城）建築王城，並且實施了一些必要的政治、經濟措施，如定朝政、立刑法、發展農業生產等等。這一切，都為迅速統一女真各部奠定了基礎。

西元 1592 年，努爾哈赤擊敗以葉赫為首的九部聯軍的進攻，隨後就進行了兼併長白山、扈倫和東海諸部的鬥爭。從西元 1589 年到 1594 年，

他先後兼併了長白山的鴨綠江部、珠舍哩部和訥殷部。從西元1593年到1619年，又次第兼併了扈倫的哈達、輝發、烏拉與最大的葉赫諸部。至此，他基本上完成了女真族內部的統一。

至於東海諸部，直到努爾哈赤的兒子皇太極時才完全被兼併。在女真各部統一的過程中，努爾哈赤創立了八旗制度（正黃、鑲黃、正白、鑲白、正紅、鑲紅、正藍、鑲藍八旗），凡滿族成員都被編入旗，平時生產，戰時出征。西元1599年，他創製了滿文。這些措施對於進行兼併戰爭、鞏固政權和發展文化都是必要的。

西元1616年，努爾哈赤於赫圖阿拉即汗位，建立金政權（西元1636年皇太極改金為清）。金的建立，對於滿族經濟文化的發展，有著很大的推動作用。

（趙展）

吳三桂

西元1644年，當李自成的農民軍打進北京的時候，明朝駐在山海關一帶防禦清兵的總兵官吳三桂，手頭還有一部分兵力。吳三桂本人出身於官僚地主階級家庭，他在北京有一份相當大的財產，還有成群的妻妾和歌妓。

李自成進入北京的消息傳到了山海關，在起義軍強大的軍事壓力下，為了保全自己的財產和地位，吳三桂原本打算到北京來歸順李自成，暫時躲避革命風暴的衝擊。但是過了不久，他聽說農民軍會殺貪官、土豪，並且他自己存在北京的家產也被查封；他同時還聽說，各地的地主階級分子

都在躍躍欲動，正在積極組織反革命力量，準備向農民軍反撲。在這樣的情況下，吳三桂的氣焰又復高漲起來，公開宣稱要與農民軍作對到底。

當然，吳三桂心裡很清楚，光靠他自己這點力量，是無論如何不堪農民軍一擊的。所以，當農民軍乘勝向山海關推進時，他便向住在關外的滿族貴族——他所負責防禦的敵人屈膝投降，並且聯合滿族貴族集團的「八旗兵」，共同向農民軍進攻。

李自成親自率領二十萬大軍在山海關附近一片石地方討伐吳三桂。兩軍擺開陣勢，激烈戰鬥。

戰爭剛開始，天氣忽然大變，狂風驟起，飛沙滿天，士兵們一個個睜不開眼；正當這時，滿族貴族的精銳騎兵，從吳三桂軍背後衝出來，直撲農民軍。李自成大驚，農民軍陣勢動搖，大敗。李自成急忙下令收兵，向北京退卻。就這樣，清軍便在吳三桂的引導下，長驅直入，打進了山海關。

李自成退回北京後，匆匆即皇帝位於武英殿，第二天，便放棄北京率眾西走。清軍隨即進入北京城。

滿族貴族一經占領北京，隨即在政治上和軍事上採取了一系列緊急措施。在政治上，為了拉攏漢族地主階級，下令禮葬崇禎皇帝，大量任用明朝舊文武官員；另外，為了緩和人民的反抗情緒，還宣布廢除明末以來的一些苛派和「三餉」（指「遼餉」、「剿餉」和「練餉」）。在軍事上，一方面派遣吳三桂等繼續追擊農民軍；另一方面另派大軍南下，分別占領黃河流域和長江流域的土地。

這年初冬，滿族皇帝福臨，在滿漢貴族大臣們的擁戴下，即位為全中國的皇帝。這就是順治皇帝。

第四編　王朝更迭：元明清興起

　　福臨這時還很年幼，國政由他的叔父攝政王多爾袞代理。順治在位十八年，十八年中全國的抗爭，此起彼伏，始終沒有停止。直到他的兒子康熙皇帝時，全中國才重歸於統一。

（朱仲玉）

史可法

　　北京的明朝中央政權在農民起義軍打擊下滅亡以後，整個明朝政權尚未終結，一些大臣把崇禎皇帝的兄弟福王朱由崧捧出來，在南京當了皇帝（弘光皇帝），建立了南明政權。當時，清兵已經入關，李自成的農民起義軍已經退出北京，因此南明政權面臨的敵人已經不是農民起義軍，而是以滿族貴族為首的、聯合了漢族地主和其他族統治階級所建立起來的清朝。

　　弘光皇帝是一個貪淫酗酒的草包，他周圍的一些大臣，如馬士英、阮大鋮等人，也多是些專為個人功名富貴打算的奸臣。他們在大敵當前的重要關頭，不僅沒有積極抵抗，反而把堅決主張抗戰的史可法排擠出朝廷，叫他到長江以北的揚州去督師。

　　史可法（西元1602年至1645年），字憲之，號道鄰，祖籍北直隸順天府大興縣（今北京市大興區）。後遷居河南開封府祥符縣（今河南開封），一般都稱他為河南祥符人。他為人誠懇、正直，辦事認真，是弘光朝的兵部尚書兼大學士。弘光皇帝叫他到揚州去，他雖然明知前途困難重重，然而為了團結抗敵，他還是接受了這個任務。他到了揚州以後，將揚州與南京之間的防禦力量進行了一番整頓，還調解了諸將之間不和的關係。許多抗清志士聽說史可法在揚州督師，都非常高興，紛紛地投效到他軍中來。

史可法

　　西元 1644 年 12 月，清軍從山東南下，占領了江蘇的宿遷。史可法立即率領軍隊進行反攻，收復了宿遷。第二年，清軍第二次發動進攻，一路從山東南下占領宿遷，另一路從河南南下逼近徐州。徐州守將總兵李成棟聞清兵打來，棄城逃走，清軍輕易地占領了徐州。不久，李成棟投降清軍，為清軍做前導，向南進攻，局勢迅速惡化。

　　正在這時候，半壁江山都行將不保的弘光小朝廷內卻發生了嚴重的內訌。武昌守將左良玉以「清君側」討伐奸臣馬、阮為名，對南京發動了軍事進攻。弘光朝廷異常驚恐，忙下令調史可法回南京，防禦左良玉兵。後來雖然因為左良玉在途中病死，這場內戰沒有被引起來；可是，就在此期間，清軍卻乘著弘光朝廷的內訌，攻破了盱眙，並且繼續往東進攻，乘勢占領了淮安和泗州，逼近了揚州。史可法聞訊，冒著大雨，連夜趕回揚州，匆匆忙忙地布置防務。

　　西元 1645 年 5 月，清軍圍攻揚州。史可法率眾拒守，屢次打退清軍，清軍統帥豫王多鐸前後數次寫信給史可法，勸他投降。史可法嚴正地拒絕，每次接到信，都不啟封，立刻燒掉。清兵用大砲攻城，城牆被打壞很多缺口，每被打壞一處，史可法便命令部下用沙袋堵塞一處，鬥志昂揚。

　　戰鬥日夜進行，敵軍四處雲集，城中危險萬分。史可法知道揚州已經很難保，便預先寫好訣別書給自己的母親、妻子，交代後事，自己下定決心準備城陷殉難。5 月 20 日，清軍發動總攻擊，他們先用大砲轟破西北角城牆，然後衝進城來。史可法看到城被攻破，便要拔刀自殺。他的部下上前抱住他，簇擁著他逃出城去。半路上遇見一隊清兵，結果他們被俘虜了。清兵把史可法解去見清軍統帥多鐸。

　　多鐸見到史可法後，再一次勸他投降。史可法嚴詞厲色地說：「吾頭

第四編　王朝更迭：元明清興起

可斷，身不可屈，願速死。」最後，史可法被殺害。

清兵占領揚州後，大肆屠殺，全城遍地屍橫。那時，正是夏天，史可法的遺骸已經無法辨認。揚州的人民，找不到他的屍體，便把他的衣冠埋葬在揚州城外梅花嶺，後來還修了祠堂，來永遠紀念他。

（朱仲玉）

江陰人民抗清鬥爭

西元1645年，清軍從北方大舉南下時，下了一道嚴厲的剃髮令，限令在清軍所到之處，人民必須在十天內剃去頭髮，並且規定「留頭不留髮，留髮不留頭」，不許有絲毫考慮的餘地。

把全部頭髮盤束在頭頂上，這是以前漢族人的裝束；剃去周圍的頭髮，把中間留下的頭髮編成辮子，垂在背後，這是當時滿族人的習慣。這道命令遭到了當時漢族人民的強烈反抗。西元1645年江陰人民的抗清鬥爭，就是由此而引起的。

當時，史可法已經在揚州殉難，南明弘光朝的都城南京已經失守。7月中旬，清朝派來的知縣方亨到江陰上任。他一到任就貼出布告，要嚴格地執行剃髮令。江陰人民非常憤慨，他們撕掉布告，於7月22日開始起義。起義的人員擁戴典史（官名，比知縣低，掌管全縣治安的事）陳明遇為領袖，修築起堅固的防禦工事，決心抗清到底。

江陰起義後，清政府立即派兵前來鎮壓。全縣人民奮勇抵抗，在城郊多次打敗清軍。全城軍民，有錢出錢，有力出力，堅強團結，死守不二。為了更好地打擊敵人，陳明遇派人把前任典史閻應元從城外請進城來，一

同協力防守。

閻應元是個武秀才出身的猛將,他進城時,江陰已經完全處在清軍的包圍之中,但是他絲毫不畏懼。他和陳明遇通力合作,徹底清查全城戶口和庫存物資,清除內奸、組織民兵,做好了長期抵抗的準備。

8月底,清軍大隊人馬開到江陰城外,發動了一次大規模的攻勢。閻應元和陳明遇指揮士兵英勇奮戰,打退了攻城的清軍,並且打死了清軍的主將。9月,他們又主動出擊,消滅了許多敵人。

清軍久攻江陰不下,就採取誘降辦法。投降清軍的將軍劉良佐在城外要求和閻應元答話,想勸說他投降。閻應元聲色俱厲地斥責劉良佐,說:「有降將軍,無降典史!」粉碎了敵人的勸降計畫。在農曆中秋節這天晚上,閻應元為了讓士兵們歡度佳節,特地舉行了祝捷晚會,跟戰士們一起在城樓上飲酒唱歌,表示寧死不屈的決心。

清軍看到城內堅守不屈,沒有投降的意思,又調來了大批精銳的攻城部隊。10月10日,清軍趁下著大雨,用大砲轟破城牆的東北角,打進城來。在激烈的巷戰中,陳明遇壯烈地犧牲了。閻應元殺傷了許多敵人後,投水自殺,沒有成功;後來被敵人俘虜,關在一個廟裡,第二天也壯烈犧牲了。全江陰的人民,除一小部分突圍以外,其餘都在巷戰中英勇犧牲或在城破後慘遭殺害。

(朱仲玉)

第四編　王朝更迭：元明清興起

鄭成功

鄭成功（西元1624年至1662年）原名鄭森，字大木，福建南安人。他是明朝末年福建總兵官鄭芝龍的兒子。當福王在南京建立弘光政權時，鄭成功二十一歲，正在南京讀書。弘光政權垮臺後，鄭成功回到福建。這時，唐王朱聿（ㄩˋ）鍵在福州即皇帝位，建立隆武政權。鄭成功朝見了朱聿鍵，提出了富國強兵、抵抗清軍的主張。朱聿鍵很喜歡鄭成功，就認他做本家，賜他姓朱，名朱成功。

西元1646年秋，清軍攻陷浙江，接著大舉進攻福建。掌握隆武朝政大權的鄭芝龍準備投降清朝，故意撤掉仙霞關的守軍。清軍長驅直入，在汀州（今福建長汀）俘虜朱聿鍵，隆武政權滅亡。鄭芝龍投降清朝後，鄭成功和父親決裂，在廈門鼓浪嶼起兵反抗清朝。

鄭成功率領部隊在福建、浙江、江蘇一帶和清軍打了許多次仗，取得了很大的勝利。為了長遠之計，他決定渡海到臺灣去，以臺灣作為抗清的根據地。

西元1624年，荷蘭侵略者乘著明朝國勢衰落的時機，出兵侵占了臺灣，在臺灣建立了殖民統治。鄭成功向臺灣進軍前，寫信給荷蘭侵略軍領袖，要他趕快率領侵略軍撤出臺灣。荷蘭侵略軍派翻譯何廷斌來和鄭成功講條件。何廷斌將荷蘭侵略軍的情況報告鄭成功，還向鄭成功呈獻了一幅詳細的臺灣地圖。

當時在臺灣的人民聽說鄭成功要收復臺灣，都感到非常興奮，紛紛渡海來投奔鄭成功，願意為收復臺灣出力。

西元1661年4月，鄭成功率領戰士兩萬五千人、戰船百艘，在臺灣

鹿耳門一帶登陸。登陸後，跟荷蘭侵略軍展開了激烈的戰鬥。由於鄭成功的指揮有方，士兵們的英勇作戰和人民的積極支援，荷蘭侵略軍戰敗了，侵略軍領袖被迫向鄭成功呈遞了投降書。西元 1662 年，最後一批荷蘭侵略軍被逐出臺灣。

鄭成功收復臺灣後，建立政府、制定法律、開墾荒地、發展生產、努力建設。他還親自到當地原住民居住的地區進行訪問，派人製造了大批鐵製農具，在原住民人民中推廣使用。經過漢族和原住民人民的共同努力，臺灣的各種生產事業有了突飛猛進的發展。

不幸，鄭成功在收復臺灣後不久就病逝了，這時他才只有三十九歲。他的死，引起了人民的哀痛，人民將會永遠紀念這位民族英雄。

（朱仲玉）

康熙皇帝

康熙皇帝姓愛新覺羅，名玄燁，是清入關以後的第二個皇帝。他從西元 1662 年開始，到西元 1722 年去世止，共做了六十一年的皇帝。

康熙統治期間，中國是當時世界上一個繁盛、統一的封建強國。康熙皇帝最重要的貢獻，是平定了「三藩」叛亂、解決了準噶爾問題、收降了鄭氏力量，使中國重新歸於統一。

所謂「三藩」，是指平西王吳三桂、平南王尚可喜、靖南王耿仲明。吳、尚、耿三人本來都是明朝的將領，後來都投降了清朝，接受了清朝王位的封爵。他們在自己的勢力強大起來以後，不肯服從清朝的統一政令，企圖在西南一帶造成封建割據。

第四編　王朝更迭：元明清興起

西元 1673 年，吳三桂發動叛變，尚可喜的兒子尚之信和耿仲明的孫子耿精忠起兵響應。康熙皇帝採取堅決手段，調動各方面的人力物力，出兵平亂，對叛軍採取猛烈攻勢。最後，清朝終於把「三藩」平定，鞏固了西南邊疆。

準噶爾是分布於中國西北地區的少數民族部族。當時，在噶爾丹的帶領下，準噶爾部的統治階層發動了一連串對清廷主權構成挑戰的行動，形成局部對抗的局勢。康熙皇帝親自率軍出征，成功平定準噶爾部所引發的動亂，進一步穩定了清朝對西北地區的統治局勢。

鄭成功和他率領的將士，在西元 1662 年驅走荷蘭殖民者，收復了臺灣。鄭成功在收復臺灣後不久去世。康熙皇帝於西元 1683 年降服了鄭成功的孫子鄭克塽，使得臺灣重新成為中國中央政府直接管轄下的行政區域。

康熙皇帝在政治、經濟、文化上還實施了一連串有利於社會生產發展的措施。他為了鞏固自己的封建統治，在人民抗爭的壓力下，廢止了清入關之初霸占農民土地的「圈田令」。他下令興修水利、獎勵墾殖、減免賦稅、節省開支、提倡節約。因此，康熙時農業生產有了恢復和發展，社會的經濟也日益繁榮。

在文化上，他派人編修《明史》、《古今圖書整合》、《康熙字典》等書，此外還大力提倡自然科學、繪製〈皇輿全覽圖〉等。

康熙皇帝在軍事、政治、經濟、文化上所做的上述一些工作，都在一定程度上有利於中國社會的發展，後世稱他是一位傑出的政治家。

（朱仲玉）

達賴喇嘛、班禪額爾德尼

達賴喇嘛和班禪額爾德尼是西藏喇嘛教黃教教派的兩位最大活佛。

黃教是 15 世紀初藏族喇嘛宗喀巴（西元 1357 年至 1419 年）創立的一個喇嘛教派。到 16 世紀中葉時，黃教的勢力已經有了很大的發展。當時，黃教最大的寺廟拉薩哲蚌寺的講經法臺是索南嘉措（西元 1543 年至 1588 年）。

明萬曆七年（西元 1579 年），被明朝封為順義王的蒙古土默特部首領俺答汗，從青海寫一封信給索南嘉措，邀請他去講經說法。索南嘉措接受了這個邀請，前往青海，向俺答汗宣傳了黃教的教義。

西元 1580 年，俺答汗加給索南嘉措一個尊號──聖識一切瓦齊爾達喇達賴喇嘛（「瓦齊爾」，梵語「金剛」的意思；「達賴」，蒙語「大海」的意思；「喇嘛」，藏語「上人」的意思），以表示對索南嘉措的敬重，這就是達賴喇嘛名號的開始。後來，索南嘉措的母寺哲蚌寺的上層喇嘛，又追認宗喀巴的門徒根敦主巴為第一世達賴喇嘛，根敦主巴的門徒根敦嘉措為第二世達賴喇嘛，索南嘉措是根敦嘉措法位的繼承人，是第三世達賴喇嘛。從第三世達賴喇嘛開始，歷世達賴喇嘛都以哲蚌寺為母寺。

17 世紀中葉，黃教寺廟集團和信奉黃教的青海蒙古和碩特部首領固始汗，歸附了尚未進關的清皇室，緊接著，第五世達賴喇嘛阿旺羅桑嘉措又憑藉固始汗的兵力，掌握了西藏地方政權。

清順治九年（西元 1652 年），第五世達賴喇嘛應順治皇帝的邀請，來到北京，受到清朝隆重的款待。第二年，五世達賴返回西藏，臨行前，清朝賜給他金冊、金印，封他為「西天大善自在佛所領天下釋教普通瓦赤喇

怛喇達賴喇嘛」。從此以後，達賴喇嘛的政教地位和職權，才被正式確定了下來，而且此後歷世達賴喇嘛，都必須經過中央政權的冊封，成為一項制度。

第五世達賴喇嘛的師父是日喀則扎什倫布寺的講經法臺羅桑‧確吉堅贊。羅桑‧確吉堅贊是一位佛學知識淵博的高僧，被人尊稱為「班禪」（「大學者」的意思）。當固始汗幫助黃教寺廟集團取得西藏地方政權以後，固始汗又贈給班禪羅桑‧確吉堅贊以「班禪博克多」（「博克多」是蒙語「聖者」的意思）的名號。班禪死後，扎什倫布寺的上層喇嘛把他定為第四世班禪，同時又向上追認了三世。第一世班禪是宗喀巴的門徒克主傑。自第四世班禪起，歷世班禪都以扎什倫布寺為母寺。

清康熙五十二年（西元 1713 年），第五世班禪羅桑意希來到北京，康熙皇帝封他為「班禪額爾德尼」（「額爾德尼」，是蒙古化的梵語，「珍寶」的意思），賜給他金冊、金印，確定了他的政教地位和職權，也規定了此後歷世班禪額爾德尼都必經中央政權冊封的制度。

（王輔仁）

文字獄

清朝初期，在各地人民進行反抗滿族貴族統治鬥爭的同時，一些地主階級出身的知識分子，曾經透過著書立說的方法來進行抗爭。清政府為了徹底消滅這種反清思想，便大興「文字獄」。「文字獄」是指詩文著作中某些內容觸犯了清政府的所謂禁忌，被清政府用為犯罪的罪證，藉此來對反抗滿族貴族統治的知識分子進行屠殺的一種暴行。

文字獄

康熙時最大的一次「文字獄」是康熙二年（西元 1663 年）的莊廷之獄。莊廷得到了明朝朱國楨編寫的一部《明史》未完成稿，很高興，便集合一些人把它編寫完畢，由他自己署名刻印出版。這部書對於明朝後期漢滿統治階級的鬥爭寫得很具體，並且不將清軍入關以後這一段時間的歷史算作清史，而卻以南明為正統，叫做南明史，這就觸犯了清政府的忌諱。清政府下令將莊氏家族以及為該書作序的人、參加校閱的人、刻印的人、賣書的人、買書的人，一併處死，總共殺了好幾百人。事發時莊廷已死，清政府還把他的屍首從墳墓裡掘出來戮屍。

康熙朝除莊廷之獄以外，還有戴名世之獄也非常著名。戴名世是明朝遺老，他著的《南山集》中載有南明永曆皇帝（西元 1646 年至 1661 年在兩廣、雲、貴一帶建立過政權）的事蹟，並且還採入了方孝標所著《滇黔紀聞》一書中有關明末清初的史實，結果清政府藉此興大獄。戴名世被殺，戴、方兩家的男女老少都被充軍。

雍正朝「文字獄」中最大的一次是雍正七年（西元 1729 年）的呂留良、曾靜之獄。呂留良是明朝遺老，他拒絕清政府的徵聘，削髮為僧，著書宣揚反清思想。曾靜讀了他的著作以後，派學生張熙去見川陝總督岳鍾琪，勸他舉兵反清。岳鍾琪表面上假裝答應，引誘他們說出全部計畫，然後向清政府告密。清政府把早已死去的呂留良從棺中挖出戮屍；把他的兒子呂毅中、再傳弟子沈在寬處死，呂家的人被滅族。對於曾靜和張熙兩人，則假造口供，說他們已改過自新；雍正皇帝還利用假「供詞」作《大義覺迷錄》一書，欺騙當時和後代的人。

（朱仲玉）

第四編　王朝更迭：元明清興起

《四庫全書》

　　《四庫全書》是清朝乾隆年間由國家編修的一部歷代著作總集。這部書的編修工作，從乾隆三十九年（西元1774年）開始（實際上前一、兩年就在籌備），至西元1782年完成。先後參加工作的共有三百六十多人。具體編修的過程是：先下詔廣收遺書，命各省採訪進呈歷代著作，然後進行校訂工作，分門別類編纂抄錄，收藏於國家藏書庫內。在編修過程中，如發現書中具有反清思想或不利於清政府統治的內容，就予以全部或部分銷毀，或者竄改其中的字句。

　　《四庫全書》收錄的書籍共三千四百七十種，計七萬九千零一十八卷。未加收錄而留存書目的書，共六千八百一十九種。它基本上把中國歷代的主要著作都網羅進去了。全書分「經（經書）」、「史（史書）」、「子（諸子書）」、「集（文集）」四部（故名《四庫全書》），四部之下又分為許多類別。如「史部」之下分為「正史類」、「編年類」、「紀事本末類」、「別史類」、「雜史類」、「詔令奏議類」、「傳記類」、「史鈔類」、「載記類」、「時令類」、「地理類」、「職官類」、「政書類」、「目錄類」、「史評類」十五類。每類之中，基本上以時代先後順序為標準進行排列（其中帝王的作品排在最前面），這樣，查閱起來十分方便。

　　《四庫全書》編修完成以後，並沒有刻版付印，只抄寫了四部正本，分別收藏在北京的文淵閣（故宮內）、文源閣（圓明園內）和瀋陽的文溯閣、承德的文津閣等幾個國家藏書庫中。後來又抄寫了三部副本，分別收藏在揚州的文匯閣、鎮江的文宗閣、杭州的文瀾閣。這七部書，現在有的已經全部被毀，有的也已部分被毀。如收藏於文宗閣的，在鴉片戰爭時期

《三國演義》、《水滸傳》、《西遊記》、《聊齋志異》、《紅樓夢》

被毀；收藏於文源閣的，在第二次鴉片戰爭時期被毀；收藏於文匯閣、文瀾閣的，在太平天國革命時散佚；收藏於文溯閣的，在「九一八」事變後一度被日本掠去以致部分散佚；收藏於文淵閣的，在國共內戰後被國民黨帶至臺灣。

在編修《四庫全書》的同時，為了查閱方便起見，還編有《四庫全書總目提要》和《四庫全書簡明目錄》各一種。

（朱仲玉）

《三國演義》、《水滸傳》、《西遊記》、《聊齋志異》、《紅樓夢》

《三國演義》的作者是元末明初時人羅貫中，《水滸傳》的作者是大約與羅貫中同時的施耐庵，《西遊記》的作者是明朝人吳承恩，《聊齋志異》的作者是清朝人蒲松齡（西元1640年至1715年），《紅樓夢》的作者是清朝人曹雪芹（約西元1715年至約1763年）。

《三國演義》描寫的是東漢以後魏、蜀、吳三國興亡的一段歷史。它以劉備、關羽、張飛三人桃園結義作為故事的開端，以晉朝滅掉吳國結束三國分立局面作為故事的終結，深刻而生動地描繪了三國時代尖銳複雜的軍事鬥爭和政治鬥爭。書中透過對魏、蜀、吳三國之間種種矛盾的刻劃，揭露了統治階級貪得無厭和殘暴虛偽的本質。作者用他的筆精心地塑造了曹操、孔明（諸葛亮）、張飛等許多性格鮮明的典型形象。在作者筆下，曹操是封建社會裡統治階級中陰險奸黠者的代表；孔明是聰明、智慧的化身；張飛是疾惡如仇、愛憎分明、性情莽撞的英雄。作者把書中的人物寫

得栩栩如生，使讀者看了以後，如見其人、如聞其聲。

《水滸傳》寫的是宋朝時候農民起義的故事。它描寫了林沖、魯智深、武松、李逵、宋江等人如何在封建統治階級的壓迫下被逼上梁山的情況。它歌頌了農民階級跟地主階級進行抗爭的大無畏精神。書中不僅對於朝廷裡的暴君奸臣進行了嚴厲的批判，並且對於直接壓在人民頭上的地主惡霸也予以無情的唾罵。這部書在相當程度上鼓舞了被壓迫人民反抗黑暗統治的熱情。「三打祝家莊」就是書中描寫梁山泊的農民英雄和地主惡霸展開武裝鬥爭的一個著名片段。

《西遊記》寫的是唐僧取經的故事。唐僧、孫悟空、豬八戒、沙和尚師徒四人，歷盡千辛萬苦，到西天去取經，最後終於戰勝了險惡的自然環境和一切妖魔鬼怪，勝利地把經取回。書中的孫悟空是智慧與力量的化身，他大鬧天宮、大鬧地獄，把神鬼世界的權力和秩序打得粉碎，充分地反映了人民蔑視封建統治權力的情緒。

《聊齋志異》是一部短篇小說集。它透過許多花妖狐魅的故事，從多方面反映了當時社會的現實生活。它暴露了貪官汙吏、土豪劣紳的貪殘暴虐，辛辣地批判了科舉制度的腐朽，揭露了社會騙子的詐欺行為，也歌頌了反抗舊禮教的男女之間的真摯愛情。

《紅樓夢》寫的是賈寶玉、林黛玉、薛寶釵之間的愛情悲劇。賈寶玉是一個鄙視功名富貴、具有反抗舊禮教精神的貴族公子。林黛玉是一個敢於向傳統勢力挑戰、熱烈追求真實愛情的女孩子。薛寶釵則是一個封建主義的忠誠信奉者。賈寶玉和林黛玉彼此相愛，然而封建惡勢力卻不讓他們結合。最後，林黛玉在久病中憂鬱地死去。薛寶釵雖然獲得了和賈寶玉結為夫婦的勝利，可是卻沒有贏得賈寶玉真正的愛情，反而成為封建社會另一種類型的犧牲品。《紅樓夢》所描寫的愛情是一種以反對封建主義（不

僅是反對封建包辦婚姻）為其思想內容的愛情，它透過賈寶玉、林黛玉戀愛的種種波折和貴族賈家由盛而衰的變化過程，深刻地揭露和譴責了中國封建社會的各種黑暗和罪惡。它是中國古典小說中最偉大的一部現實主義作品。

（朱仲玉）

洪昇、孔尚任

清初出現了許多戲曲家，其中著名的有洪昇和孔尚任。

洪昇（西元 1645 年至 1704 年），字昉思，號稗畦，錢塘（今浙江杭州）人。他的代表作是《長生殿》。

《長生殿》取材於歷史故事，以唐玄宗和楊貴妃兩人的愛情為中心，比較全面地反映了唐朝「安史之亂」前後的社會情況。它描寫了唐朝由盛而衰的過程，描寫了當時的宮廷生活和官吏的貪暴，描寫了內憂外患交迫下人民生活的痛苦，也描寫了正義凜然的愛國人物。作品的相當一部分篇幅具有浪漫主義的色彩，但在主要情節上則是現實主義。

孔尚任（西元 1648 年至 1718 年），字季重，號東塘，兗州曲阜（今山東曲阜）人。與洪昇齊名，世稱南洪北孔。他的代表作是《桃花扇》。

《桃花扇》透過李香君、侯朝宗悲歡離合的愛情故事，反映了南明弘光朝的社會現實和統治階級內部的派系鬥爭，揭示了南明政權滅亡的原因。劇中人李香君是明末南京秦淮河邊一個著名的歌妓，侯朝宗是與弘光朝的當權派馬士英、阮大鋮等奸臣處於對立地位的著名文人。奸臣的陷害，拆散了侯、李兩人。侯朝宗被迫逃亡江北投奔史可法幕下，李香君在

奸臣的威逼下堅貞不屈，誓死不再嫁。

孔尚任透過生花的妙筆，把侯、李的愛情生活和國家興亡的命運緊密地結合了起來，從表面上看描寫的是兒女情長，而在實際上寫的卻是亡國悲劇。不論在思想性上還是藝術性上，《桃花扇》都是一部富有現實主義色彩的傑出作品。

（朱仲玉）

洪昇、孔尚任

一看就懂的中華重大事件史：
從猿人到皇帝，從傳說到元明清，用關鍵人物和經典事件，
搭起你心中的中國史全圖！

作　　　者：吳晗
責任編輯：高惠娟
發　行　人：黃振庭
出　版　者：複刻文化事業有限公司
發　行　者：崧燁文化事業有限公司
E - m a i l：sonbookservice@gmail.com
粉　絲　頁：https://www.facebook.com/sonbookss/
網　　　址：https://sonbook.net/
地　　　址：台北市中正區重慶南路一段 61 號 8 樓
8F., No.61, Sec. 1, Chongqing S. Rd., Zhongzheng Dist., Taipei City 100, Taiwan

電　　　話：(02)2370-3310
傳　　　真：(02)2388-1990
印　　　刷：京峯數位服務有限公司
律師顧問：廣華律師事務所 張珮琦律師

-版權聲明
本書版權為樂律文化所有授權複刻文化事業有限公司獨家發行繁體字版電子書及紙本書。若有其他相關權利及授權需求請與本公司聯繫。
未經書面許可，不得複製、發行。

定　　　價：420 元
發行日期：2025 年 07 月第一版
◎本書以 POD 印製

國家圖書館出版品預行編目資料

一看就懂的中華重大事件史：從猿人到皇帝，從傳說到元明清，用關鍵人物和經典事件，搭起你心中的中國史全圖！/ 吳晗 著 . -- 第一版 . -- 臺北市：複刻文化事業有限公司，2025.07
面；　公分
POD 版
ISBN 978-626-428-167-6(平裝)
1.CST: 中國史 2.CST: 通俗史話
610.9　　　　114008387

電子書購買

爽讀 APP　　　臉書